高等院校经济管理类规划教材
北京邮电大学精品教材

电子商务案例及分析

主　编　胡　桃　陈德人
副主编　张少中　高功步　邵　明
　　　　徐林海　吕廷杰

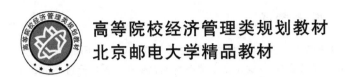
北京邮电大学出版社
www.buptpress.com

内 容 简 介

本书阐述了关于电子商务的案例研究和教学方法，从大数据和小案例的视角剖析了电子商务，吸收了近年来电子商务领域的相关理论成果，结合了具有代表性的50多个电子商务案例。全书包含电子商务平台服务、电子商务专业服务、电子商务衍生服务、电子商务特色服务四大模块，具体涉及B2B平台、B2C平台、C2C平台、C2B平台、O2O平台、SNS平台、金融与支付、信用服务、物流服务、信息服务、运营管理、营销推广、跨境电商、农村电商、"互联网＋"等内容，并对电子商务相关企业的发展历程、商业模式、经营业务、技术特点、现存问题和发展趋势等进行了系统的分析。每个案例都附有案例导读、课堂讨论、课后思考题，注重培养学生的思维拓展和案例分析能力。

本书适用于高等院校经济管理类、电子商务类等专业本科生和研究生的案例课程教学，也可作为从事电子商务领域的专业人员进行案例调研的参考资料。

图书在版编目(CIP)数据

电子商务案例及分析 / 胡桃，陈德人主编. -- 北京：北京邮电大学出版社，2020.6(2023.7重印)
ISBN 978-7-5635-6055-4

Ⅰ．①电… Ⅱ．①胡… ②陈… Ⅲ．①电子商务—案例 Ⅳ．①F713.36

中国版本图书馆 CIP 数据核字(2020)第 082039 号

策划编辑：彭　楠　　责任编辑：王晓丹　左佳灵　　封面设计：七星博纳

出版发行：北京邮电大学出版社
社　　址：北京市海淀区西土城路 10 号
邮政编码：100876
发 行 部：电话：010-62282185　传真：010-62283578
E-mail：publish@bupt.edu.cn
经　　销：各地新华书店
印　　刷：北京虎彩文化传播有限公司
开　　本：787 mm×1 092 mm　1/16
印　　张：15
字　　数：371 千字
版　　次：2020 年 6 月第 1 版
印　　次：2023 年 7 月第 2 次印刷

ISBN 978-7-5635-6055-4　　　　定价：38.00 元

・如有印装质量问题，请与北京邮电大学出版社发行部联系・

编委会成员

白东蕊　焦春凤　祝凌曦　郭永奇
柯　浚　顾建强　左匡天　吴怡莹　郑君臣

前　言

互联网时代,电子商务行业发展十分迅速,电子商务模式不断更新和完善,电子商务应用也在不断拓展和延伸,成功的电子商务案例层出不穷。电子商务的发展,改变了人们的生活习惯和消费方式,改良了企业的生产方式,拓展了各领域的发展空间,从多个方面对社会的经济生活产生了深远的影响。为了进一步促进电子商务的发展,我们既需要对成功的案例进行分析借鉴,也需要从失败的电子商务案例中吸取教训和经验。这对于学习电子商务专业的学生或者从事电子商务相关领域研究的人员来说有利于其拓宽视野,丰富自身的知识储备,同时掌握案例分析的方法。

本书内容主要由以电子商务平台服务、电子商务专业服务、电子商务衍生服务、电子商务特色服务为模块的 50 多个经典案例构成,共计 20 章。本书简明地对电子商务近十年来经典的成功和失败案例进行了介绍、分析与探讨,使读者可以更好地结合"电子商务概论"课程中的理论知识对案例加以评判和分析,达到理解和学习的目的。

全书共分为 20 章:第 1 章和第 2 章介绍了电子商务的最新发展情况,并提供了相关案例的研究和教学方法;第 3 至 8 章分别选取了 B2B、B2C、C2C、C2B、O2O、SNS 6 种类型的平台代表性企业进行案例分析;第 9 至 13 章分别介绍了电子商务在金融与支付、信用服务、物流服务、信息服务领域的应用及运营管理模式;第 14 章和第 15 章的案例主要结合了营销推广和社区生活服务;第 16 至 20 章分别精选了跨境电商、农村电商、区域电商、电商园区、"互联网＋"电商等国内外经典案例来进行系统性的分析。

本书具有以下几个特点。

(1) 从大数据、小案例视角来编写电子商务案例。

电子商务行业发展十分迅速,电子商务案例存在非常明显的时效性。本书精选了几十个在电子商务浪潮中脱颖而出的案例,分为电子商务平台服务、电子商务专业服务、电子商务衍生服务和电子商务特色服务 4 个模块,向读者展示了案例的最新数据和发展模式,与实际接轨,有利于培养实用型的电子商务人才。

(2) 内容全面、架构完整。

本书具体涉及 B2B 平台、B2C 平台、C2C 平台、C2B 平台、O2O 平台、SNS 平台、金融与支付、信用服务、物流服务、信息服务、运营管理、营销推广、跨境电商、农村电商、"互联网＋"等内容,使读者的学习结构更加立体。本书基于对案例分析法的研究,从企业发展运作的视角,注重构建分析框架,而不仅仅是介绍案例本身的基本情况,有利于读者更好

(3) 注重培养学生的思维和分析能力。

本书针对每个案例在必要处提出"课堂讨论"问题,增强教学的互动性。所选问题难度适中,无固定的标准答案,适合在教学过程中引导学生思维,利用小组讨论等方式活跃课堂气氛,从而达到更好的教学效果,同时,本书在各案例结尾处安排了与案例相关的课后思考题,有助于读者拓宽视野、发散思维,化被动学习为主动学习,强化学习效果。

本书是集体智慧的结晶,由胡桃、陈德人、张少中、高功步、邵明、徐林海、吕廷杰、白东蕊、焦春凤、祝凌曦、郭永奇、柯浚、顾建强、左匡天、吴怡莹、郑君臣等人共同编写。感谢南京奥派信息产业股份公司建立的电子商务案例云服务平台(http://www.ceccase.com)为本书的撰写提供了很多电子商务案例素材,同时,本书在编写过程中参考了很多前人所著的书籍和论文成果,编者在此一并致以谢意。

本书编者水平有限,恳请广大读者在使用过程中予以批评和指正,编者不胜感谢。

编者
2019 年 10 月

目　　录

导引篇

第1章　用大数据和小案例认识电子商务 3
1.1　从工业制造到工业智造——电子商务的核心作用 3
1.2　用大数据服务电子商务——后时代电商来临 4
1.3　用小案例梳理电子商务内涵——中国电子商务案例库 7

第2章　电子商务案例研究和教学方法 10
2.1　电子商务案例研究方法概述 10
 2.1.1　基于项目的案例研究 10
 2.1.2　基于模型的案例研究 11
 2.1.3　基于价值的案例研究 12
 2.1.4　基于课程的案例研究 13
 2.1.5　基于内容的案例研究 13
 2.1.6　基于互动的案例研究 14
 2.1.7　基于大数据的案例研究 14
2.2　立体化电子商务案例平台和教学模式 15
 2.2.1　协作、互动、开放、共享的平台特色 15
 2.2.2　案例教学平台的架构和功能 16

第1篇　电子商务平台服务篇

第3章　B2B平台服务类 23
3.1　钢铁行业的亚马逊——宝钢电商平台 23
 3.1.1　宝钢电商的发展历程 23
 3.1.2　宝钢发展电子商务为企业带来的好处 25

  3.1.3 宝钢电子商务的启示 ………………………………………………………… 25
 3.2 供给侧结构性改革的先行者——海尔透明工厂 ………………………………… 26
  3.2.1 海尔透明工厂简介 ……………………………………………………………… 26
  3.2.2 海尔透明工厂的要素分析 ……………………………………………………… 27
  3.2.3 海尔透明工厂——供给侧结构性改革新模式 ………………………………… 28
 3.3 商业连锁+产业链融合——红豆居家 …………………………………………… 28
  3.3.1 红豆集团电子商务的发展背景 ………………………………………………… 29
  3.3.2 红豆集团电子商务的发展现状 ………………………………………………… 29
  3.3.3 红豆集团电子商务商业模式分析 ……………………………………………… 30

第4章 B2C平台服务类

 4.1 中国最大品牌折扣网——唯品会 ………………………………………………… 33
  4.1.1 唯品会的商业模式特征 ………………………………………………………… 33
  4.1.2 唯品会的业务构架 ……………………………………………………………… 34
  4.1.3 唯品会盈利模式的基本特征 …………………………………………………… 34
  4.1.4 对唯品会进一步发展的建议 …………………………………………………… 35
 4.2 专注数码产品、打造专业品牌形象——绿森数码 ……………………………… 36
  4.2.1 商业模式 ………………………………………………………………………… 36
  4.2.2 面临的问题及建议 ……………………………………………………………… 38
 4.3 线上线下协同打造中国时尚品牌——宁波太平鸟 ……………………………… 39
  4.3.1 服务对象 ………………………………………………………………………… 40
  4.3.2 业务模式 ………………………………………………………………………… 40
  4.3.3 网站架构 ………………………………………………………………………… 40
  4.3.4 市场规模 ………………………………………………………………………… 41
  4.3.5 网站运营 ………………………………………………………………………… 41
  4.3.6 需要注意和解决的问题 ………………………………………………………… 43

第5章 C2C平台服务类

 5.1 商业巨头的成长之路——eBay …………………………………………………… 45
  5.1.1 eBay的商业模式 ………………………………………………………………… 45
  5.1.2 贝宝支付服务 …………………………………………………………………… 46
  5.1.3 从收购易趣到败走中国 ………………………………………………………… 46
  5.1.4 机遇和挑战 ……………………………………………………………………… 48
 5.2 C2C二手交易平台——闲鱼App …………………………………………………… 50
  5.2.1 经营模式 ………………………………………………………………………… 50
  5.2.2 闲鱼的优势 ……………………………………………………………………… 51

5.2.3 闲鱼存在的问题 …… 51
5.2.4 解决对策及建议 …… 52
5.3 京东也困难——京东关闭原拍拍网平台 …… 53
5.3.1 域名 paipai.com 的前世今生 …… 53
5.3.2 信任危机致使 C2C 前途堪忧 …… 54

第6章 C2B 平台服务类 …… 56

6.1 无所不能聚,好货不用挑——聚划算 …… 56
6.1.1 发展轨迹与成功案例 …… 56
6.1.2 聚划算的运营销售 …… 57
6.1.3 聚划算的创新模式 …… 58
6.2 幸福手拉手——拉手网 …… 60
6.2.1 拉手网发展概况 …… 61
6.2.2 存在的问题与新模式的转变 …… 62
6.3 Priceline——在线旅游 C2B 模式开创者 …… 65
6.3.1 独特的商业模式——Name Your Price …… 65
6.3.2 核心竞争力 …… 66
6.3.3 精明的扩张策略和多领域的运营方式 …… 67
6.3.4 对中国旅游在线网站的启示 …… 67

第7章 O2O 平台服务类 …… 69

7.1 网上菜篮——河南生鲜 O2O 平台 …… 69
7.1.1 菜篮网的业务模式 …… 69
7.1.2 特色服务 …… 70
7.1.3 菜篮网的核心竞争力 …… 71
7.1.4 前景展望 …… 72
7.2 乐村淘——山西农村 O2O 电商服务平台 …… 73
7.2.1 乐村淘开启农村 O2O 电商新模式 …… 74
7.2.2 制定"六位一体"战略体系,构建电商村镇社区生态圈 …… 74
7.2.3 独特的商业模式,实现了农村传统经营与 O2O 模式的深度融合 …… 75
7.2.4 乐村淘的成功经验和面临的问题 …… 76
7.3 饿了么——外卖 O2O 平台巨头 …… 77
7.3.1 饿了么营销战略分析 …… 78
7.3.2 饿了么的盈利模式 …… 79
7.3.3 饿了么的优势分析 …… 79
7.3.4 饿了么的劣势分析 …… 80

  7.3.5 外卖O2O平台未来的发展趋势 ··· 80

第8章 SNS平台服务类 ·· 82

 8.1 腾讯广点通——快速布局微信社交圈 ··· 82
  8.1.1 广点通介绍 ··· 82
  8.1.2 广点通在微信公众号及微信朋友圈推送广告 ··························· 84
  8.1.3 微信广点通广告 ··· 84
  8.1.4 流量入口依然是微信的红利 ·· 86
 8.2 微信营销"无微不至"计划——鸿家公司 ·· 87
  8.2.1 鸿家公司"无微不至"计划 ·· 88
  8.2.2 企业问题调查与分析 ·· 88
  8.2.3 待解决的关键问题 ·· 89
  8.2.4 实施策略和计划 ··· 90
 8.3 你问、我答——知乎 ·· 93
  8.3.1 知乎的发展概况 ··· 93
  8.3.2 知乎提供的产品和服务 ··· 94
  8.3.3 知乎的传播特征 ··· 94
  8.3.4 知乎的广告营销策略 ·· 95

第2篇 电子商务专业服务篇

第9章 金融与支付类 ·· 101

 9.1 从全民狂欢到全民失望——支付宝新春集五福分红包 ······················ 101
  9.1.1 硝烟弥漫的红包活动 ·· 101
  9.1.2 意料之外的全民失望 ·· 101
  9.1.3 营销劣势 ··· 102
 9.2 真正意义上的中国首家互联网金融机构——阿里金融 ······················ 103
  9.2.1 阿里金融的缘起与现状 ··· 103
  9.2.2 真正意义上的首家互联网金融机构 ···································· 104
  9.2.3 互联网金融机构的蓝海战略 ··· 106
  9.2.4 互联网金融创新分析 ·· 107
 9.3 金融创新服务大众——银联云闪付 ··· 108
  9.3.1 银联云闪付基本概述 ·· 108
  9.3.2 银联云闪付应用场景规划——小额、高频、刚性强的应用 ····· 108
  9.3.3 云闪付的优势 ·· 109

9.3.4 云闪付的劣势 ……………………………………………………………… 110
9.3.5 关于云闪付发展的建议 …………………………………………………… 110

第10章 信用服务类 ……………………………………………………………… 112

10.1 解决消费者和商家之间的信任问题——芝麻信用 …………………………… 112
  10.1.1 评价体系及评估维度 ……………………………………………………… 112
  10.1.2 数据来源 …………………………………………………………………… 113
  10.1.3 场景应用 …………………………………………………………………… 114
  10.1.4 芝麻信用的优势 …………………………………………………………… 115

10.2 中小微企业的信贷春天——阿里小贷 ………………………………………… 116
  10.2.1 阿里小贷的业务特点 ……………………………………………………… 117
  10.2.2 阿里小贷的信用管理方法 ………………………………………………… 117
  10.2.3 阿里小贷的发展优势 ……………………………………………………… 118
  10.2.4 阿里小贷面临的问题 ……………………………………………………… 119

第11章 物流服务类 ……………………………………………………………… 121

11.1 飞机快递,快递中的战斗机——顺丰速运 …………………………………… 121
  11.1.1 发展历程 …………………………………………………………………… 121
  11.1.2 竞争环境分析 ……………………………………………………………… 123
  11.1.3 未来发展的建议 …………………………………………………………… 124

11.2 无忧送达——联邦快递 ………………………………………………………… 125
  11.2.1 发展概况 …………………………………………………………………… 125
  11.2.2 管理模式 …………………………………………………………………… 125
  11.2.3 客户关系管理 ……………………………………………………………… 127
  11.2.4 核心竞争力 ………………………………………………………………… 129

11.3 四方物流市场——宁波国际物流发展股份有限公司 ………………………… 130
  11.3.1 宁波四方物流信息平台简介 ……………………………………………… 131
  11.3.2 宁波四方物流信息平台的运作态势 ……………………………………… 131

第12章 信息服务类 ……………………………………………………………… 134

12.1 从位置到云端——Google …………………………………………………… 134
  12.1.1 Google 概况 ……………………………………………………………… 134
  12.1.2 Google 公司产品 ………………………………………………………… 135
  12.1.3 Google 位置服务 ………………………………………………………… 136
  12.1.4 Android 平台服务 ………………………………………………………… 137

12.2 神奇网站助力现代美好生活——58同城 ……………………………………… 138

12.2.1　58同城概况 ·· 138
12.2.2　58同城的服务与产品 ·· 138
12.2.3　58同城做好平台建设,填补自身短板 ······································· 139
12.2.4　生活服务电商化尚有难度 ··· 139
12.2.5　58同城未来的发展方向 ·· 140
12.3　开拓积分新时代——分散积分集中化 ·· 141
12.3.1　项目发展 ·· 141
12.3.2　项目效益 ·· 141

第13章　运营管理类 ··· 143

13.1　电子商务代运营案例分析——宝尊电商 ·· 143
13.1.1　宝尊电商简介 ·· 143
13.1.2　宝尊电商的运营特色 ··· 144
13.1.3　宝尊电商的盈利模式 ··· 145
13.1.4　宝尊电商存在的问题 ··· 145
13.1.5　发展建议及规划 ··· 146
13.2　智慧零售——苏宁易购 ··· 146
13.2.1　苏宁的变革历程 ··· 147
13.2.2　苏宁易购的优势分析 ··· 148
13.2.3　苏宁易购的劣势分析 ··· 148

第3篇　电子商务衍生服务篇

第14章　营销与推广服务类 ··· 153

14.1　爆红的社交电商——拼多多 ·· 153
14.1.1　电子商务的流量困境 ··· 153
14.1.2　爆红的电商平台——拼多多 ··· 154
14.1.3　用社交推广赚取流量的C2B电商 ·· 154
14.1.4　拼多多的社交策略 ··· 156
14.2　萌文化下的猛营销——三只松鼠 ·· 157
14.2.1　三只松鼠的品牌营销 ··· 158
14.2.2　三只松鼠的"萌"文化 ··· 158
14.2.3　三只松鼠的文化推广营销 ··· 159
14.3　线下向线上转型——打造潜江小龙虾的网络公共品牌 ·························· 160
14.3.1　小龙虾成"金名片" ·· 160

14.3.2 湖北潜江有望成为"小龙虾淘宝县" ………………………………………… 160
14.3.3 线下转线上,用户是关键 …………………………………………………… 160
14.3.4 发展前景 ………………………………………………………………………… 161

第15章 社区与生活服务类 …………………………………………………………… 162

15.1 生活服务类电商O2O平台——利安社区电超市 ……………………………… 162
　　15.1.1 利安社区电超市介绍 ………………………………………………………… 162
　　15.1.2 利安社区电超市的优势 ……………………………………………………… 162
　　15.1.3 利安社区电超市盈利模式分析 ……………………………………………… 164

15.2 空中城市服务玩转O2O——"金华行"助力金华智慧公交 ………………… 165
　　15.2.1 金华行游走大街小巷 ………………………………………………………… 165
　　15.2.2 金华行的发展优势 …………………………………………………………… 166
　　15.2.3 金华行发展所面临的挑战 …………………………………………………… 166

15.3 新零售模式开端,未来生鲜电商的发展方向——盒马鲜生 ………………… 167
　　15.3.1 新零售是什么 ………………………………………………………………… 167
　　15.3.2 传统电商的天花板逐渐显现 ………………………………………………… 167
　　15.3.3 盒马鲜生——阿里巴巴新零售的大胆尝试 ………………………………… 168
　　15.3.4 未来的新零售 ………………………………………………………………… 169

第4篇　电子商务特色服务篇

第16章 跨境电子商务服务类 ………………………………………………………… 173

16.1 外贸模式升级版——天津市广卓科技公司电子商务 ………………………… 173
　　16.1.1 承接业务,保持良好的合作关系 …………………………………………… 173
　　16.1.2 促进传统企业的外贸模式升级 ……………………………………………… 173
　　16.1.3 经营管理模式 ………………………………………………………………… 174
　　16.1.4 先进的技术模式与存在的问题 ……………………………………………… 174

16.2 综合性服务的在线外贸交易平台——敦煌网 ………………………………… 175
　　16.2.1 国际B2B跨境电商的创新者——敦煌网 ………………………………… 175
　　16.2.2 敦煌网的经营模式 …………………………………………………………… 176
　　16.2.3 敦煌网的核心竞争力 ………………………………………………………… 176
　　16.2.4 B2B还是B2C？敦煌网的未来 …………………………………………… 177

16.3 阿里巴巴国际化的重要战略产品——速卖通 ………………………………… 178
　　16.3.1 从C2C到B2C ……………………………………………………………… 179
　　16.3.2 优势中的隐患——从菜鸟到无忧 …………………………………………… 179

16.3.3 搭上发展的便车——速卖通的未来 ······ 180

第17章 农村电子商务服务类 ······ 182

17.1 一颗核桃引发的电商扶贫大戏——成县模式 ······ 182
    17.1.1 成县简介 ······ 182
    17.1.2 成县区域贫困的原因 ······ 183
    17.1.3 一场核桃大戏——"农户＋网商"的成县模式 ······ 183
    17.1.4 成县模式的成功经验 ······ 184

17.2 电子商务综合服务商＋网商＋传统产业——遂昌模式 ······ 185
    17.2.1 案例背景 ······ 185
    17.2.2 传统产业的新发展 ······ 186
    17.2.3 遂昌模式的成功经验 ······ 188

17.3 新农村包围城市——山东博兴的电商发展战略 ······ 189
    17.3.1 博兴电商的发展概况 ······ 189
    17.3.2 繁荣背后的发展隐患 ······ 189
    17.3.3 农村包围城市——博兴打造农村电子商务产业集群 ······ 190

第18章 区域电子商务服务类 ······ 193

18.1 行业整合与创新——北京大兴经济开发区电子商务示范基地 ······ 193
    18.1.1 新区发展电子商务示范基地背景环境 ······ 193
    18.1.2 发展目标 ······ 194
    18.1.3 重点工作 ······ 196

18.2 区域家电连锁商的转型之路——从汇银家电到汇银智慧社区 ······ 197
    18.2.1 汇银困局 ······ 197
    18.2.2 智慧社区之路 ······ 198
    18.2.3 发展前景 ······ 198

18.3 千年运河承载现代物流——淮海经济区现代物流服务枢纽 ······ 199

第19章 电子商务服务园区类 ······ 202

19.1 技术推动服务——沈阳浑南电子商务产业园 ······ 202

19.2 总部电商经济——天津滨海高新技术产业开发区电子商务产业园 ······ 207
    19.2.1 项目简介 ······ 207
    19.2.2 项目建设目标 ······ 207
    19.2.3 项目总结及评价 ······ 210

第20章 "互联网＋"服务类 ······ 212

20.1 "电视＋网购"——湖南快乐淘宝文化传播公司 ······ 212

  20.1.1　快乐淘宝这种电子商务结合电视传媒的全新商业模式仍需不断融合……… 212
  20.1.2　探索创新电子商务结合电视传媒的全新商业模式……………………… 213
  20.1.3　运营发展中出现的问题……………………………………………………… 215
 20.2　用移动互联网思维做现代餐饮——百度烤肉的美食分享…………………… 216
  20.2.1　顾客数量发展到瓶颈期……………………………………………………… 216
  20.2.2　结束语………………………………………………………………………… 218
 20.3　全国首家互联网医——乌镇互联网医院………………………………………… 218
  20.3.1　面对电商,桐乡市政府和微医成立乌镇互联网医院 ……………………… 218
  20.3.2　乌镇互联网医院的创新与突破……………………………………………… 219
  20.3.3　乌镇互联网医院的待完善之处……………………………………………… 220

导引篇

第1章
用大数据和小案例认识电子商务

1.1 从工业制造到工业智造——电子商务的核心作用

中华人民共和国成立以来,特别是改革开放40多年来,我国工业实现了跨越式发展,建立了独立完整的工业体系,成了全球制造业大国。2016年,国内生产总值为744 127亿元,其中,第一产业增加值为63 671亿元。原煤、钢、水泥、化肥、微型计算机、彩电等主要工业产品产量,以及固定电话、移动电话和互联网用户数均居世界第一;纺织、机械、家电、成品油、乙烯,以及部分有色金属的产量位居世界前列。航空、航天、船舶等国防科技工业发展也取得了举世瞩目的成就。

目前,我国已经成为世界的制造业大国,但并非制造业强国。中国制造业正面临着欧美等发达国家制造业技术领先和东南亚等发展中国家制造业低成本生产的"双重夹击"。近几年来,我国制造业也面临着劳动力和原材料成本上升的重大压力,传统层面的成本优势逐渐消失,"中国制造"已经到了非改革不可的地步。而就在这时,工业4.0的概念横空出世,迅速在全世界范围内走红。其实,工业4.0简单来说就是智能制造。智能制造会从根本上改变传统制造业的生产模式,从而能够让中国制造业快速实现产业转型。

智能制造是技术、产业和理论积淀的必然趋势。从工业革命以来,任何一次产业的进步,其背后的主要动力都来源于技术。智能制造包括两个部分:一是制造;二是智能。智能制造的变化核心是关于智能的技术,智能和制造一起推动着制造业发展模式的转变。智能技术有3方面的内涵。一是传感技术和物联网,它们使得智能制造与制造的自动化和智能化有了感知和起点。有了感知的信息,并同生产过程的设备、系统和人连接起来,才有了智能制造的起点。二是内容技术、软件技术和系统技术。智能制造是一个系统,这个系统的构成部件和原来制造的构成部件不一样,我们要辨析这样的系统,把这个系统构件分析出来。实际上智能制造不管是简单的一个装备、一条生产线,还是一个复杂的流程,支撑它的、我们看到的、我们用的都是软件,软件的背后是系统,系统操作的是数据、是内容,这就是软件与系统的技术。三是网络技术,它使智能制造除了公路、铁路之外,又有了一个新的网络平台,而这个平台成了社会基础设施,在规模、性能、价格等方面支持着智能制造的发展,使得智能制造的各环节都能以一个新的方式协同,这是智能制造又一个重要的方向。总而言之,智能技术主要是指上述3方面的内容,三者的成熟发展推动着智能制造从原来的工业自动化上升到智能化。

电子商务是引领智能制造的新模式。杭州已经成为电子商务发展的基地,阿里已经远远领先于世界上其他的电子商务企业。电子商务引领区域经济已经从原来的块状经济、工贸一体的业态转向了与电子商务结合的新模式。电子商务作为信息化条件下的新型经济活动,不仅极大突破了工业企业的物理环境限制,帮助企业大幅缩减了交易成本,还引发了企业在经营战略和组织管理等方面的深刻变革。工业电子商务作为电子商务在工业领域中的应用,是"两化"深度融合的重要体现,为切实推动中国制造业的转型带来了新机遇。

电子商务推动了工业制造的深度改革。随着从交易环节逐步向研发设计、生产制造、客户关系管理和售后服务等环节的延伸,电子商务不断推动着工业企业利用现代化信息技术对各经营环节进行深度革新并推动企业业务流程的重组与组织结构的优化,及时把握市场动向,缩短产品的研发和生产周期,加快市场响应。由此,推动互联网与工业的深度融合,并推进企业实现管控集成与产供销集成等集成创新发展,促进经营效率和竞争能力的全面提升。电子商务的普及可大力促进研发设计、原材料加工、仓储运输、制造、批发、零售和服务等产业链关键环节中的信息共享与交流,推动各环节主体间的业务流程重组和信息化建设,促进买卖关系向合作关系转化,减少重复和浪费,实现优势互补。从而促进上下游深化合作,并大大提高合作主体在市场上的整体竞争力,形成协同效应。尤其是大型工业企业电子商务的应用,可通过供应链纽带、上下游配套和技术扩散等途径辐射引领一批中小型企业加强电子商务应用,从而逐步整合和优化供应链中的信息流、物流和资金流,形成互动友好的电子商务生态圈,加速供应链向动态的、柔性的、虚拟的、全球网络化的方向发展,为整个产业链带来红利。随着互联网的发展,未来消费者的声音会越来越强,未来价值链的第一推动力将来自消费者,而不是生产者。因此,C2B,即消费者驱动模式将是未来商业模式的主流。电子商务作为互联网与工业融合发展的产物,天生就具备能紧密连接市场需求端与生产端的特征和优势,使消费需求数据、信息得以迅捷地传达给生产者和品牌商,从而成为消费者驱动生产模式的关键要素。

电子商务促进了生产模式以生产者驱动向以消费者驱动的转变。在研发设计环节,工业电子商务可直接提供强大的市场数据支撑,并促进众包和众创等开放式研发设计模式的发展,加剧各类创新主体和创新资源的集聚与协同,从而为从根本上打造出符合消费者需求的创意产品提供基础保障。在生产制造环节,借助互联网平台的深度交互功能,电子商务可第一时间将消费者个性化需求反馈给相关部门或上游生产厂商,并引导企业生产方式的柔性化和协同化发展,最终在保持规模经济的同时实现个性化定制和柔性制造,切实满足多品种、小批量、快速反应的市场需求。在营销环节,依托大数据分析,工业电子商务能以消费者为中心实现精准营销,促成产品与消费者的高效匹配,助力品牌成长。由此,通过一方面改善有效供给,另一方面以消费者为中心创造有效需求,电子商务将大力推进推动式供应链向拉动式供应链转变,并将对缓解产能过剩危机,加速微笑曲线向设计、生产和营销构筑的铁三角模式转化,对全面提升制造业附加值起到重要作用。

1.2 用大数据服务电子商务——后时代电商来临

互联网的出现,让我们急速地跨入了大数据时代,而电子商务的发展与大数据的发展是密切联系在一起的。随着互联网的快速发展与变化,电子商务承载了大量个人信息和交易信息。电子商务中的数据不仅量大,而且结构复杂,其业务数据类型繁多,这就意味着电商的数据必须在大容量数据分析和挖掘的基础之上,才能获得最真实的价值。大数据应用的需求在电子商务中日趋重要,因此,电子商务将跨入一个数据兴则企业兴、数据强则企业强的竞争时代,谁拥有大数据,谁对大数据的处理能力强大,谁就有制胜的砝码,并将最终赢得市场。

电子商务经历了3个时代:(1)基于用户数的时代,电子商务企业通过收取会员费、广告费等方式发展客户来赚取利润;(2)基于销量的时代,电商企业通过投放广告来实现销售量的增长,以此来提升品牌影响力和企业价值;(3)基于数据的时代,电子商务公司通过对消费者海量数据的收集、分析、整合,挖掘出商业价值,促进个性化和精确化营销的开展。随着电子商务的广泛应用,选择网上购物的消费者越来越多,使得电子商务网站的数据越来越多,这正是典型的大数据。全球迎来了大数据时代,数据成为越来越有用的资源,电子商务企业在开发利用大数据的市场上存在着巨大的发展前景。

十年前,电商的发展是必然,十年后,电商的转型也是必然。随着各种形态电商平台的诞生,以及不断地完善和发展,电商时代迎来了转型升级的新阶段,各种全新概念的引入,各种微创新的出现,都标志着一个后电商时代的到来。

电子商务的发展与互联网的发展是紧密联系在一起的。表1-1列出了CNNIC(中国互联网络信息中心)统计的1997年至2018年中国互联网用户数量以及网上购物者数量的变化情况。

表1-1 中国互联网用户数量以及网上购物者数量的变化(单位:万人)

年度	中国互联网用户数量	网上购物者数量
1997年	62	15
1998年	117	20
1999年	210	31
2000年	890	69
2001年	2 250	282
2002年	3 370	313
2003年	5 910	679
2004年	7 950	790
2005年	9 400	1 304
2006年	11 100	2 719
2007年	13 700	3 233
2008年	21 000	4 641
2009年	29 800	7 400
2010年	38 400	10 800
2011年	45 700	16 100
2012年	51 300	19 400
2013年	56 400	24 200
2014年	61 800	36 100
2015年	66 800	39 600
2016年	68 826	46 000
2017年	77 200	53 300
2018年	82 900	61 000

电子商务的发展虽然只有短短十多年的时间,但却快速经历了4次浪潮,形成了2个发展阶段,1个成熟稳定阶段,并在2015年开始进入第4次浪潮。

从20世纪90年代中期到21世纪初的第一阶段是电子商务从无到有的时期。电子商务开始于1994年IBM首次提出的e-Business。1995年企业开始使用Web做产品广告,2000年起,一批Dot.com公司崩盘,到2002年前后又有大批新投资和新公司进入了电子商务领域,从而形成了我们一般所说的从疯狂的第1次浪潮到理性的第2次浪潮的过渡。

电子商务第2次浪潮的特征是电子商务加速了全球社会经济发展的扁平化。托马斯·弗里德曼(Thomas L. Friedman)的名著《世界是平的》就是这个时期的产物。2004年联合国贸易和发展会议(UNCTAD)在日内瓦发表的题为《2004年电子商务及其发展状况》的报告显示,除了美国等发达国家的电子商务稳步发展以外,发展中国家的网络普及速度已超过发达国家,双方的数字鸿沟明显缩小。报告所列的很多数据表明,电子商务已经进入了一个新的发展阶段,特别是中国的电子商务应用。国家发展改革委员会和国务院信息办于2007年6月发布的《电子商务发展"十一五"规划》指出:电子商务是网络化的新型经济活动,正以前所未有的速度迅猛发展。

以阿里、京东、亚马逊为代表的电商进入了成熟稳定的发展阶段,形成了第2次浪潮向第3次浪潮的过渡。以网站建设为特征的第1次浪潮开启了电子商务从无到有的局面,虽然规模不大(见表1-2、表1-3),但是也成为互联网应用的一个分支。阿里巴巴和中国化工网是第1次浪潮中诞生的电子商务代表。由2003年的"非典"间接促成的、以系统建设为特征的第2次浪潮造就了规模化的网商群体,形成了中国特色的电子商务运营模式。淘宝和支付宝就是在这一次浪潮中诞生的杰出的电子商务服务商代表。

表1-2 电子商务4次浪潮时期的规模数据变化

类别	第1次浪潮	第2次浪潮	第3次浪潮	第4次浪潮
网民数	几万~几十万	几百万~几千万	上亿~几亿	上亿~几亿
企业数	上百~上千	上万~几十万	几百万~千万	几百万~千万
处理数据量	M级	G级	T级	P级(大数据)

表1-3 电子商务4次浪潮的特征和研究的不同内容

阶段	内容	特征	定位	研究主线	EC共识
第1次浪潮	从无到有	网站	出生期	电子商务是什么	是互联网应用的一种
第2次浪潮	网商形成规模	系统	童年期	运营模式	正在改变生活
第3次浪潮	服务商形成规模	平台	少年期	如何促进经济发展	正在改变经济体系
第4次浪潮	实现新兴产业业态、智能化和智慧化	生态系统、大数据、云计算、智能化	青年期	如何促进社会进步,智能化、大数据分析	怎样改变世界

以金融危机为触点的电子商务的第3次浪潮形成于2008年至2009年之间。以平台应用为特征的第3次浪潮造就了大批电子商务服务商形成各自的产业链结点群,电子商务生态链由此开始形成,使得电子商务的大规模应用和可持续发展成为可能。由此我们可以说,电子商

务的大规模时代已经到来,这个大规模的标记是大规模的用户群体、大规模的数据支撑(从第1次浪潮的 M 级、第 2 次浪潮的 G 级、第 3 次浪潮的 T 级正逐渐扩展到 P 级)、大规模的计算机处理机集群,以及大规模的资金支撑。

从 2015 年前后开始,随着云计算、物联网、大数据的应用和发展,电子商务已经过渡到智能化、智慧化发展的阶段。这一阶段的显著特征不再是网民数量、企业数量,以及企业服务器数量的快速增长,取而代之的是云计算、物联网、智能制造的引入和推广,逐渐形成了电子商务智能化发展的第 4 次浪潮——后电商时代的端倪。

用大数据服务电子商务,在商业、经济及其他领域中,将日益基于数据和分析而做出决策,而并非基于经验和直觉。大数据时代只知道怎么看数据还不行,还要知道怎么去利用数据,怎么让数据显示出它真正的价值。

从历史大数据中可发现潜在的商业规律。对电商来说,可从历史大数据中分析各种产品的销售情况,统计哪些品类销量最大,哪些品类销量最小,每月或者每周的平均增长率是多少。通过原始数据把这些指标分析出来,就可以发现:哪些品类是优势品类,不需促销也有较大销量;哪些是弱势品类,需要促销。

从历史大数据和现有大数据中挖掘潜在的需求,可发现隐含的问题。电子商务每天都会接触数据,这些数据数据量大、结构复杂、种类繁多,其隐含的内容往往会被人们忽视,这就需要采用一定的技术和方法去发现和揭示这些隐含的内容。

利用大数据对电子商务发展趋势进行预测。通过分析数据,发现其中的规律,可实现数据驱动运营、驱动产品、驱动市场。对电商来说,知道每个月各个品类的增长率,以及各月之间的相互影响,就可以预测未来月度的交易量能够达到的水平。

大数据分析在互联网领域非常受到重视,无论是社区型产品、工具类产品,还是电子商务,都越来越把数据作为核心资产。数据分析得越深,越能够实现精细化的运营,工作的重点才有据可依。

1.3 用小案例梳理电子商务内涵——中国电子商务案例库

中国电子商务已走过前 3 次发展浪潮,在这十几年中,数以万计的基于互联网的电子商务企业几经沉浮,涌现出一批成功的优秀企业,今天它们成了电子商务生态链各个环节中的核心结点。大批传统企业通过开展电子商务焕然一新,新一代年轻的网商和新兴服务商成了新兴行业的领军人物。所有这些电子商务案例,无论它是成功的还是失败的,都是中国电子商务发展的宝贵财富,这些案例最真实地展现了电子商务的本质和内涵。

中国电子商务案例库的建设要追溯到"十一五"初期的 2005 年,教育部高等学校电子商务专业教学指导委员会成立以后就开始有计划、有组织地收集和研究电子商务案例,并开展和商务部等政府主管部门、中国电子商务协会等行业主管机构、各个地方政府主管部门、阿里巴巴等多个电子商务企业的合作。目前已经收集各地方、各时期、各种类型的案例近千个,其中绝大部分是国内案例。这些案例生动鲜活地反映了中国电子商务的发展历程,以及其形成的深刻变革、创新能量和巨大的经济效益。

目前,案例库已经初步形成,所有案例主要来自以下几个不同的渠道。

(1) 从 2005 年开始到 2008 年,教育部和商务部通过联合发布《关于推动有关高等学校进一步加强电子商务理论与实践研究的通知》,共同启动了电子商务促进与推广工程和案例调研项目。在教育部部长和商务部部长的亲自领导下,各职能司局负责人、各有关行业主管,以及部分高校电子商务学科骨干积极参与,先后有24所高校的数百位专家和研究队伍经历了两届大规模的电子商务案例调研工作,在400多个企业调研的基础上共形成了238个企业的电子商务应用案例。案例的精华部分分别于2007年和2008年汇编在由高等教育出版社出版的《中国电子商务案例精选(2007版)》和《中国电子商务案例精选(2008版)》两书中。

(2) 从2004年开始,中国电子商务协会、杭州市人民政府、阿里巴巴集团联合在杭州举办每年一届的网商大会,逐步形成了每年评选十佳网商的机制。特别是最近几年,阿里研究中心将评选出的网商100强或网商30强的优秀案例进行收集、整理和分析,形成了一批来自全国乃至世界各地的鲜活案例。其中由阿里研究中心团队合著,由电子工业出版社于2011年出版的《灯塔:点亮网商路》真实地记录了"2011年全球十佳网商"的案例故事。

(3) 2011年12月15日在上海国际商城举办了第1届中国电子商务服务商年会,大会评选出来首届十佳中国电子商务服务商。2012年9月7日在浙江省杭州市人民大会堂举办的第9届网商大会评选出了2012年度的十佳中国电子商务服务商,由此开始形成了电子商务服务商的案例体系。

(4) 2010年教育部高等学校电子商务专业教学指导委员会为了鼓励和推进大学生创业,特别是网络创业和就业,向全国高校征集大学生网络创业和就业的典型案例。短短两个多月就收集到100余个关于在校大学生和近几年毕业大学生成功网络创业的案例。经过整理分类后选择了39个案例汇编成《大学生网络创业:理论、案例、平台》一书,并由高等教育出版社于2011年出版。

(5) 从2008年开始,浙江大学等高校和一些机构在杭州、宁波、北京、深圳、南京、上海等地开展了对电子商务发展的研究和规划,也汇集了相当一部分与电子商务和现代服务产业相关的案例。例如,杭州市从2008年开始每年都编制电子商务发展或互联网经济发展的年度报告,并收录了部分电子商务的典型案例。

(6) 浙江大学电子服务研究中心在与中国互联网协会、中国电子商务研究中心、国家大学科技园、阿里学院和淘宝大学等机构,以及与杭州、宁波、福建、深圳等地开展各类合作的过程中形成了各具特色的案例。

(7) 2016年4月,由中国国际电子商务中心主办,中国电子商务案例中心承办的"2016中国电子商务案例高峰论坛暨全国百佳电子商务案例颁奖典礼"在义乌国际博览中心开幕,本次论坛以促进校企合作交流、深化高校教学改革、助力企业"互联网+"创新创业为主题,通过案例探讨了电子商务领域发展所面临的关键性问题及其发展思路,展示并分享了目前我国企业电子商务的发展历程、趋势和成功经验。论坛在案例征集时收到了356篇全国范围内的优秀电子商务相关案例,经过初选评比,有149篇优秀案例入围决选,经过评审委员会网络盲评、会议面评等层层遴选,最终共评出特等奖1名,一等奖3名,二等奖10名,三等奖若干名。这些案例体现了我国互联网行业、电子商务行业的发展近况,呈现了我国电子商务的发展趋势,学习和分析这些案例对我国的"互联网+""工业4.0"战略具有重要的指导意义。

参考文献

[1] 郑华君.浅谈电子商务的大数据时代[J].科技视角,2015(23):209.

[2] 陈德人.中国电子商务案例精选(2007版)[M].北京:高等教育出版社,2007.

[3] 陈德人.中国电子商务案例精选(2008版)[M].北京:高等教育出版社,2008.

［4］ 阿里研究中心.灯塔:点亮网商路[M].北京:电子工业出版社,2011.
［5］ 亿恩IDC资讯.大数据时代,电商如何用好数据?[EB/OL].(2014-04-23)[2019-04-07].http://www.enkj.com/idcnews/Article/20140423/5045.
［6］ 陈德人,吴吉义.大学生网络创业:理论、案例、平台[M].北京:高等教育出版社,2011.
［7］ 浙江大学电子服务研究中心.中国电子商务之都2008年度发展报告[M].杭州:浙江大学出版社,2008.
［8］ 陈德人,张少中,高功步.电子商务案例及分析[M].2版.北京:高等教育出版社,2013.

第2章 电子商务案例研究和教学方法

2.1 电子商务案例研究方法概述

对电子商务的研究,需要收集、了解和分析电子商务案例。对电子商务的开发和应用,需要借鉴成功或失败的电子商务案例中的经验和教训。在电子商务的教学过程中,更需要不断通过电子商务的案例来深化教学内容,因此无论是电子商务领域的专家学者、教师、学生,还是开发应用人员,都离不开对电子商务案例的研究。案例研究对任何一门学科的发展来说都是非常重要的,尤其是对于与社会经济发展紧密关联并在快速变化着的电子商务学科而言更是重要。

电子商务案例教学除了设置专门的案例课程以外,还应该贯穿于电子商务专业教学的整个教学体系和实践体系中。电子商务专业的许多课程,如电子商务概论、电子商务管理、电子商务系统结构等,都需要大量的案例来做引证和介绍。学生对电子商务专业知识的理解更需要通过对一个个案例的剖析,以及互动交流来认识和掌握其本质。很多成功的电子商务创新和电子商务模式都是在前人成功的基础上进一步深入挖掘或进一步创新而发展起来的,由此可见电子商务案例研究和实践的重要性。

"十一五"期间,教育部高等学校电子商务专业教学指导委员会专门对电子商务案例教学进行了专题研究和专项讨论,专家学者们提出了关于案例教学研究的参考性建议。这里我们归纳了一些在电子商务案例中教学分析研究、分类研究,以及实践体系研究的典型思路和方法。

2.1.1 基于项目的案例研究

由西安交通大学经济与金融学院李琪教授建议的以项目为基础的电子商务案例分析研究主要包括如下内容。

1. 案例作为项目进行可行性分析的方法

在确认整个目标清晰明了的基础上,对项目案例进行具体指标的可行性分析,主要内容包括以下几个方面。

(1) 项目的必要性:社会的现实和潜在的需求;需求的供给有多大缺口。

(2) 项目的技术可能性:国内外成熟的技术。

(3) 项目的经济可能性:总投入、分期投入的估算;总收入、分部收入的估算;盈亏时点分析。

(4) 项目的管理可能性:类似项目的管理;新项目的管理设计。

(5) 项目的环境可能性：法规、市场等方面的可能性分析。

2. 案例的模式分析

(1) 商业模式分析：适用性、先进性、独特性。

(2) 经营模式分析：低成本、高效率、高可靠。

(3) 技术模式分析：适用性、先进性、独特性。

(4) 管理模式分析：科学性、规范性、经济性。

(5) 资本模式分析：合理性、合法性、先进性。

3. 案例的评估分析

(1) 功能与目标的一致程度：包括所有功能是否紧紧支持和围绕目标的设计和实现，以及功能对目标的必要性和充分性支持分析。

(2) 性能与目标的一致程度：包括目标要求的必要性能指标达到的程度和目标要求的充分性能指标达到的程度。

(3) 项目的系统完整程度：包括按目标的系统设计和实现的完整程度和项目系统运行的完整程度。

(4) 系统运行的效率分析：包括对信息系统的效率、经营系统的效率、管理系统的效率和组织系统的效率 4 个方面的分析。

(5) 资产分析：包括对有形资产和无形资产的分析。

(6) 运行效益：包括经济效益（分项、综合；主项、其余）和社会效益。

4. 案例学习方法

案例学习可以组建研究小组，每组 3～4 人。以小组为单位，每小组至少对其中的 6 个或者 6 个以上的案例进行归纳分析。结合社会实践，给出案例的特色、优点和缺点，提出小组的综合见解和改进建议。

2.1.2 基于模式的案例研究

河南工业大学司林胜教授等提出以电子商务模式为基础来进行案例分析。他认为，电子商务案例分析的目的是在把握某种电子商务模式应用的基本情况的基础上，系统分析其商业模式、技术模式、经营模式、管理模式、资本模式等，提出改进意见与建议，为电子商务项目的策划与实施积累经验。

在进行电子商务案例分析时，一般应该遵循一定的程序，按照一定的模型（见图 2-1）进行系统分析，以便科学把握案例的精髓。

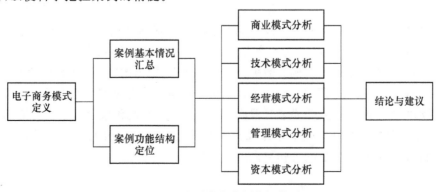

图 2-1 电子商务案例分析模型

1. 电子商务模式定义

分析一个电子商务案例首先要判断其电子商务模式,把握这种电子商务模式的特征和分类,进而理解其对电子商务各利益主体的优势,为进行案例分析奠定基础。

2. 案例基本情况汇总

对案例基本情况的汇总是进行电子商务案例分析的基础工作,需要通过现有文献、在线讨论列表、公司宣传材料,以及网络调查、实地考察、网站浏览等尽可能详细地收集拟分析案例的基本情况,并进行汇总和整理。

3. 案例功能结构定位

电子商务案例分析要对案例进行由表及里的系统分析,这就需要对电子商务案例的功能结构进行科学定位,如果可能,可以绘制电子商务功能结构图,以便界定电子商务模式中所包含的各个主体(包括相关的电子商务公司、客户、供应商和合作伙伴),把握主要的信息流、资金流和物流特点,明确该电子商务模式对各主体的作用,以及每个参与方所获得的利益。

4. 电子商务模式分析

在对电子商务案例进行功能结构定位的基础上,要分别对案例的商业模式、技术模式、经营模式、管理模式、资本模式进行系统的分析,掌握电子商务模式的内涵,为进行电子商务项目的策划积累经验。

5. 结论与建议

对案例的电子商务模式进行总结,并提出改进商务模式的建议,为进行电子商务项目的设计提供借鉴。

2.1.3 基于价值的案例研究

北京大学蔡剑教授和哈尔滨工业大学叶强教授等结合北京大学创新研究院、工学院及光华管理学院在电子商务教学中的经验,根据服务产业的不同领域形成了自己的电子商务案例体系。在该体系下以电子商务的客户价值为核心开展研究和讨论,试图让学生理解电子商务商业模式和价值创造的原理,分析并认识商业模式和服务模式的规律,以便思考如何正确地设计和运营以价值为核心的电子商务业务。

关于服务产业领域的划分,该体系主要分为商贸与流通变革、内容提供与信息服务、网络营销与客户关系管理、虚拟经济与社会变革、公共服务与新农村建设等5个领域。每一个领域又分成若干个模块,每一个模块分别介绍了1~4个案例。虽然没有包括电子商务的全部内容,但也扩充了电子政务等相关部分。

在对电子商务价值分析概念的讨论中,该体系关于客户价值的定义主要依据Zeithaml所提出的"客户价值就是客户感知价值"及其他专家的一些基本观点,在此基础上进一步介绍了传统商业价值创造的表现形式和电子商务的价值创造模型。特别介绍了Raphael Amit和Christoph Zott在对59家企业案例和数据分析的基础上,提出的"电子商务价值创造来源于新颖、锁定、效率、互补4个方面"的观点。该体系认为在电子商务交易中创造和产生的总价值,无论交易活动的参与者是企业、消费者还是合作伙伴、联盟等,总价值就是客户价值(见图2-2)。我们从后面案例分析的结果中可以看出,如何利用这些成果对中国大多数电子商务企业进行有效的价值创造分析还有大量的工作要做。

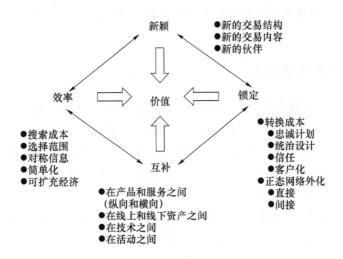

图 2-2 电子商务价值创造的来源

2.1.4 基于课程的案例研究

东北财经大学电子商务学院李洪心教授提出按照大学本科要求的"电子商务案例分析"课程来建设教学大纲,她认为电子商务案例分析属专业类实践课程。该课程通过对真实案例的阐述与分析,使学生在学习和掌握电子商务基本知识的基础上,对电子商务有一个全面的了解。学生既要了解电子商务的过去、现在与未来,又要知道电子商务当前所用到的新技术、新理念,还要对电子商务的发展进行更深一层的研究,即从电子商务的实践中寻找电子商务发展的一般模式。该课程致力于让学生及时了解电子商务的短期炒作与它的长期发展之间的区别,从管理与运营的角度谈及技术,从战略的高度研究过程。将战略概念与电子商务的真实案例联系起来,可为学生提供一个整体的、集成的战略观点。在介绍案例时不应是为了做宣传,而是在总结它的成功经验的同时,分析其存在的不足与隐患,给学生一定的思路,为学生今后的专业学习和行业工作做好心理上和知识上的准备,为学生日后成为成功的电子商务战略的设计者奠定一定的基础。

在教学组织上,建议采用课堂讲解与讨论相结合的方式。在有条件的情况下,可以搭建与教学相配套的教学网站帮助学生更好地学习这门课。

2.1.5 基于内容的案例研究

华中师范大学桂学文和王伟军等教授在开发完成电子商务案例分析网络课程、开展武汉城市圈电子商务发展研究等项目的基础上编写了《电子商务案例分析》一书。该教材以电子商务教学内容为主线开展电子商务案例分析,其中主线分为电子商务模式、电子商务流程、电子商务组织和电子商务行业应用4个部分。每一个部分再展开详细的内容。例如,模式篇分为B2B、B2C、C2C 3部分内容;行业应用篇分为农业、工业、批发与零售业、我国国际贸易、保险业、旅游业等6部分内容。每一部分内容再通过若干个案例进行展示与分析。大部分的案例都包括企业整体或发展介绍、实施模式或体系架构介绍,以及案例评析三大部分。

该教材的另一个特色是对电子商务案例分析的主要内容和方法进行了归纳,并提出了独特的见解。

2.1.6　基于互动的案例研究

未来的教学,无论是课堂教学还是实践教学,都将是基于平台的教学。基于互动、协作和共享的网络平台将在未来的教学中起到越来越重要的作用。

浙江大学陈德人教授、浙江万里学院张少中教授、浙江财经学院姚建荣教授、扬州大学高功步副教授、南京财经大学李冠艺副教授、杭州师范大学林慧丽副教授,以及高等教育出版社经管分社张冬梅编审、南京奥派徐林海研究员等组成的电子商务案例研究团队通过长达 5 年以上的合作研究,从案例教学的师生互动性、案例问题的灵活性、案例分析形式的多样性出发,提出了电子商务案例研究的互动式研究教学模式。在该模式中,指导教师和学生都可以发表自己的观点,并能够就对方的观点进行点评,可以多层次、多角度地对相关问题进行全方位分析。在案例分析中通过灵活设置各级典型的问题,来提示和引导学生对案例进行分析,各种分级问题的设置,解决了在传统的电子商务案例研究中从商业、技术、经营、管理和资本几个方面进行分析难以概括案例的全部内容,且难以体现新型案例的侧重点和特色的问题,实现了案例问题分析的全面性和重点性的统一。案例分析形式的多样性适应了当前以 Internet、手机等智能终端,以及教材、课堂、口头表达等多种手段的灵活参与,解决了案例分析中缺乏评价和讨论的空间,难以进行评价和讨论的问题。以互动为基础的案例研究如图 2-3 所示。

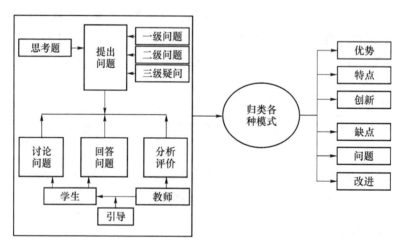

图 2-3　以互动为基础的案例研究

2.1.7　基于大数据的案例研究

基于大数据的案例研究是将大数据分析引入案例研究中,通过对不同层次、不同类型、不同领域、不同规模、不同区域的众多典型案例的搜集、整理、分析和挖掘,形成一系列的典型小案例、微案例。通过对这些案例的分析和研究,探讨电子商务的典型形式、发展过程和动态趋势。基于大数据的案例研究一般过程如图 2-4 所示。

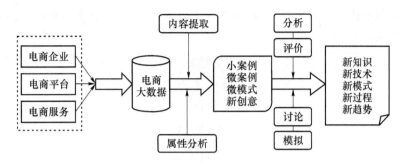

图 2-4 基于大数据的案例研究过程

2.2 立体化电子商务案例平台和教学模式

本教材是"四维一体"的电子商务案例平台的一部分。为了推动"大数据、小案例"进入课堂,开展电子商务教学,中国电子商务案例中心组织建设了基于 Web 端线上平台、移动端 App,以及客户端的电子商务案例分析系统和案例教学微信公众号 4 种服务渠道的"四维一体"立体化电子商务案例教学云服务平台。用户可以在线创建案例、共享案例、学习案例、交流讨论。平台将纸质教材、网络平台、手机 App、微信公众号完美结合在一起。"四维一体"的教学服务平台实现了以教师和学生为主体,集案例开发、案例学习、相互协作、自我成长为一体的互动、开放、共享的案例教学实践。

2.2.1 协作、互动、开放、共享的平台特色

电子商务是一个信息技术与商务模式创新以及社会需求与经济发展紧密结合的产物。电子商务专业是理论与实践紧密结合的复合型专业,因此,在电子商务课程的教学过程中应该把握以实践为中心,通过对案例的实践来提升学生的电子商务理论知识水平和技能。而电子商务案例课程的教学,则应该更多地体现基于网络的师生间的互动、协作和共享。由老师来指定典型案例,介绍背景并提出问题,学生分组进行研讨、分析、对比并给出观点,老师和学生共同点评。所有这一切都可以在网络平台上完成并开放。一些具有价值的观点和结论可以永久性地保存在案例教学研究平台上供以后的学习者解读。

该平台就是依据上述要求,为满足电子商务的应用模型、盈利模式、业务流程和商业创新的不断变化而构建的一个学习和研究电子商务案例的云服务环境。该平台有效融入 Web 2.0 的技术和理念,以及二维码技术,实现了以教师和学生为主体,集案例开发、案例学习、相互协作、自我成长为一体的互动、协作、开放、共享的案例教学实践。该平台的主要特色如下。

1. 基于 Web 2.0 的平台架构

基于 Web 2.0 构建案例实践平台,引入用户自主创建、案例编辑、案例学习、点评互评及案例与资料分享的模块,同时实现教师班级创建及管理、小组创建等功能,更好地实现了 Web 2.0 技术的创造、参与、分享与开放,如图 2-5 所示。

2. 基于二维码的 O2O 交互模式

平台可以通过教材与出版社合作,由平台提供给出版社 API 和 SDK,并在平台中导入数字化的教学内容,出版社在教材内容中增加二维码,用户通过手机客户端扫描二维码链接到平

台中,即可学习教材中的相关内容,实现线下线上点评互通,被点评者可以接收到点评信息,并及时回复点评(见图 2-6)。

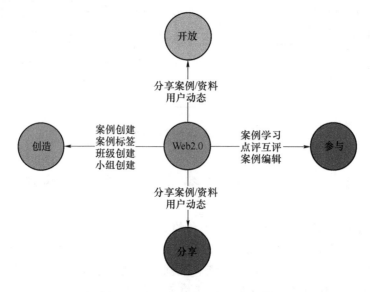

图 2-5 基于 Web 2.0 的平台架构

图 2-6 二维码在平台中的应用

3. 互动和共享的三级点评体系

平台实现了互动式研究的教学模式。在该模式中,指导教师和学生都可以发表自己的观点,并能够对别人的观点进行点评,可以多层次、多角度对相关问题进行全方位的分析。在案例分析中通过灵活设置各级典型的问题,提示和引导学生的分析途径和分析思路,各种分级问题的设置实现了案例问题分析的全面性和重点性的统一。互动和共享的三级点评体系如图 2-7 所示。

2.2.2 案例教学平台的架构和功能

案例云服务平台主要面向学校,即教师和学生两类用户,这是一个校企合作的云平台。该平台主要功能模块包括首页、案例类目、案例坊、案例教室、案例角、资源中心、我的空间 7 个部分(见图 2-8),基本实现了案例教学的开发互动及资源的共享。具体功能描述如下。

1. 首页

首页的功能主要突出共享性、互动性与开放性。首页内容分为 7 部分,第 1 部分显示"行业信息",主要介绍各个行业中电子商务的发展状况,让用户时刻了解各个行业的最新动态。第 2 部分显示"热门案例",案例来源可以是平台中评价系数高的或者浏览人数多的案例。第 3 部分显示"社区公告",即关于本服务平台的各种消息及通知。第 4 部分显示"平台动态",即在平台中与案例活动相关的用户的动态信息,用户可以自主参与每个案例的点评及收藏。第

5部分显示"精彩点评",即用户对于感兴趣的案例的评论,用户可自由表达自己的观点,也可与其他用户进行互动。第6部分显示"热门话题",即平台中评价系数高的话题。第7部分显示"精彩视频",视频来源为推荐人数多或浏览人数多的视频。

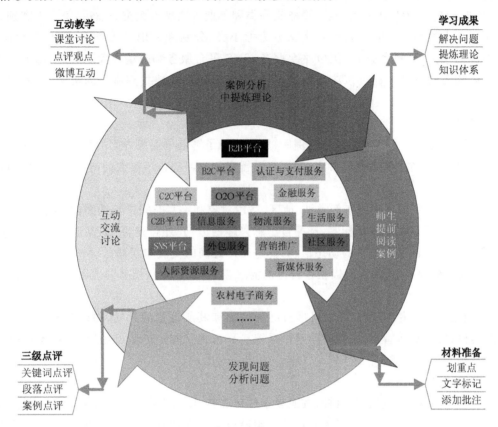

图 2-7 互动和共享的三级点评体系

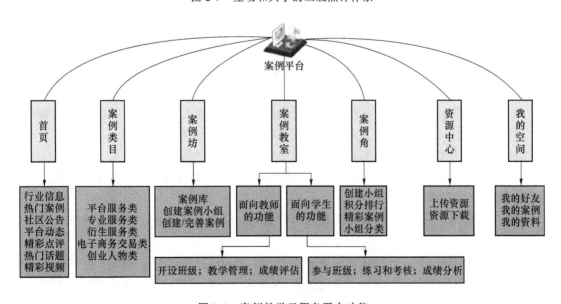

图 2-8 案例教学云服务平台功能

2. 案例类目

案例类目的作用相当于书的目录,设计原则是为了让用户方便、快捷及有效地找到所需要的案例进行学习,在设计时将案例进行了详细的划分。首先,按照案例服务类型,分为平台服务类、专业服务类、衍生服务类、电子商务交易类和创业人物类五大类。然后,每个大类别又细分为好几个小类别,比如,平台服务类又分为七小类,分别为 B2B 平台服务、B2C 平台服务、C2C 平台服务、C2B 平台服务、O2O 平台服务、SNS 平台服务和跨境电商。最后,每个小类别下是具体的案例信息。通过该功能模块,用户可以迅速高效地找到所需的案例,大大节省了时间。

3. 案例坊

案例坊是关于电子商务的精选案例库,用户若想了解电子商务方面的案例,可以在该功能模块中寻找,案例坊中的案例非常多,为用户进行案例学习提供了很大的便利。案例坊的功能如下。

(1) 案例库:用户可根据案例类别、地区、适用对象和编写时间来筛选案例,迅速查找自己需要的案例,也可以根据案例标签,选择自己感兴趣的方向,还可选择"浏览最多""点评最多"或"收藏最多",关注其他用户的动态信息,促进用户之间的交流与互动。

(2) 创建案例小组:用户可以根据自己的需求创建案例小组,招募其他用户加入自己的案例小组。

(3) 创建/完善案例:用户可以根据自己的经验和其所搜集的素材,创建新的案例或完善已有的案例,发挥集体智慧,完善教学案例系统。平台提供相应的案例编辑模板,迅速引导用户进行案例的创建和编辑。

4. 案例教室

案例教室是为了实现教学目标,按照教学规律和特点,为全面管理教学过程而提供给教师从事管理教学活动的工具。教学中心功能模块融合了面向教师和学生的功能,有效地协调了教师和学生的不同分工。

1) 面向教师的功能

(1) 开设班级:为了方便教师进行多次教学活动,平台设置了开设教室的功能,教师可以在平台中创建多个教室用于组织教学。教室类型有 3 种类型:专属型、申请型和开放型,以方便学生开放性地加入教室进入案例学习。

(2) 教学管理:教师可以针对开设的教室进行案例教学活动的管理,在每次教学活动中教师选择相应的教室、教学活动类型及添加相应的案例,以供学生参考和学习。添加案例的来源可以是教师自己创建的案例,也可以引用案例平台中其他用户创建的案例。

(3) 成绩评估:教师根据学生的答案给出成绩和评语,有针对性地进行指导和训练。

2) 面向学生的功能

(1) 参与班级:学生必须参加专属教室中的活动。学生可根据自己的意愿选择性地参加活动。

(2) 练习和考核:学生可以对案例进行批注,通过加粗、划线、变色等操作标识出关键内容,为问题的解答提供便利。案例提交完成后,系统根据教师设置的考查重点对学生答案进行智能评分。

(3) 成绩分析:可以查看教师和系统的评分及教师的评语。

5. 案例角

案例角通过组织用户成立小组,有效参与案例的创建和完善,能够充分调动用户学习的主动性,有利于培养用户的逻辑思维能力、理论联系实际的能力及团队协作能力。

(1) 创建小组:提供了具体的创建小组的步骤,用户可以根据步骤及自身需求创建案例小组,招募其他用户加入自己的案例小组。

(2) 积分排行:积分排行榜按照小组积分的高低进行排列,以此提高用户的学习兴趣。用户也可查看积分高的小组的案例,与自身小组的案例进行对比,找出不足,从而更有效地提高自己分析问题、解决问题的能力。

(3) 精彩案例:根据案例的星级筛选出精彩案例,可查看自身小组的精彩案例。

(4) 小组分类:对各个小组进行分类,方便用户查找。

6. 资源中心

资源中心,包括资源上传和资源下载两个功能,教师和学生可自行上传、下载相关资源,达到资源共享的效果。

7. 我的空间

在该模块中,用户可以查看其好友、参与的案例及个人资料等信息。

参考文献

[1] 教育部高等学校电子商务专业教学指导委员会.普通高等学校电子商务本科专业知识体系[M].北京:高等教育出版社,2008.

[2] 司林胜,周宏.电子商务案例分析[M].重庆:重庆大学出版社,2006.

[3] 蔡剑,叶强,廖明玮.电子商务案例分析[M].北京:北京大学出版社,2011.

[4] 李洪心.电子商务案例[M].北京:机械工业出版社,2006.

[5] 桂学文,王伟军.电子商务案例分析[M].北京:高等教育出版社,2010.

[6] 陈德人,张少中,高功步,等.电子商务案例及分析[M].北京:高等教育出版社,2010.

第1篇 电子商务平台服务篇

第3章 B2B平台服务类

3.1 钢铁行业的亚马逊——宝钢电商平台

案例标签:宝钢;钢铁企业;电商平台

案例网站:www.ouyeel.com

案例导读:

在国内电子商务行业快速发展,钢铁行业面临结构转型的背景下,钢铁电商呈井喷式的增长趋势。各钢企及第三方机构等都在发力抢占市场,希望通过电商解决行业产能过剩、物流粗放、成本高、诚信体系不健全等问题。在钢企中,宝钢是最早系统地开展电子商务活动的企业,也是目前钢企电子商务发展最为突出的企业。

2000年,宝钢股份牵头成立了钢铁行业首家电子商务公司——东方钢铁电子商务有限公司(简称"东方钢铁"),由它来全面负责宝钢集团的电子商务建设。2010年,宝钢集团将电子商务作为鼓励多元化快速发展的五大战略之首。2012年,宝钢集团获得工业领域第一个第三方支付牌照——东方付通。2013年5月,宝钢集团又与上海市宝山区政府旗下公司合资组建第三方钢铁电商——上海钢铁交易中心。2015年2月,宝钢集团在东方钢铁和上海钢铁交易中心的基础上组建欧冶云商股份有限公司(简称"欧冶云商"),从此宝钢集团电子商务进入了一个新的阶段。总之,宝钢电商可分为"东方钢铁"和"欧冶云商"两个不同时期。

课堂讨论:钢铁企业在电商化转型的过程中可能遇到哪些问题?钢铁电商平台的兴起对钢铁行业来说有着怎样的价值?它们又该如何实现盈利?谈谈你的看法。

3.1.1 宝钢电商的发展历程

1. 东方钢铁时期

东方钢铁电子商务有限公司注册于上海张江高科技园,注册资金为8 000万元人民币,主要股东为宝钢股份和宝钢国际。东方钢铁主要负责宝钢集团旗下各个部门电商网站和相关行业电子商务平台的搭建,经过十多年的发展,建立了包括电子采购、电子销售、电子交易、循环物资交易、供应链融资和物流管控六大电子商务系统,涵盖了企业经营的主要业务领域,并通过电子商务实现了企业间信息化的对接和融合。

宝钢电子商务平台活动主要围绕钢材销售、物资采购、循环物资利用、金融服务等四大方面开展。在直供方面,宝钢建立了大客户通道这一与战略客户采购模式相适应的供应链管理体系和营销服务体系,在汽车、造船、能源、锅炉等多个行业为25家战略客户提供了基于供应链协同模式的大客户通道服务。大客户通道在功能上实现了客户与宝钢的紧密协同。在计划协同方面,通过客户与宝钢的深层次交流,为客户提供了供货计划保障。在订货协同方面,通过全程的订货卡管理流程,实现大客户的采购合同与宝钢销售合同的无缝衔接。在生产和物流跟踪协同方面,实现大客户对宝钢各生产单元的生产进程、产成品出厂物流、在途物流的跟踪和业务协同。通过大客户通道,客户还能实时了解库存情况,根据供需变化调整合同的订货量以及交货期,实现供应链的敏捷反应。

上海钢铁交易中心的建立,帮助宝钢完善了其在产业链上围绕主业所做的延伸,并实现了其从制造业向服务业辐射的多元化经营战略。该交易中心对内为宝钢提供交易数据、资金数据和信用数据,对外为客户提供贸易服务的电商平台,其电商平台包含以下三大交易服务平台。

(1)"宝时达"成立于2003年,为销售宝钢集团自有产品的电子交易平台,订单及支付均在该平台上完成。

(2)"范达城"是主要销售除宝钢之外其他品牌产品的电子交易平台,它可以依据客户的需求,以相对较低的价格从会员钢厂订到品牌产品,然后销售给客户,并为客户提供供应链融资服务等。这一模式旨在借助电子商务,缩短传统钢贸模式的链条,压缩钢铁流通环节的成本,是钢铁行业的首创,也是上海钢铁交易中心最突出的亮点。

(3)"来客圈"则是撮合交易模式下的钢铁行业电子商务平台,其客户主要以中小用户为主。

2. 欧冶云商

2015年2月,宝钢股份及其全资子公司宝钢国际以其持有的东方钢铁电子商务有限公司全部股权合计认缴出资10.2亿元(持股比例51%),宝钢集团认缴出资9.8亿元(持股比例49%)共同成立欧冶云商,用于整合宝钢股份和宝钢集团在钢铁服务和电商业务方面的能力以及社会上相关电子商务、加工配送、技术服务、支付结算、金融服务和大数据分析等方面的资源和业务,其目标是成为国内规模最大的钢铁交易和服务综合性平台,为钢铁企业和钢铁用户提供个性化的服务,开拓新的盈利模式。这是从制造向服务转型的战略,是实践"一体两翼"(钢铁为主体,发展电商及信息产业)的具体安排。欧冶云商计划打造集资讯、交易结算、物流仓储、加工配送、投融资、金融中介、技术与产业特色服务等功能为一体的生态型钢铁服务平台,下设欧冶电商、欧冶物流、欧冶金融、欧冶材料、欧冶数据5个子平台。在立足于华东地区的基础上,欧冶云商陆续在东北、西部、华中、南方、北方地区成立了5个分公司,进一步拓展了电商业务。

欧冶电商是上海钢铁交易中心的"升级版",页面更为活泼,更像零售网站。该平台提供自营、寄售、撮合等多种交易模式,其目标是成为全球最大的第三方钢铁交易平台。平台现设有竞价区、欧冶团(团购)、欧冶帮卖(加价或原价分销)、欧冶撮合、特价区和欧冶商城六大板块,资源也可按品种、用途进行搜索。欧冶电商作为率先上市的运作平台,以股权开放的模式,分别引入钢厂、钢贸商及其他战略投资方等多重投资主体,上市后股份按前期投入的资源量进行划分。

3.1.2 宝钢发展电子商务为企业带来的好处

(1) 宝钢发展电子商务改变了企业竞争的形态,有利于宝钢集团的企业与其他企业竞争。在电子商务模式下,宝钢集团的企业可以通过电子商务与其他企业竞争。

(2) 宝钢发展电子商务改变了传统的营销方式,有利于拓展宝钢集团企业的市场空间。电子商务的发展使宝钢集团企业的市场空间可以扩展到全球范围内,使其可以在全球范围内推销自己的产品和服务,让全球的消费者了解自己的产品和服务。

(3) 宝钢发展电子商务改变了宝钢集团企业的营销模式,有利于供应链从传统市场向虚拟市场延伸。电子商务的发展将增加对广大供应商提供设计和工程服务的要求,厂商将外包更多的非核心业务,客户将需要更多的电子通信以用于下订单、记账等业务,当大量的客户有这种要求时,将对供应链产生巨大的影响,为宝钢集团的企业带来巨大利益。

(4) 宝钢发展电子商务改变了市场营销的环境,增加了宝钢集团的企业商机,开拓了商业前景。宝钢集团的企业利用网络可以快速、准确地获取各方面最新的商业信息,以指导自己的生产和销售,使企业的市场前景更加广阔。

(5) 宝钢发展电子商务扩大了销售范围,提高了办事效率及销售速度,降低了销售成本及物流成本,减少了库存,提高了资金的周转率。

3.1.3 宝钢电子商务的启示

从宝钢的电子商务发展历程我们可以看到,其电商产业是脱胎于企业信息化建设,顺应信息技术发展,在不断的实践和应用中成长的,因此它可以在技术催生新商业模式的快速变化中迅速做出反应,完成传统业务模式向新型业务模式的转型。

1. 捕捉科技发展趋势,提前布局

宝钢的电子商务是紧跟互联网及信息技术的脚步而发展的,并随着电子商务的蓬勃发展建立了与钢铁电子交易及供应链相关的电商平台,此外还在钢铁电商爆发式发展之前就申请到了第三方支付牌照,提前完成了重要的布局。

2. 以产业形式发展,利于资本运作

同样是以信息化建设为契机,宝钢是以成立专业公司(东方钢铁)的形式来进行这项工作的。一方面这有助于不断探索公司内外部的新项目,在尝试中积累经验;另一方面也有助于在适当时期进行包装上市。

3. 以二方电商平台起步,打好基础

二方电商,即以提高工作效率和服务质量,降低业务成本为出发点,将传统人工作业转为电子化交易的商务模式。虽然这种从线下搬到线上的形式无法起到开拓渠道、扩大业务范围的作用,但在培养用户交易习惯、建立相应的业务流程、培养电商人才等方面都起到了积极的作用,并为建设第三方交易平台打下了良好的基础。

4. 探索第三方电商平台的新模式

在意识到二方电商的局限性后,宝钢提出了要"去宝钢化",于是建立了上海钢铁交易中心这一第三方平台。受宝钢背景等方面的影响,这次尝试并不顺利,但在钢贸危机后第三方电商平台崛起之时,宝钢快速转型为欧冶云商。

5. 开放共赢,引入混合所有制

如果说东方钢铁时期的宝钢电子商务还是"关门自己玩",那么进入欧冶云商阶段的宝钢电子商务就是"敞开了大门"。不论是主业还是多元产业的电商板块,基本都采用混合所有制的模式,不再要求绝对控股,而是尽量减少宝钢色彩,通过去背景化来谋求包括民营资本在内的多方合作,力求成为真正的"第三方"。一方面可以淡化竞争对手的顾虑;另一方面也是为了给电商这一耗资巨大的领域引入更多外部资金。

课后思考题

1. 参考宝钢电商的发展,在电子商务迅速发展的当下,钢铁企业如何利用电子商务来应对危机呢?

参考文献

[1] 孙鹤.宝钢电子商务的发展历程和启示[J].武汉工程职业技术学院学报,2016,28(2):38-42.

[2] 江晶晶.打造钢铁版阿里巴巴[J].中国外汇,2013(16):21-23.

[3] 王招华.钢铁产业链价值优化的方向[N].中国冶金报,2015-06-09(7).

3.2 供给侧结构性改革的先行者——海尔透明工厂

案例标签:海尔;透明工厂;供给侧结构性改革

案例网站:www.haier.com/cn/yxhd/2015/transparent/index.shtml

案例导读:

在德国工业 4.0 概念风靡全球的同时,中国制造也在谋求转型升级,利用历史机遇走向世界工业制造强国之路。"中国制造 2025"正是中国版的工业 4.0 规划,力求在十年内实现中国从制造大国向制造强国的转型。2015 年 8 月 11 日上午 10 点,海尔面向全球开放透明工厂,这无疑是中国制造业历史上一个里程碑式的事件。

课堂讨论: 你是如何理解"中国制造"的?"中国制造"在转型的过程中可能遇到哪些问题?请给出你的看法。

透明工厂背后依托的是海尔强大的互联工厂,互联工厂率先实现了客户个性化、定制化生产,彻底颠覆了过去工厂批量生产、大规模制造的固定模式。透明工厂让用户可以实时观看工厂先进生产的画面,并监督工厂的制造,使用户对产品真正放心。这必将引领家电行业在新工业 4.0 时代发展的新趋势。海尔通过建立互联工厂,率先实现从大规模制造向大规模定制的转型,用差异化产品满足用户的个性化需求。本次互联工厂向全球透明公开也意味着互联工厂将接受全球的监督,与全球用户展开深度互动。

海尔透明工厂是行业内首个对全球用户开放的智能制造基地,这一大胆探索源于海尔对自身实力的自信。作为行业内缔造过数个"第一"的企业,海尔不仅要通过新技术手段实现对传统家电产业的持续改造,还要在中国制造"2025"规划的战略驱动下,不断探索中国制造业转型升级的新道路。

3.2.1 海尔透明工厂简介

海尔透明工厂是全球首个对外开放的互联工厂,如图 3-1 所示。海尔在旗下企业的互联工厂中安装摄像头,直接收录工厂实时生产画面,并上传到数据中心,全球消费者可以随时观看。消费者通过网络可以实时观看海尔工厂的制造过程,实现企业与用户"零距离"。

图 3-1　海尔透明工厂实景

3.2.2　海尔透明工厂的要素分析

1. 个性化定制,满足多种体验需求

海尔集团推出透明工厂,使用户能够在全球任何地方、任何时间,通过终端随时定制产品,并可实现全流程可视化监督。

课堂讨论:你觉得这种个性化定制会成为工厂新的、稳定的盈利点吗?

2. 订单直达工厂,与用户零距离

用户个性化定制后,订单直接送到海尔的工厂。工厂实时接收订单,实现零延迟、零中间环节,与用户零距离。

3. 智能制造,注重质量和品质

海尔透明工厂拥有多项全球领先技术,让多种需求与高品质产品完美融合。例如,产品的组装,从过去由几百个零部件来组装,变成了由十几个大模块来组装,这种由散落的零部件到集中的模块的转变为我们提供了高质量高效率的保证,模块的组装就像七巧板一样,可以按照客户的需求来组合。

4. 自动化运输系统,智能高效

海尔独创的自动化运输系统,可以根据订单执行情况,自动识别生产线需要的物料并配送到位,整条运输线的长度,相当于从拉萨到珠穆朗玛峰的峰顶的距离。其中,空中物流系统是海尔首创的新型全自动智能化输送线,它要解决的是海尔半成品的物流问题。传统企业都是靠叉车在地面上运输,以及用人工来搬运,这道工序大约需要 40 人,海尔则是通过线体和信息化技术,做到无人输送,所有工件不落地,智能精准分拣配送,杜绝错装、漏装和周转造成的质量损伤,确保交给用户的产品一定是正确的,没有瑕疵的。

3.2.3 海尔透明工厂——供给侧结构性改革新模式

海尔透明工厂颠覆了传统制造,通过打造定制、互联、柔性、智能、可视的互联工厂生态系统,率先在制造业探索出供给侧结构性改革的 4 种新模式,探索家电业务的 C2B 定制。

课堂讨论:你觉得海尔能够做到真正的"透明"吗?这样做会不会损害它自身的一些利益?

1. 新模式之一——无人化生产新模式

改革人工作业,实现从工人到机器人的无人化生产新模式。海尔的透明工厂全部采用机器人社区无人作业,通过先进的设备进行自动换模、自动上料等,实现自动化生产,不仅可以与生产链其他环节无缝对接,提高生产效率,还能保证生产精度,杜绝生产误差,为消费者提供更高品质的产品。

2. 新模式之二——智能互联生产新模式

海尔透明工厂精密装配机器人社区,预装机器人沟通、协同作业,通过 RFID 实现产品与设备、产品与模块、产品与人员之间的多重互联,全程数字化监控,颠覆了传统串联式作业,实现了并联式生产,从孤岛生产转变为智能互联。

3. 新模式之三——大规模定制新模式

海尔用户可根据个人喜好从网上下单,透明工厂通过系统 APS 自动排产,满足用户个性化定制的最佳体验,改变过去工厂批量生产、大规模制造的固定模式,改革同质化生产,实现从大规模制造到大规模定制的转变。

课后思考题

1. 试用选择板理论,分析海尔公司的透明工厂如何通过可视化方式,实现与互联网用户的零距离。

2. 从供给学派角度,分析海尔公司的透明工厂,如何改善生产型企业的产品结构,以适应互联网时代用户的个性化要求。

案例来源

朱晓峰、陆敬筠、张琳,南京工业大学,2016 年中国电子商务案例高峰论坛暨全国百佳电子商务案例精选,中国义乌.

3.3 商业连锁+产业链融合——红豆居家

案例标签:居家服饰;服装产业;电商平台
案例网站:www.hodo.cn
案例导读:

无锡红豆居家服饰有限公司上属的红豆集团是江苏省重点企业集团,是国务院 120 家深化改革试点企业之一,是一家以专业设计、制造、加工针织类产品为主的公司。"红豆"商标于 1997 年被中国工商局认定为中国驰名商标。2008 年红豆集团全新推出了"HODOHOME 红豆居家"商业连锁店模式,将人们的日常服饰以"家门"为分界线,分为门里服饰和门外服饰。

"HODOHOME 红豆居家"是以经营门里服饰和用品为主的商业模式连锁店,为人们购买

"家文化"的居家服饰提供了一站式购物场所及物超所值的产品和服务。其旗下品牌包括红豆、Hodo、相思、红豆情、依迪菲。近几年,集团加速转型升级,加快品牌连锁专卖网络体系的建设,使企业发展后劲十足。其旗下拥有红豆官方购物网、红豆官方电子商城、拍拍店以及京东店等。

课堂讨论:你觉得"家文化"这一元素在中国的市场上能起到关键的作用吗?请给出你的看法。

2011年年底,集团网络销售总额已达到1亿元人民币,同时组建了近200人的网络销售团队,建立了现代化的电子商务销售系统与物流系统。在此前提下,红豆集团将电子商务发展战略进一步提高到了集团高度,加大投入建立自主电子商务平台。2011年年底,无锡红豆网络科技有限公司正式成立,公司整合了集团内外各项资源,打造出全品类、一站式服装销售平台——红豆商城。

3.3.1 红豆集团电子商务的发展背景

对于服装行业来说,企业的高库存是亟待解决的关键问题之一。高库存是在服装行业飞速发展的过程中埋下的炸弹。2012年上半年,李宁、安踏、361°、特步、匹克等42家上市服装企业存货总金额高达483亿元。2012年第3季度发布业绩报告的服装家纺企业存货额普遍环比增加,如红豆股份、际华集团存货金额分别达39.78亿元、34.81亿元,较中期规模再度增大。由于第3季度销售量持续放缓,服装企业的库存雪球越滚越大。"如果现在中国所有的服装企业都停产,中国人也不用担心没有衣服穿"。对于服装行业来说,高库存不仅会让企业的资金周转率下降,而且在储存和运输成本持续上涨的背景下,意味着企业要付出额外的成本。

服装行业中的库存问题一直都存在,只是被旺盛的销售掩盖了。服装企业一旦出现销售额下滑,企业就会显著地感受到高库存带来的资金链压力,尤其是在银行的银根收紧之后,企业的渠道扩张受限,库存压力更为显著。高库存存在的另一个原因是服装企业产业链中的分销模式中间环节太多,从企业到一、二级经销商甚至代理商,再到零售商,这中间积累的库存量很大。

课堂讨论:服装行业中的库存积压问题一直是让许多人头疼的问题,对此你有什么好的解决方法?试结合案例做出分析。

与传统企业运行不同,电商讲究的是货品充足、效率为先。红豆集团开始对网上零售进行全盘布局,将产品布局为引流款、基本款和形象款,实体工厂生产也随之进行调整。这一改变,迎来了企业电子商务的大突破。2011年年底,红豆集团仅用3天时间就在网上卖掉了5万件衣物,销售额超过800万元。

3.3.2 红豆集团电子商务的发展现状

2008年5月18日,红豆集团官方购物网站——红豆商城(www.hodo.cn)正式上线测试。该网站采用B2C商城模式,上线初期已整合了红豆集团内部16家品牌供应商入驻,产品涉及男装、女装、居家、家纺等多个品类。红豆商城以其丰富的款式、优惠的价格一开始便吸引了众多的消费者,试营业当天销售额即突破万元。

作为国内产品系列最全、销量最大的传统服装品牌,红豆商城向消费者展示了最全面的品牌及服饰产品,并以丰富的产品和人性化的服务为消费者提供了一站式的购物体验,让消费者足不出户便能便捷地购买到红豆的商品。

2002年到2011年,红豆集团十年业绩增长了7倍。特别是2012年,在复杂多变的国内外经济环境下,红豆集团全年产销同比增长15%。红豆商城的建立对红豆集团电子商务战略产生了深远影响,成为传统品牌转型电商的典范。

3.3.3 红豆集团电子商务商业模式分析

1. 红豆居家的"一站式购物"商业模式分析

红豆商城整合了红豆集团旗下所有服装品牌、品类,其中品牌包括红豆男装、红豆居家、红豆家纺、IDF、轩帝尼等,而品类包括商务男装、时尚女装、童装、居家内衣、家纺等,为消费者提供了高品质、一站式的消费体验。

红豆居家产品以"提供居家生活服饰一站式购物场所及服务"为理念,包含了内衣、内裤、文胸、袜子、毛巾、家纺系列、居家服饰等,走亲民的平价策略,消费者可以买到能够满足居家生活需要的所有服饰类用品和大部分生活用品。二十多人的设计团队,保证了红豆居家产品的丰富多样,以及款式的快速更新。红豆商城紧抓"客单价",对客服进行产品知识培训,提高进店流量向购买力的转化率,提升回头率,做好连带销售,夯实客服基本功,凭借红豆居家产品齐全的优势,发挥一站式购物的特色,做到稳扎稳打、稳中求胜。在商业模式方面,红豆集团把"连锁专卖"加"电子商务"模式作为企业商业模式转型升级的重点。截至2012年年底,红豆集团五大品牌专卖店已发展到了3 200家。

(1) 红豆居家六大系列

居家服、内衣、配饰、文胸、童装、家纺。红豆居家的"一站式购物"模式,大大促涨了"客单价"。

课堂讨论:红豆居家这种"一站式购物"模式有什么特色?试结合案例做出分析。

(2) 新模式四者合一的优势

① 专卖店的产品陈列:红豆居家生活馆通过专卖店式的产品陈列和摆放,让消费者体会到家的温馨。

② 仓储式的货物管理:所有产品在终端直接摆放陈列出来,看上去产品非常丰富,店铺的视觉效果达到极致,容易引起消费者的购买欲望,而且节省营业员的取货时间,从而提高成交率。

③ 超市的评价销售:红豆集团数十年的生产经营,使得生产原料、产品品质都能得到有效的保障,红豆居家的平价原则,让消费者能真正买到高质、低价、物超所值的产品,在销售额迅速提升的基础上,加盟商的利润也随之水涨船高。

④ 产品间的关联销售:红豆居家的产品,几乎涵盖了所有与家有关的内装服饰、休闲服饰甚至家庭用品,产品间的关联程度极高。红豆居家通过能凸显家文化的产品陈列技巧,唤醒消费者潜在的购买欲望,为消费者提供一站式的购物场所和服务。

2. 红豆居家的核心优势在其线下的连锁专卖体系

目前,"红豆"全国门店有3 000多家。据介绍,其线下销售额增长一倍,业绩已非常不错,但其线上销售额却可以每年以三五倍的速度增长,这源于线上线下产业链的完整。

红豆居家专卖体系的六大优势如下。

(1) 红豆品牌优势:是中国名牌产品、国家免检产品、中国驰名商标。

(2) 市场营销优势:有全国主流媒体的广告支持。

(3) 红豆资本优势：是上市公司，财务实力雄厚。
(4) 产品开发优势：经强大的设计团队倾情打造。
(5) 产品平价优势：物超所值、品质好、价格实惠。
(6) 信息化优势：以最快速度了解市场发展的动态，帮助合作伙伴最先赢得市场主动权。

3. 逐渐完善的物流后台体系

红豆居家电子商务的快速开通，还得益于红豆居家强大的物流系统。

目前，红豆居家的电子商务就是凭借居家专卖店的物流平台快速开通的。强大的物流服务系统，很大程度上减缓了网络营销中常见的断货现象，特别是顾客前一分钟看中，后一分钟就没货的情况。在货物贮备、数据分析、流量计算等方面，红豆居家有一支专业的队伍。红豆居家实体店连锁模式全部引进 ERP 系统，不久还将引进百盛物流系统，进行店铺的管理和运营。为了加快这一模式的推广，红豆连锁物流基地已动工，建成后，它将通过高效的物流运输和配送，与红豆居家连锁配套，大大地降低流通成本。

网络营销环境下一切商务活动的实现，都要依赖于一个良好运作的网络营销物流系统。合理化、现代化的物流，通过降低费用从而降低成本、优化库存结构、减少资金占用、缩短生产周期，保障现代化生产的高效进行。相反，缺少强大物流后台，无论网络营销是多么便捷的销售方式，仍将是无米之炊。

在强大物流后台的支撑下，红豆居家电子商务公司经理任越还看到了网络营销与传统营销方式中物流环节的差异，并计划建立适合红豆居家的物流体系，他特别注重物流后台中的信息，每天都会强调数据的统计工作。

红豆居家淘宝商城与实体店很大的一个区别就在于消费人群的年龄，淘宝店的消费人群一般要比实体店的消费人群年轻。目前红豆居家电子商务的物流人员负责的是仓库与网销的对接工作，同时，也在进行着数据收集、数据分析的工作，但是随着网销规模的扩大，必然需要建设一支现代化、专业化的物流队伍。目前红豆居家所支持的物流配送方式主要有以下几种。

(1) 普通快递

提供申通、圆通、E 邮宝等快递服务，在顾客未做特别备注的情况下，默认使用圆通快递发货，顾客也可根据自己的所在地选择适合的快递服务公司。

(2) 顺丰速递

红豆商城货到付款服务将委托顺丰速递进行代收货款，如选择货到付款业务，将只提供顺丰速递进行发货。

(3) 自提

目前只支持到红豆集团自提，自提点为江苏省无锡市锡山区东港镇红豆集团港下旗舰店。

(4) 支付方式

货到付款和在线支付皆可。

课后思考题

1. 如何评价红豆集团电子商务的商业模式？
2. 红豆集团电子商务的突出优势是什么？
3. 在开展服装类电子商务时需要注意哪些事项？

案例来源

曹杰,南京财经大学,2016年中国电子商务案例高峰论坛暨全国百佳电子商务案例精选,中国义乌.

参考文献

[1] 中国网财经.电子商务催生红豆传统商业模式新变革[EB/OL].(2014-05-22)[2019-03-21].http://finance.china.com.cn/stock/ssgs/20140522/2420716.shtml.

[2] 江阴强道.红豆集团发展电子商务的经验与启示[EB/OL].(2014-10-08)[2019-03-21].http://blog.sina.com.cn/s/blog_9a56b0ab0102vcfs.html.

第4章 B2C平台服务类

4.1 中国最大品牌折扣网——唯品会

案例标签:品牌特卖;B2C;网络营销

案例网站:www.vip.com

案例导读:

广州唯品会信息科技有限公司(简称"唯品会")成立于2008年8月,2012年3月在美国纽交所上市。该企业定位于"一家专门做特卖的网站"。其主营产品为服装、美妆、母婴、鞋包、家居、食品等线上品牌折扣商品,其中全网独家合作品牌达2 200多个,拥有超过1 600人的买手团队。

近年来,"消费升级"成了当下热词。消费环境和消费观的变化使消费者看到了品牌背后的价值,并愿意为正品买单,因此,"是否为正品"成了广大消费者越来越重视的问题。为践行正品保障,2017年6月,唯品会进行了全面的品牌升级,将"一家专门做特卖"的网站升级为"全球精选、正品特卖"的品质生活平台。"正品""全球""精选"和"特卖",成了唯品会最重要的4个战略关键词和撒手锏,推行自营货品、自营物流、自营仓储,通过"正品十重保障""品控九条"等措施为正品全程护航。

4.1.1 唯品会的商业模式特征

1. "品牌折扣"

唯品会成立之初的品牌定位为电商奢侈品商店,它所上线的品牌都是一线顶级的奢侈品,这虽然迎合了一部分消费者追求奢侈品的心理,但从盈利和发展的角度来说,它面对的群体毕竟有限,不利于长期发展。针对这一状况,唯品会经过调查,迅速调整了目标消费者群体,对品牌结构和产品范围也做出了改变,开始转向二、三线品牌以及大众品牌,产品开始变得多样化。唯品会网站上所出售的品牌衣服大多都是名品尾货,与线下实体店相比,价格相对便宜,相当于名品的线上促销活动。发展至今,唯品会强大的采购议价能力,确保其出售的商品享有全网底价。

2. "限时抢购"

唯品会最初效仿的是法国VP网的闪购模式,即电子商务网站对名牌商品进行限量限时的出售,消费者在事先规定的时间段里下单。产品限时折扣,对于注重产品品质的消费者来说,该举措在其购买决策过程中起到了很大的决定作用。在打折的状态下还能买到品牌的正品,这无疑增加了消费者的购买欲望。而限时抢购,是使消费者在较短时间内下单的推动力,它避免了消费者因踌躇不定而占用太多的交易时间。消费者一旦错过这期的心仪产品,会在心中产生悔意并会继续关注下一期该品牌产品的限时抢购,这实质上是将消费者有意地"绑"在了唯品会网站上。

3. "正品保险"

在电子商务发展之初,淘宝网一直独踞中国的网购市场,但在货源方面监管不到位,致使淘宝网假货横行。唯品会避开了淘宝网"亡羊补牢"的老路子,通过直接与生产商接触将正品引入平台,从而保证了商品的质量。在中国电子商务研究中心发布的"2017年上半年全国核心平台零售电商用户满意度榜"中,唯品会投诉占比9.68%,综合排名位居第二,购买评级为"放心购买"。

课堂讨论:你觉得品牌折扣、限时抢购、正品保险哪一个特征对你来说最有吸引力,为什么?

4.1.2 唯品会的业务构架

唯品会与品牌商以协议的方式将其尾货引入平台进行销售,这样既保障了低价折扣,又把控了产品质量,还可以促进相关合作厂商商品的更新换代,实现互利共赢。唯品会的业务形式主要包含在以下几个方面。

1. 销售业务

唯品会将商品引入平台后,会安排专业的模特展示商品,同时由拍摄人员对展示过程进行全程记录,之后,将商品信息与展示的图片同时更新到线上,消费者下单后,唯品会会根据收货地址所在的区域选择就近的仓储中心进行派送。限时销售过后,未出售的商品直接由品牌商收回。目前,唯品会已与8 000多家品牌达成协议。

2. 时尚资讯分享业务

唯品会开辟了时尚资讯分享业务,旨在为消费者提供最潮流的时尚攻略配合其线上的商品销售。此业务虽并未与唯品会的直接营业收入挂钩,但通过分享时尚资讯引导消费者的消费行为,无疑间接增加了消费者的购物欲望。另外,定时发布时尚资讯并且与消费者进行互动交流,使唯品会同时具有了社交平台的部分作用,为客户提供体验式服务的同时也增加了客户黏性。

3. 广告推广业务

唯品会在销售商品的同时,还通过感知用户体验,打造大气、精美的购物主页,以吸引用户眼球,向品牌商提供广告推广和宣传等一系列服务。

课堂讨论:谈谈你对唯品会业务架构组成的看法和建议。

4.1.3 唯品会盈利模式的基本特征

唯品会在激烈的市场竞争中准确定位,形成了独具特色的盈利模式。具体而言,唯品会的盈利模式具备以下几个特征。

1. 锁定服务对象

唯品会在面对B2C市场的激烈竞争时,并没有盲目模仿其他B2C电商企业,也没有选择与京东、天猫等市场地位领先的B2C电商企业硬碰硬,而是结合中国市场的特点,锁定自己的利润对象——二、三线城市女性品牌爱好者。

2. 提升用户体验的"导购"模式

尽管唯品会提供的产品种类有限,但是从另一个角度来看,唯品会的核心价值立足于对商品的导购,在天猫购物的消费者往往会由于同类产品过多,质量参差不齐,价格差距过大而感到无从选择。唯品会的导购模式作为商品选购的导航,可以快速定位消费者需求并同时激发其购买欲望。"名品＋低价＋闪购"的独特网络特卖模式迎合了目标客户的消费心理,增加了网站访问量及客户黏性。

3. "干线＋落地配"的独特物流模式

为了降低物流成本,提高配送效率,"唯品会"目前在全国不同地区已经拥有了自己的物流配送中心。消费者在下单后,产品发货、物流更新以及售后形成了一条连续完整的链条。这样的物流自包在一定程度上也增强了消费者的认可度。而且,唯品会独特的闪购模式使得唯品会的库存更新速度更加迅速,远高于其他B2C电商平台。独特的先销售后付款的采购模式、"干线＋落地配"的轻物流模式增强了其盈利屏障,从而获得了竞争优势。

课堂讨论:你觉得唯品会的盈利模式相较于其他B2C平台有哪些优势?

4.1.4 对唯品会进一步发展的建议

1. 有针对性地扩充商品品类,实现差异经营

在网购市场的激烈竞争下,作为垂直电商的唯品会,不能盲目扩充商品品类,想要在B2C市场上占有一席之地,就要通过定位差异化的消费群体,围绕特定群体的需求扩充商品品类,凸显出垂直电商的优势,同时,通过提供个性化、特色化的服务提升购物体验,培养用户忠诚度,逐步形成核心竞争力。

2. 优化上下游供应链,构建特卖网购商业生态系统

国内限时特卖网购市场竞争激烈,任何成功的模式和经验都极易被其他企业所模仿,导致竞争优势丧失,甚至恶性竞争。未来最先建立电商生态系统,实现产品、用户和渠道互相融合的电商企业才能在激烈的竞争中突围。唯品会应充分发挥其在限时特卖网购市场上起步较早的优势,致力于优化该领域内上、下游供应链,构建健康的特卖网购商业生态系统,不断加强供应链整合能力,持续提升物流服务和用户体验。

3. 践行"正品"承诺,打造诚信的品牌形象

唯品会自创建起就以"低价""正品"吸引消费者,但近来关于唯品会售假的消息不绝于耳,严重打击了消费者的信心。唯品会在规模迅速扩张的同时,也决不能放松商品质量及服务品质,只有用心把关商品质量,树立诚信的品牌形象,才能获得消费者信赖,才能在商品品质良莠不齐的网购市场上赢得竞争优势。

4. 重视粉丝化运营,扩大企业的影响

在互联网时代,网购平台走向粉丝化运营已成为必然趋势,粉丝化运营能带来一定数量的用户流量。唯品会可通过与口袋购物、蘑菇街等导购企业合作,或与微博、微信、QQ等社交平台合作,或在平台内开辟用户交流社区,增加互动,或借助明星代言、电视台节目冠名等,进一步提升其在目标消费群体中的影响力,增强客户黏性。

课后思考题

1. 如何评价唯品会的商业模式？
2. 你认为唯品会存在哪些不足？有没有解决办法？
3. 你认为唯品会最突出的优势是什么？
4. 你认为在今后的发展过程中，唯品会会面临哪些问题？你有哪些建议？

参考文献

[1] 陈红海,闫雪珂.唯品会和拼多多带来的电商发展模式分析[J].特区经济,2019(3):136-138.

[2] 王越.唯品会盈利模式研究[D].兰州:兰州财经大学,2018.

[3] 黄绍聪,张永庆."消费升级"背景下电商"正品保障"模式分析:以唯品会为例[J].电子商务,2018(10):22-23.

[4] 李如梦.基于消费者视角对唯品会营销模式的分析[J].中国管理信息化,2017,20(10):152-153.

[5] 胡志仁,王冬云,韦晓霞,苏红霞.唯品会运营策略分析[J].电子商务,2015(5):1-3.

4.2 专注数码产品、打造专业品牌形象——绿森数码

案例标签:品牌专一性;B2C;数码电商

案例网站:www.lusen.com

案例导读:

绿森数码科技有限公司成立于2003年,致力于国内B2C网上购物,其主营产品有手机、电脑、相机及其配件。其合作方有柯达、富士、松下、尼康、佳能、三星、卡西欧、宾得、联想、惠普、华硕、宏基、ThinkPad等著名品牌,年销售额超十亿元。同时与招商银行、交通银行、工商银行、兴业银行、平安银行、浦发银行等合作开通信用卡分期付款和邮购业务,是目前国内主要的数码类B2C网站,也是支付宝、快钱等国内第三方支付公司的主要合作伙伴,也是国际知名数据公司GFK公司的签约数据提供商。

国内首家B2C电子商务网站最早由8848.com开始,大概10年之后零售网站才真正风靡中国,继淘宝商城之后,以当当、京东为代表的传统电商和以苏宁、易迅为代表的新锐电商频频发动价格战,试图不断冲高流量和销售额,进入新一轮融资或冲击IPO。然而,自2011年下半年以来,整个电商的融资环境由盛转衰,以团购网站为首,很多电商资金链告急,甚至频频传出裁员关闭的消息。不过,在竞争激烈的3C市场,绿森数码却不声不响地一路走高,成为新一代中国电子商务企业中的佼佼者,并成为国家商务部电子商务示范企业。

4.2.1 商业模式

1. 与各大品牌签约代理商

与现场交易相比,线上消费者更加看重商品品牌。品牌商品能够减少购买风险,降低购物

成本。其次,好的品牌对消费者具有很强的吸引力,有利于消费者形成品牌偏好,满足消费者的精神需求。绿森数码实行主营品牌产品的战略不仅可以提高销售额,还有助于增强消费者的信赖度,从而有利于绿森数码自身品牌的塑造。

2. 完善的售后服务

不能获得售后服务是数码产品在C2C电子商务销售中的致命缺点。消费者购买商品购买的不仅是商品本身,还是一种服务。对于销售商,售后服务的成本平均到单个商品上较小,但在消费者眼中,售后服务在商品价值中占有较大的比例。即使不享受联保的产品的售价比享受联保的同一产品的售价低很多,也不能促使消费者产生购买欲望。大多数的消费者是风险规避者,全国联保无疑是给消费者购物安全提供了一层保障。销售与服务一体,由此也树立了绿森数码的良好口碑形象。

3. 补偿差价策略

绿森规定客户收到主件商品2天内(促销品除外),如果商品降价,可以补偿差价(降价的差价部分可以在下次购物时抵扣货款或者立即更换同价值的商品)。此策略的优点在于能够加快资金周转率。减少顾客群体因等待降价而使得购物时间推迟的现象。比如淘宝网,临近节日时,其销售额会大幅降低,即使卖家声明其商品价格与节假日时的价格一致,消费者也不会买单。节假日当天,销售额暴涨,无论是卖家的发货速度还是物流公司的货运速度都会受到影响,从而会影响消费者的满意度。

4. 直接代理销售各种品牌

绿森数码的商品全部为正规行货,提供国家统一的正规税务发票(增值税发票或者普通商业发票),没有任何中间商环节,在全国范围内具备价格优势。所有的商品都备有足够库存,很少会像C2C卖家那样容易出现货物尺码、颜色不齐全的现象。大型连锁超市之所以能够在遍地的便利店中脱颖而出,就在于其商品种类齐全,能为消费者缩短购物时间。

5. 迅速的物流和产品运输保障

绿森数码全部采用EMS特快专递送货上门,消费者无须承担任何的邮费,正常情况下,购买当天就可以发货,全国48小时即可送货上门,部分城市24小时即可送货上门(特殊情况除外)。因路上运输造成商品损坏或者丢件的将由卖家承担全部损失(对于丢件的,需要经过3~5个工作日在顾客当地邮局调查确认)。

6. 经营品牌的专一性

中国电子商务发展迅猛,电商企业成功地吸引了资本市场、商家和消费者的目光,成为炙手可热的互联网新星。不少电商企业迅速崛起,销售额不断刷新纪录。一些电商盲目扩大自己营销产品范围以求获得更多的利润报酬。

课堂讨论:你能举出一些盲目扩大经营范围的案例吗?

与其他电商相比,创立于2003年的绿森数码一直专注于数码领域,主营数码相机、摄像机、智能手机、笔记本、平板电脑和MP3,坚持做一个数码产品的电商零售平台,没有向其他领域扩展。绿森的目标就是要成为国内数码行业的电商领跑者。用绿森数码创始人娄韶山的话来说,"在数码产品产业链中,绿森很清楚自己的位置,上游是品牌厂商,旁边是支付和物流,下游是消费者,品牌厂商的事情绿森从未幻想过,像绿森经销的尼康、佳能、ThinkPad,这些品牌都经历了几十年的积累,哪一项都超出绿森的能力范畴。至于支付和物流,绿森通过合作伙伴来解决。"绿森就一门心思做好渠道商,把上、下游和周边服务行业的资源充分整合利用,给消费者提供良好的网上购物体验、相对低的价格以及优质的服务,这才是绿森的本分所在。

4.2.2 面临的问题及建议

1. 品牌宣传力度不够

作为一个主营数码产品的电商,相对于京东商城和淘宝,其知名度并不高。要想迅速打开市场,绿森数码要加大宣传力度。在利用网络广告的同时,加强与传统媒体的合作。淘宝就是一个成功的例子。2010年,阿里巴巴集团与华数数字电视传媒集团共同投资成立了华数淘宝数字科技公司。它所推出的电视版淘宝网是网融合作上的一次重大探索,用户足不出户,用遥控器就可以享受淘宝的乐趣。物美价廉的商品,周到细心的服务,让用户享受到了客厅购物的乐趣和家中超市的便利。

在2010年世界杯期间,淘宝商城看准了央视直播的收视优势,推出了"球迷狂欢城"的世界杯专题,实现了互联网和电视之间的"混搭",这样做的效果比单纯在平台上投放广告的效果要好得多。淘宝数据显示,短短的31天世界杯,共有3 000多万人关注淘宝商城球迷狂欢节,为淘宝商城带来了2 500万元的成交额,60%的销售增长。淘宝网世界杯相关产品的交易额是4 390万元,与之前的月交易额100万元相比,增长了44倍。其中,足球服卖出101万件,球迷用品卖出17万件,足球卖出10万只,足球袜卖出5万双,足球鞋卖出3万双。可见由传媒的巨大资源动力以及市场经济中最为宝贵的公信力资源所构造起来的第三方平台完全可以为内容以外的更多商业资源、社会资源的重新整合实现对接,凸显价值。

2. 物流配送模式问题

绿森科技完全地依靠第三方物流进行配送。第三方物流存在的问题是有配送的延迟,有时甚至两个多星期都没有把货物送到买方手中。其次就是第三方物流企业内部的管理水平、信息化水平等较低。物流公司对于分支机构难以实行管理,不排除分支机构效率低下和罢工事件的发生,但是电商自建物流配送成本较高,不仅需要雇佣管理人员,还要支付运输设备的费用。对于绿森数码来说,建立物流动态联盟,实现企业资源优化配置是其最好的选择。具体做法是:由一个牵头企业(如绿森数码)与若干个协议合作企业组成一个物流动态联合体,以现代化的网络技术进行运作与管理,企业间共享物流资源,实现物流资源的优化配置,快速响应市场变化,增加整个联合体的效益。物流动态联盟配送减少固定成本与管理成本,加速货物配送与商品的流通,减轻库存压力,更快地响应市场的变化,实现企业资源的优化配置。

课堂讨论:你知道有哪些企业已经建立了物流动态联盟?效果如何?

3. 产品种类的单一性

由于仓库空间的局限性,导致了绿森数码所能配送的商品种类有限,造成了消费者的流失。与其类似的卓越亚马逊则突破了这种局限。2011年7月卓越亚马逊推出"我要开店"和"卓越亚马逊"物流服务,这意味着卓越亚马逊正式开放第三方卖家平台。"我要开店"平台面向所有卖家,先期实行卖家"零投入"的策略,免费为卖家提供服务。除了为卖家提供展示页面,卓越亚马逊还为卖家提供站内推广服务、搜索引擎优化及邮件广告等站外推广服务。第三方卖家除了可以在卓越亚马逊上开店销售产品,还可以享受"卓越亚马逊"物流服务。卖家无须投入仓储、物流等耗资巨大的基础设施建设,只需做好产品本身,而仓储、物流甚至退换货售后服务客服,都由卓越亚马逊完成。第三方卖家的进入,增加了产品的种类。对于第三方卖家的资质要严格把关,并且做好第三方卖家在销售中的诚信保障工作,以防自身品牌因其受损。

4. 营销手段的单一性

绿森数码的前台拥有绿森商城、绿森天猫商城两个营销途径。营销手段过于单一。

课堂讨论：你认为绿森数码该如何丰富营销手段？

团购作为电子商务的衍生品，节约了信息不对称的买卖双方的交易成本，卖方得到一定盈利的同时，买方增加了消费者剩余。其中的典型代表是淘宝网。聚划算是阿里巴巴集团旗下的团购网站，该域名正式启用于 2010 年 9 月份。淘宝团购网依托淘宝网巨大的消费群体，2010 年淘宝团购网官方公布的数据显示其成交金额达 2 亿元，远远超过其余所有团购网站的交易额之和，确立了其作为国内最大团购网站的地位。

在团购网站的构建过程中也要注意：首先，应不断加强网络团购的诚信建设；其次，要完善售后服务，售后服务是网络团购中不容忽视的一个重要环节，良好的售后服务能让客户体会到完美的购物体验。

另外，随着智能机的普遍使用，移动电子商务交易规模快速扩张。我国移动用户数量和移动互联网技术的快速发展，为移动电子商务的发展提供了强大的动力。绿森数码应该抓住此次机遇。基于 Android、iPhone、Windows Phone 平台的智能应用，只需手指一点就可以实现一站式购物。

课后思考题

1. 为什么绿森数码要专注于数码产品这一个领域，而没有扩大经营范围？
2. 你认为绿森数码该如何加大宣传力度？
3. 卓越亚马逊的例子对绿森数码有何借鉴意义？
4. 你认为绿森数码该如何应对移动互联网带来的机遇和挑战？

案例来源

孙建红，宁波大学，2016 年中国电子商务案例高峰论坛暨全国百佳电子商务案例精选，中国义乌。

参考文献

［1］ 佚名. 全款下单 iPhone 7，商家却迟迟不发货［J］. 消费电子，2016(12)：19.
［2］ 娄韶山. 2014 电子商务全渠道覆盖：绿森渠道战略［J］. 杭州金融研修学院学报，2016(2)：78-79.
［3］ 郝智伟. 绿森数码：非典型电商成长记［J］. IT 经理世界，2014(16)：34-35.
［4］ 杨立琦. 绿森数码：温州走出的领先 B2C 网站［N］. 温州日报，2011-04-12(11).
［5］ 孔永强，李烨. 消费者投诉：富士数码相机使用一个多月转盘就断裂［J］. 商品与质量，2009(1)：6.

4.3 线上线下协同打造中国时尚品牌——宁波太平鸟

案例标签：线上线下结合；B2C；品牌文化

案例导读：

太平鸟魔法风尚服饰有限公司成立于 2007 年，隶属于宁波太平鸟集团，是太平鸟集团旗下以网络销售为主要业务的新兴 B2C 电子商务公司。当时没有单独成立公司，只是组建了一个项目小组进行前期的调研和尝试性的摸索，在摸索过程中，构建了官方网站。于 2008 年 3

月份,正式从公司基础业务中脱离出来,成立了电子商务公司,完全按照独立的方式进行运作。太平鸟是国内品牌时尚女装网络零售的领先者,其目标是打造国内最大的时尚服装网络购物平台,让消费者足不出户就能方便、快捷地享受到时尚、高品质的服饰。

4.3.1 服务对象

电子商务的服务对象是指在通过使用互联网等电子工具在全球范围内进行商务贸易活动的过程中受到服务的交易一方。电子商务的服务对象具有不固定、不特定的特点,凡是有网络消费需求的,都可能归入其中。例如,可面向个人、企业、个体户等,也可面向政府、家庭等。

太平鸟魔法风尚服饰有限公司的主要服务对象是庞大的个人消费群体。太平鸟发展的根本和支柱是时尚服饰,所以它将服务对象定位在20～35岁的年轻消费群。太平鸟作为国内品牌时尚女装网络零售的领先者,女性消费者较多。

公司通过互联网平台努力让消费者得到方便快捷的服务,随着人们物质生活的丰富,人们日渐追求时尚和品牌,并通过对服装品质和款式的追求,来展现自己的个人魅力。

4.3.2 业务模式

业务模式主要是指运营商、设备制造商、终端提供商、ISP等产业链的各个环节在整个产业生态环境中的位置,及其相互之间的关系,包括企业对企业(business to business,即B2B)、企业对消费者(business to consumer,即B2C)、个人对消费者(consumer to consumer,即C2C)等多种模式。

太平鸟魔法风尚服饰有限公司是太平鸟集团旗下以网络销售为主要业务的新兴B2C电子商务公司。它采取网络零售的形式,借助互联网开展在线销售活动,直接面向消费者销售服装和服务。消费者通过登录太平鸟官方网站即可在太平鸟网上商店进行购物,也可以在天猫的太平鸟专区进行购物。

太平鸟采用B2C的业务模式极大地节省了客户和企业的时间和空间,大大提高了交易效率,更有利于吸引工作忙碌的上班族,但采取B2C模式会存在定位不准、资金周转困难等问题。

此外,太平鸟提出了"快时尚"的商业模式,提出"不做服装做时尚"这一理念。这种理念使太平鸟不再只是一个提供服装产品的机构,而是要成为一家提供"时尚解决方案"的服务商,以满足消费者内心对时尚的需求。

4.3.3 网站架构

网站架构是指根据对客户需求分析的结果,准确定位网站的目标群体,设定网站的整体架构,规划、设计网站栏目及其内容,制定网站开发的流程及顺序,以最大限度进行高效资源分配与管理。

太平鸟搭建了一个较为完善的电子商务网站,包括为顾客提供在线购物场所的商场网站、负责为客户所购商品进行配送的配送系统,以及负责确认顾客身份及结算货款的银行及认证系统。太平鸟官方网站栏目层次分明、图片清新生动,让人产生强烈的购买欲望。网站底部是公司相关的栏目和一些非重要栏目:关于我们、新手上路、配送帮助、售后服务、会员相关、账户相关。

网站的主打优势是正品保障,每天更新 10 款,7 天无理由退换货,900 个城市货到付款。这种灵活的退换货处理,给顾客吃了一颗定心丸,不用担心买到不合身的衣服,同时,网页上还有各种和客服取得联系的方式,如邮箱、微信公众平台等。关于新品,促销和物流的消息都可以通过微信传递到消费者手上。这一系列与时俱进的方式不仅体现了太平鸟的时尚,还拉近了企业与顾客的距离,增加了顾客对太平鸟的信赖。

4.3.4　市场规模

市场规模,即市场容量,是指一个特定市场供应品的购买人数,包括目标产品或行业在指定时间的产量、产值等。

太平鸟魔法风尚电子商务平台的建立和完善使得公司拥有极大的市场规模。太平鸟品牌服饰一直位列全国服装行业销售收入和利润双百强单位,自 2000 年起,集团荣登宁波市百强企业、浙江省百强私营企业、全国民营企业 500 强之列,"太平鸟品牌"也被先后授予"中国名牌""中国驰名商标"等荣誉称号。太平鸟服饰品牌"倡导时尚理念、引领时尚生活"的企业使命,紧紧把握时尚潮流发展的主线,立志将自身打造成为"中国第一时尚品牌",并以国际知名的大型时尚产业集团和中国的世界品牌为企业的远期发展愿景,成为中国大众时尚界的一面旗帜。这样的品牌理念促使太平鸟不断扩大市场规模。

4.3.5　网站运营

1. 平台

太平鸟魔法风尚服饰有限公司通过互联网建立了 B2C 电子商务平台,画面简洁明了,同时也包含了商品的展现和查找、购物车的添加和查看、配送方法、订单的结算和支付、注册登录、客户中心、帮助、规则、联系方式等。该平台能让消费者通过简单的操作实现商品的购买。

2. 物流

在物流方面,太平鸟倚重外包的形式,将物流交给第三方。这有利于太平鸟企业集中精力于服装的设计与销售,即价值链中最有效益的环节;有利于减少固定资产投资,加速资金周转,减少货物运输成本;有利于专业化发展,提高效率。但物流外包容易导致企业不能直接控制物流职能,不能保证供货的准确和及时,不能保障顾客服务的质量,不利于维护与顾客的长期关系,容易造成顾客的流失。

3. 支付

太平鸟采取货到付款与网上支付相结合的支付形式。货到付款便捷实时,能给消费者更多的安全感,但存在拒付风险且交易金额受限,一般在 100～1 000 元以内的商品才可以使用货到付款,对于公司来说成本相对较高,同时存在安全风险有,一定的局限性。货到付款与网上支付二者结合能有效地适应多种人群的需求,扩大市场。即使可以实现货到付款、在线支付和信用卡支付等多种方式,太平鸟的电子商务网站仍不可避免地存在网上支付体系不建全等问题,这种不完善的网上支付体系将严重制约太平鸟魔法风尚的发展。

4. 信用安全

在当今竞争激烈的电子商务战场上,信用安全是企业存亡的关键要素之一。太平鸟清醒地认识到这一点,十分注重信用安全问题,承诺"零风险购物,无理由退货",实现客户的担忧由企业承担,在售后服务上投入大量的人力及资金成本,认为只有满足客户的需求才能实现企业的追求。注重信用安全将极大地促进魔法风尚的发展及其市场规模的扩大。

5．技术方案

太平鸟魔法风尚服饰有限公司企业在太平鸟产品优势的基础上，利用网络渠道向目标消费群体提供太平鸟服饰、时尚资讯并传递时尚理念。将线上线下联系起来，用线下多年积累的用户体验经验、客户价值理念结合网络购物方便快捷等特点，逐渐形成魔法风尚自有的网络购物用户体验；用线下十几年积累的供应链关系，形成领先同行的产品周期；用太平鸟强大的对时尚的敏感度和把握能力，传递权威的时尚资讯。并利用先进的技术和创新能力特地开发太平鸟网上专售产品，让更多消费者体验太平鸟带来的时尚服饰和产品价值。

6．组织架构

太平鸟魔法风尚服饰有限公司的组织架构主要有市场、采购、客服、网站运营，它的物流是外包出去的。技术研发是传统企业做电子商务遇到的问题，是将其放到市场部、销售部，还是由公司高层直接领导，这个战略决定着项目的成败。太平鸟最初没有单独成立公司，只是组建一个项目小组进行前期的调研和尝试性的摸索，在摸索过程中，构建了官方网站。2008年3月份，该项目小组正式从公司的基础业务中脱离出来，成立了电子商务公司，完全按照独立的方式运作。一般企业电子商务组织架构图如图4-1所示。

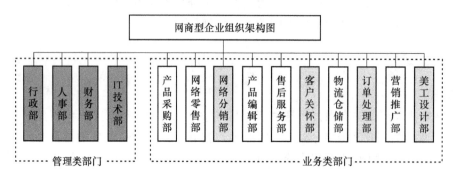

图4-1　企业电子商务组织架构图

太平鸟魔法风尚服饰有限公司的组织架构分为三大部分：第一部分是产品设计和产品研发；第二部分是营销部，用于创新营销发展；第三个部分是其他部门，这部分包括网站运营部、客服部、市场部、物流部、人力资源部、财务部、采购部、技术部。

7．运营管理

太平鸟打造以设计和销售为核心能力的零售品牌运营模式，走出了一条自主创新之路。构建"品牌建设、产品开发、零售营运、人才培养、系统建设和创新能力"等方面的核心能力，并打造一只具有"诚实、正直、负责、开放"态度和"协同、专业"精神的零售品牌运营团队。当绝大多数服装企业依然为规模化效益苦苦追求产品的低成本时，太平鸟则开始了追求"快时尚"带来的产品附加值和消费者消费体验的变化，以及全新商业模式所带来的资源配置的变化。这种全新的变化其本质就是从以"生产加工""销售执行"为核心的管理模式转向以"品牌管理"为核心的一次巨变。这种巨变将实现企业在管理和盈利能力上的跨越，进而也将导致对管理人才的全新认识和需求。太平鸟的阶段性成功再一次证明：品牌的成功首先是战略管理的成功，是全新的战略规划和系统化的管理形成了我们可以感知的"商业模式"，而"系统化品牌管理"则保障了战略和执行的紧密配合。中国的服装行业在"系统化品牌管理"方面的整体意识和能力是超越大多数传统行业的，所以，中国的服装品牌走向世界只是时间问题和品牌管理的人才问题。

课堂讨论：你认为太平鸟的产品附加值和消费者体验的变化有哪些？为什么会有上述变化？

8. 资源整合

在多年的发展与探索后，太平鸟最终选择了"快时尚虚拟发展"作为自己的主打经营方式。虚拟化经营服装企业的核心业务是品牌经营与设计。太平鸟公司通过大力推进品牌战略，打造品牌的知名度和美誉度，将产品的生产、物流、销售等大部分非核心功能外包出去，将公司打造成一个"哑铃型"的企业。在产品供应管理方面，采用定牌生产的方式，经过严格的选择，将生产业务外包给具有一定实力的、合适的协作厂家。在协作企业的选择上，一般都需要通过ISO9000认证，有着严格的质量管理体系与科学的管理方法。

9. 产业链合作

以现代信息技术为基础进行供应链管理，构建强大的信息系统，利用成熟的现代信息化管理手段保证整个协作系统的高效运行，是快时尚虚拟发展模式的服装企业必须采用的战略手段。太平鸟所有专卖店均应纳入公司内部的计算机网络，实现包括信息发布、电子订货、销售时点等在内的资讯网络的构建与运作。通过信息系统，企业能快速、全面、准确地掌握各种经营数据，从而进行经营分析，及时做出促销、配货、调货的经营决策，对市场变化做出快速反应，使资源得到有效配置，实现物流与资金流的快速健康周转，最终提高企业的市场竞争力。

10. 赢利模式

精简了一切能精简的机构与流程，从金融危机中大步走出，太平鸟转型升级成为"创意快时尚"产业。从 OEM（贴牌加工）到 ODM（设计生产），再到 OBM（自主品牌生产），太平鸟向着"微笑曲线"的两端攀爬，打破传统产业的局限，构建起全新的竞争优势。

课堂讨论：打造"哑铃型"企业有什么利弊？

4.3.6 需要注意和解决的问题

1. 渠道冲突

对于零售行业而言，最大的问题就在于渠道商之间的关系协调。互联网打破了原有的渠道布局，无疑会给现有的代理商带来很多困扰，这也是传统企业进入电子商务前考虑得最多的一个问题，太平鸟也不可避免遇到这样的冲突和问题。归根结底，这样的冲突是无法避免和彻底解决的，就像传统渠道无法彻底解决区域窜货问题一样，但这并不意味着线上线下只能二选一，事实上冲突是可以逐步解决和弱化的。渠道商之间的冲突问题更多是来自原有传统体系对电子商务新体系的抵制。对产品而言，太平鸟线上产品主要是由线上专销产品、线下促销产品和部分限量产品构成。线下促销产品比较容易理解，就是往年的库存产品；部分限量产品则是为宣传强化品牌而设定的形象款或者概念款；而线上专销产品，是针对线上市场推出的2~3个网络专销的品牌。其实这里的专销品牌与传统的模式有着十分大的冲突。传统服装企业在供应链层面一般都是订货制，一个季度的生产量在一次订货会后才能最终确定，并在统一的时间集中交货。电子商务也可以使用这种生产模式，但这也意味着高成本和高风险，并且这不能发挥出电子商务数据分析的优势。科学的方式是预测需求、及时补货，以运营驱动产品生产的模式。这对传统企业来说是一个很大的挑战，会严重受到线下原有生产体系的限制。

课堂讨论：传统企业为什么会受到线下原有生产体系的限制？

2. IT 技术的研发

太平鸟以往是 B2B 的模式，最初的摸索让太平鸟深知 IT 支持的重要性，在早期的探索中，太平鸟公司发现在订单逐渐增加后，靠人工依托原有的仓储和物流体系来处理订单根本无法实现。原有的仓储物流体系是在 B2B 模式下，以渠道商为对象进行大批量配货和发货的，而电子商务零售面对的是个体，进行的是小批量的拣货和发货，原有的仓储根本没有这方面的经验，系统也无法支持。正因为这样，太平鸟对 IT 支持十分重视，到目前为止，太平鸟的 IT 系统已进行了二次升级，第 3 次升级已在着手规划当中。

3. 提高客户体验

在一个快速发展的时代，服装行业看重的不仅仅是服装，更多的是客户在这个消费过程中得到的个人体验。提升服务可以提高产品的附加值，能够及时高效地在线上向客户提供热忱的咨询建议，让客户买到合身的衣服，能够给予客户成功的购买体验，并促成下一次的交易，是服装行业电子商务所追求的新目标。电子商务高速发展，一方面用户的体验要求在不断提高，另一方面，竞争的压力让服务的标准也不断提高。曾经在 IT 支持不到位和升级的过程中，太平鸟出现过一些客户服务问题，也导致了一些投诉。这些投诉和问题提醒了企业要不断提高客户服务，提升用户的个人体验。

课后思考题

1. 太平鸟原先积累的线下资源对其发展线上业务有哪些帮助？线上业务的开展对其线下业务又有什么影响？
2. 太平鸟为什么要注重产业链合作？
3. 太平鸟的案例对于其他企业的品牌管理有哪些借鉴意义？
4. 太平鸟在未来发展过程中应该在哪些方面进行强化和改进？

案例来源

孙建红，宁波大学，2016 年中国电子商务案例高峰论坛暨全国百佳电子商务案例精选，中国义乌。

参考文献

[1] 蔡倩，赖松，王赛，等."工匠精神"为先，太平鸟要让每个人尽享时尚乐趣[J]．纺织服装周刊，2016(34)：27．

[2] 赵皎云．极具创新性的太平鸟物流[J]．物流技术与应用，2015(5)：82-84．

[3] 易芳，梁莉萍．太平鸟翼下乘风传递品牌新价值[J]．中国纺织，2014(11)：100．

[4] 张江平．太平鸟品牌的成长及发展模式分析[D]．上海：复旦大学，2009．

[5] 张江平．"太平鸟"：争创中国时尚休闲服饰第一品牌[J]．宁波经济(财经视点)，2004(3)：37-38．

[6] 徐盈群．浅析太平鸟的营销之道[J]．浙江工商职业技术学院学报，2003(4)：40-41．

第5章

C2C平台服务类

5.1 商业巨头的成长之路——eBay

案例标签:C2C;跨境服务;贝宝(PayPal)支付

案例网站:www.ebay.cn

案例导读:

eBay 于 1995 年诞生于美国,是全球较大的电子商务巨头之一。eBay 创始人彼埃尔·奥米迪亚(Pierre Omidyar)少年时期就对计算机有浓厚的兴趣,并在大学时主修了计算机专业。1995 年,彼埃尔·奥米迪亚创建 eBay,并以拍卖服务为主。1997 年,拍卖网正式更名为 eBay。1998 年 9 月 24 日 eBay 上市,时价每股 18 美元,而仅仅半年后股票价值竟翻了 4 倍。

2003 年 eBay 通过全资控股易趣网进入中国,却被淘宝的免费模式打败。2006 年,它和 TOM 成立合资公司,TOM 控股 51%,eBay 签署协议承诺 5 年内不在中国开展与易趣竞争的业务。2012 年初,这份协议到期,TOM 全资控股易趣,eBay 退出。

虽然在 C2C 领域折戟沉沙,但 eBay 并未离开中国,而是低调发展跨境 B2C 业务。2012 年 11 月 12 日,eBay 宣布与走秀网合作,计划重新跻入中国市场。2014 年 2 月 19 日,eBay 宣布收购 3D 虚拟试衣公司 PhiSix。2017 年,eBay 与宁波电商综试区达成合作,布局跨境电商。

5.1.1 eBay 的商业模式

俗话说:"栽下梧桐树,凤和鸟齐鸣"。在商界中,这是一种非常好的商业模式,"梧桐树"是交易平台,"凤"和"鸟"是平台上的商品经营者。"凤鸟齐鸣"可以招徕成千上万的顾客前来购物,从而使梧桐树成为摇钱树,而栽树者自然财源滚滚。只要搭建好上佳的交易平台,让梧桐树枝叶茂,凤鸟就会蜂拥而至,企业就可以赢利。eBay 就是这样的商业模式。

eBay 的商业模式是一个完美的印钞机模式,但是要让这个印钞机运转,eBay 必须解决两个问题,即信用问题和付款问题。由于在网上交易的双方不可能见面,一方甚至双方都弄虚作假的情况很难避免。eBay 的解决办法是让买卖双方互相给对方评估打分,久而久之,每个 eBay 的用户都有评级和交易的记录,包括正面评价的次数和百分比,以及最近交易的细节。这样在 eBay 上交易就或多或少能让人放心一些。

此外,eBay 还必须解决网上付款的问题。以前的主要支付方式是现金、支票和信用卡,但这 3 种方式对于 eBay 的交易双方都不合适。首先,由于买卖双方无法见面,现金无法使用。其次,支票交易也很不方便,一方面卖家很怕收到假支票(100 元的账户里开出 1 000 元的支票),另一方面买家也怕对方收了支票不发货,何况支票寄来寄去也要耽搁时间。最后,信用卡本来是较好的支付方式,但是,个人和很多小商家无法接收信用卡,并且顾客普遍也不太放心将信用卡信息交给不认识的小商家。这样,eBay就需要一种专门针对网上交易的支付方式,于是它花高价收购了PayPal公司,解决了这个问题,eBay的"印钞机"就打造完成了。

平台交易模式的重要功能体现在平台本身,参与交易的供应商和客户越多,这个平台就越有价值。随着交易量的增加,通信成本和交易成本将持续降低,即使对每一笔交易的收费很少,平台也是有利可图的。

eBay获利的多少取决于交易量和交易金额,显然,光靠销售旧货是不能维持利润的指数增长的。因为极少有人能每天把自家的旧货拿到eBay上拍卖。于是,eBay进行了一次商业模式的转变,渐渐地从网上跳蚤市场转变成了网上自由市场。eBay开始帮助从事电子商务的小商家通过eBay开设自己的商店,为他们提供一个只要花钱为自己的网站做广告就能接触全球消费者的机会,而这些商家将一部分销售所得作为提成交给eBay。这种商业模式实际上是一种对传统的零售商业模式的颠覆。在传统的商业模式中,广告几乎是唯一获得消费群体的方式,因此广告的成本成了商业成本的一部分。而在eBay上开商店,则是将广告费转化成了eBay的挂牌费(listing fee)和很低的销售提成。eBay将自己的收费控制得比传统的广告成本低,于是大量从事电子商务的公司和个人都到eBay上去卖东西。这时eBay主要卖的不再是跳蚤市场上的旧货,而是全新的消费品。事实上,eBay的商品数量比世界上任何一家连锁百货店都多。eBay上的一些用户做了几万甚至几十万笔交易,这些人当然不是个人,而是从事电子商务的零售商和批发店。现在在eBay上出售的商品主要来自这些商家,而不是个人的旧货。当然,大量个人在eBay上的买卖行为为eBay贡献了足够的人气。eBay从此搭上了电子商务的快车。

5.1.2 贝宝支付服务

长期以来,eBay一直为零售企业提供各种极具价值的电子商务工具,其中最知名的就是大获成功的贝宝(PayPal)支付服务。eBay通过并购加强了公司的无线产品线,收购了移动支付公司Zong和比价应用RedLaser。2011年,eBay斥资24亿美元收购了GSI Commerce,2012年年底,eBay又宣布达成了一桩交易,可让消费者在任何接受Discover卡的实体店使用贝宝。此举让eBay终于能为零售商提供全套的商业服务。

这些努力使eBay的业绩大幅增长,到2012年,eBay的营收达到了141亿美元,比前年增长了21%。其中的主要增长来自贝宝完成的支付业务,营收增加到了56亿美元。日益成为固定价格商品展示窗口的eBay商场(eBay marketplaces)也实现了11%的健康增长。

2012年,eBay的所有业务部门都实现两位数的用户增长,移动商务销售额强劲上升,公司在线交易平台业务加速增长,移动业务部门在美国市场实现了总交易额19%的增长。

5.1.3 从收购易趣到败走中国

1. 收购易趣

1999年8月18日,易趣网成立。成立之初,公司的办公地点在上海一个两居室的民居内。创始人邵亦波和谭海音是当时仅有的两名员工。2002年3月,全球最大的电子商务网站美国eBay公司注资3 000万美元,与易趣结成战略合作伙伴。2004年6月,易趣宣布进入网站整合期,将于当年秋天与 eBay 平台对接,同月,在北京召开第二季度新闻媒体通报会。2004年9月17日,易趣与美国 eBay 平台成功整合。自此,eBay 易趣的用户能与来自美洲、欧洲以及亚洲各国的1亿多名用户进行网上跨国交易。

2005年7月11日,贝宝中国(PayPal China)网站正式开通,标志着贝宝正式登陆中国市场。贝宝与银联电子支付合作将使中国用户能用15家银行的20多种银行卡通过贝宝进行安全、快捷、便利的网上支付。贝宝与 eBay 易趣平台的对接在同年9月1日前完成。eBay 易趣的1 160多万名用户能通过贝宝更方便、更快捷、更安全地进行网上支付。这将大力促进 eBay 易趣用户的交易。然而2015年4月,PayPal 从 eBay 拆分,协议规定,eBay 在5年内不得推出支付服务,而 PayPal 则不能为实体产品开发自主的在线交易平台。

课堂讨论:1. 失去 PayPal 后,eBay 又该何去何从呢?
　　　　　2. PayPal 是中国的"支付宝"吗?二者有什么异同呢?

2. 败走中国

2006年12月,eBay 和 TOM 合作,关闭 C2C 主站,退出中国 C2C 市场,仅保留 PayPal 和 Skype 业务,以及一个跨国交易网站。

1)eBay 败走中国市场

根据协议,eBay 将在新网站持有49%的股份,而 TOM 在线持有51%的股份。为了在中国抢占更多市场份额,eBay 已经投入了数亿美元,但并未获得预期的回报。Caris 公司分析师蒂姆·博伊德表示:"这一交易意味着 eBay 已经承认在中国市场以失败告终,至少无法独立发展。但我认为,市场早已证明了这一点。"

2)eBay 未能理解中国市场

根据市场研究公司易观国际公布的数据,淘宝网2005年在中国网络拍卖市场占据了57.7%的份额,遥遥领先于 eBay 易趣的31.5%。

分析师指出,eBay 一直未能理解中国市场和文化,这是该公司兵败中国的主要原因之一。例如,与淘宝网有所不同,eBay 易趣并没有为用户提供电话支持,也不鼓励买家和卖家直接交流。此外,当淘宝网进入中国拍卖市场,并开始提供免费服务时,eBay 易趣的反应速度过慢,这导致了大量用户流失。

eBay 的中国之路从来都不平坦。2002年,eBay 收购了当时中国最大的拍卖网站易趣网三分之一的股份,从而借道进入中国市场。2003年,eBay 收购了易趣网的全部股份,从而使后者变为自己的全资子公司。到此为止,eBay 收购易趣网总计支出1.8亿美元。2005年,eBay 又投入1亿美元在中国市场发动营销攻势。2004年,惠特曼访问中国时还称:"中国市场将给 eBay 带来最大的机会。"

课堂讨论:是什么导致 eBay 的中国之路如此不平坦?

分析师认为:"eBay 的问题并不在于中国电子商务市场的发展速度,而在于该公司失去了大量的市场份额。"

当初吴世雄空降 eBay 易趣,被很多人解读为 eBay 开始重视本土化战略,包括后期的廖光宇,但不论是吴世雄还是廖光宇,他们都来自中国台湾。他们或许对台湾互联网市场有着精辟的见解,但是对中国大陆互联网市场规律、传统和习惯的洞悉能力值得怀疑。

2010年2月,易趣正式推出海外代购业务,为买家提供代购美国购物网站商品的服务。

2012年4月,易趣不再是 eBay 在中国的相关网站,易趣成为 TOM 集团的全资子公司,易趣网站提供的各项服务均不受影响。

5.1.4 机遇和挑战

败于淘宝,又重生于跨境 B2C,5 年时间,eBay 在中国经历了从弃子到宠儿的蜕变。

2011 年 10 月底,正当马云为淘宝商城事件焦头烂额之时,他曾经的对手——eBay 在美国发布了第三财季报告,eBay 全球单季营收同比增长 32%,达 30 亿美元,同时,净利润同比增长 14%,达 4.91 亿美元。

在中国,借助于电商热潮,eBay 卖家的活跃度持续增加,销售总额上涨 34%,他们贡献的大量佣金帮助 eBay 中国转变为全球第五大利润中心。显然,那个曾经被马云比作"深海巨鲨"的 eBay,已经熟悉了"长江水性",找到了自己的中国引擎。

eBay 中国业务运营总经理承丹丹这样告诉记者:"真正重要的是,保持一颗战战兢兢的心,紧紧抓住客户和行业变化,否则,稍有不慎,就可能被淘汰。"

这段话也恰恰映衬了 eBay 在中国的轨迹——从并购"易趣"进入中国,与淘宝针锋相对,到在 C2C 领域折戟沉沙,几乎退出中国市场,再到后来,适时布局跨境 B2C 业务,重启中国业务。eBay 演绎了一出外企在中国翻身的经典剧目。

1. 玩转跨境 B2C

从 2006 年年底开始,eBay 中国开始从迷失中醒悟,寻求跨境 B2C 的新模式。此时,eBay 的高层也从之前的管理模式中吸取教训,给予中国团队越来越多的自主权。"毕竟每一个市场有它自身的规律,只有当地的团队才能清楚自己应该提供什么样的服务,如何满足本地的需求,只有这样才可以更好地迎合卖家,而卖家赢了,eBay 才能胜出。"eBay 亚太区高级副总裁兼董事总经理 Jay Lee 这样告诉记者。

课堂讨论:eBay 借道易趣进入中国市场时的锋芒毕露与布局跨境 B2C 业务时的韬光养晦,这中间体现出这个曾经的巨人怎样的企业精神?

然而,要打造一套服务于跨境 B2C 卖家的体系并非易事,对于 eBay 而言,当时并没有任何可以借鉴的经验。据承丹丹回忆,起初设立跨境 B2C 战略部门时,只有 3 名员工,仅仅是讨论建立怎样的商业模式,以及如何收费的问题,就花费了数月时间,最终才决定根据成功交易的金额向卖家收取佣金。

好在后来随着团队的逐渐扩大,商业操作的诸多环节很快得以确定。按照 Jay Lee 的说法,从线下到线上是一个门槛,从国内到国外又是另一个门槛,eBay 要让中国卖家把更多产品卖到国外去,实现双赢,就必须帮助在网络销售中刚起步的中国卖家完善他们的外贸能力。

首先,最重要的瓶颈便是语言。中国卖家的东西要陈列在欧美的 eBay 页面上,就必然得与当地的买家沟通,这需要极高的沟通技巧,而一般的卖家很难像大企业一样配备专门的语言人才,同时,卖家还需要了解不同国家消费者的基本消费习惯、服务要求,有哪些流行的促销方式,同时能够与 eBay 不断推出的产品和政策相配合。

这对于一直做战略咨询工作的承丹丹而言是一个挑战,eBay 当时是一张白纸,她需要为一直自然生长的外贸卖家提供相应的培训。为了得到一手的信息,设计卖家真正需要的课程,承丹丹带领团队跑遍北京、深圳、上海,与数十个外贸卖家反复沟通,并亲自在 eBay 上销售,寻求体验。2007 年,外贸大学培训系统上线,开始吸引越来越多的外贸卖家加入 eBay 平台。

此外,卖家需要更足够的本地支持。过去,卖家如果碰到账户安全的问题,需要通过越洋电话,三更半夜与 eBay 欧美的客服人员联系,诸如此类被忽视的关于用户体验的问题,亟须用本地化的客服来解决。随着国内客服团队的扩张、服务细则的完善,eBay 的本地化服务框架基本确立,使得 eBay 中国的营收在 2007 年和 2008 年连续两年呈现 3 位数增长。

2. eBay 曲线重返中国

2012 年 11 月 12 日,eBay 宣布和总部位于深圳的走秀网合作,欲携手走秀网在高利润率的奢侈品和时尚品电商领域打开一扇门,重新跻入中国市场。走秀网是一家销售时尚品和奢侈品的电商公司,于 2008 年 3 月正式上线,2011 年获得 1.2 亿美元投资,年销售额在 10 亿元左右。eBay 重返中国的消息,选择在同年 11 月 12 日发布。在这个日子的前一天,11 月 11 日,也就是"光棍节",是淘宝的"大日子"——数年前,淘宝率先在"光棍节"疯狂促销,导致交易额一飞冲天,最终将 eBay 打败。此后,这个日子一路演变为电子商务界的"血拼日"。这充满意味的重返日,展示了 eBay 再度挺进中国市场的勃勃野心。

eBay 还计划扩大对中国的整体投资,着手准备垂直类目、更主动与中国卖家沟通、数据分析支持、完善物流解决方案四大战略。很显然,eBay 希望通过与走秀网的合作,获取时尚类和奢侈类商品市场的高利润率。虽然目前走秀网的奢侈品业务还没有盈利,但其对销售额的贡献在 2011 年已经达到了 30%。

eBay 并非第一次尝试这样的合作模式。此前,它已经在美国投资了一个高端的 B2C 网站 Ruelala。这是一家著名的会员限制时折扣店,其出售的商品包括各类奢侈品。

在经历了诸多坎坷之后,连接本土智慧与全球视野的 eBay 终于在中国回到正轨。尼尔森的数据显示,中国大型出口商在 eBay 上实现的销售额占总销售额的 71%。Jay Lee 解释道:"卖家更多地通过 eBay 获利,这才是评价 eBay 的最重要的标准。"毕竟卖家才是 eBay 真正的金主,eBay 中国能够以 1 000 名员工创造阿里巴巴 1.8 万名员工的利润,也正是依赖于此。

国际贸易全球门户——eBay 致力为中国商家开辟海外网络直销渠道,免费注册。作为全球最大电子商务外贸平台,eBay 直面 3.8 亿位海外买家。毫无疑问,无论是对中国卖家还是对 eBay 而言,那都会是一个更富有想象力的市场。

课后思考题

1. eBay 在中国的发展模式有何特别之处?
2. eBay 是如何走出在中国的困境的?
3. 美国 eBay 和中国 eBay 有何不同之处?
4. eBay 与国内电商平台在跨境电商业务方面有何异同?

案例来源

电子商务案例云服务平台,网址为 http://www.ceccase.com。

参考文献

[1] 韩一崝.eBay_以平台携手跨境电子商务[J].国际市场,2013(4):16-17.
[2] 郝智伟.看 eBay 中国翻身[J].IT 经理世界,2011(21):38-40.
[3] 刘世忠.选对行业钓大鱼[M].北京:中国经济出版社,2011.
[4] 武帅.中国互联网风云 16 年[M].北京:机械工业出版社,2011.
[5] 穆罕默德.网络营销[M].王刊良,译.北京:中国财政经济出版社,2004.

5.2　C2C 二手交易平台——闲鱼 App

案例标签:二手交易平台;C2C;分享经济

案例网站:2.taobao.com

案例导读:

随着电子商务的兴起与发展,国民消费水平日渐提高,越来越多的消费者热衷于网络购物。与线下购物相比,网络消费过程更加简化,"点击购买""一键支付"等方便的购物模式成为人们消费时的首选,而这也导致很多人的冲动消费和非理性消费。冲动消费导致很多物品在经历了一段时间的新鲜期之后便被永久搁置了。虽然传统的旧货市场或回收商可以吸纳这些闲置,但其低廉的回收价格总是不得人心,因此,C2C 模式的二手交易平台应运而生。其中,阿里巴巴旗下的闲鱼最为著名。

闲鱼于 2014 年 6 月从淘宝二手类目中独立出来,取自"闲余"二字的谐音。"闲"是闲置,"余"是闲置的物品和空间。闲鱼不仅是一个电商平台,还是一个基于新生活方式的社区。在这个社区里,人们不但可以出售自己的二手商品,而且可以分享个人独特的技能、私人时间与空间。从一个不起眼的 App 页面品类到如今的自成一派,阿里的战略指向显而易见——发力二手市场。有数据显示,截至 2017 年 11 月,闲鱼用户已达到 2 亿级规模,有 1 600 万户活跃商家,45 万个"鱼塘"。

闲鱼致力将自己打造成帮助用户将闲置变现,满足用户低价买好物的需求的闲置资源社区性交易平台。其整合了线下二手商品和线上网络资源,用户可以方便地在平台上进行二手商品的买卖。

5.2.1　经营模式

对于阿里巴巴来说,其打造闲鱼的意图在于为二手闲置商品交易提供第三方交易平台,不会参与用户之间的买卖。闲鱼的负责人认为,二手商品的残余价值太低,不值得花大量的财力物力进行质检与评估,只有如二手房和二手车此类的高价值商品才有形成自营模式的可能性。在经营模式上,闲鱼的比较竞争优势有二:一方面,其有各式各样的"鱼塘",以此成为不同兴趣爱好者之间的纽带,通过人与人之间的社交影响不断扩大用户体量;另一方面,在闲鱼 App 上有诸多让你意想不到的商品,这是闲鱼吸引用户的独特手段,猎奇的人群更有可能成为其潜在的目标客户。闲鱼旨在向用户传达:在这个平台,你可以通过社交收获到世界上各种见所未见、闻所未闻的奇异物品。闲鱼中的消费群体多为个体用户,买卖双方根据需要在平台上完成资源配对,而闲鱼仅作为支撑平台,不参与产品的质检与物流等服务,交易过程皆由用户自行协商完成。闲鱼的这一举措践行着其战略指向,即只提供平台,不参与交易。

课堂讨论:闲鱼的收入来源是什么?

5.2.2 闲鱼的优势

1. 闲鱼自有的生态优势

闲鱼源自淘宝,其在信用保障和安全上具有得天独厚的优势。作为国内毋庸置疑的最大电商平台,淘宝经过数十年的发展、优化,已形成了一套十分成熟的交易体系。从购买到收货再到退货、换货,淘宝做到了无缝衔接,这给其独立的闲鱼平台提供了安全专业的交易制度作为后盾。二手交易的基础是丰富的货物品类和完善的信用交易体系,而背靠阿里的闲鱼无疑可以轻易地借助于淘宝的一系列买卖退换流程形成自己的先发优势,同时,还可以借助于淘宝的评价体系和推荐机制为用户精准发送信息,大幅提高交易成功率。不仅如此,闲鱼还通过与芝麻信用合作,用信用速卖的方式将整个估价的流程标准化,为其安全交易保驾护航。

2. 特色模式——鱼塘

闲鱼的鱼塘有两种:一种以地理位置划分,不仅能促进同社区乃至同城的闲鱼交易,还可以提高用户黏性;另一种则以兴趣爱好划分,将线上的陌生人按照相同的兴趣爱好联系起来,让他们可以通过鱼塘保持半熟关系,以此建立相对信任的交易环境,提高交易的成功率。鱼塘作为闲鱼的核心竞争力,使社交先于交易。这种新型社区是打开线下二手交易市场的驱动点,不管是因兴趣而聚集还是基于 LBS(位置服务)而形成,都是分享经济与社区化相结合的创新,依托社区模式驱动发展,也为闲鱼上的二手交易营造了一个半熟的相对信任的环境,大大提高了闲鱼的用户黏性和使用体验。

5.2.3 闲鱼存在的问题

1. 交易纠纷问题

交易纠纷一直是线上交易存在的主要问题,不管是交易全新商品还是二手商品。其主要原因有以下几点:

(1) 线上二手交易的性质导致二手物品在交易过程中出现的使用痕迹和缺陷,难以明确是哪一方的责任;

(2) 闲鱼对用户的监管力度不够,用户大多数为个体消费者,无须登记营业执照等,其他认证也没有强制要求;

(3) 客服介入机制还不够完善,闲鱼目前只有客服热线,还未开通在线客服,造成用户维权反馈困难,经常遇到申诉无门或不知如何申诉的情况;

(4) 产品质量也是导致交易纠纷的重要因素,以手机为例,一直以来,闲鱼上的二手手机质量良莠不齐,大量残次品、翻新机使闲鱼在二手手机市场的口碑很差;

(5) 部分黑心卖家通过盗图、选择性描述物品、提供虚假信息等方式对二手物品进行美化,造成买卖方之间信息严重不对称,同时,部分类目产品很难以外表判定质量,导致买方用户在收到产品时,心理落差较大,感到受骗,从而产生交易纠纷。

2. 物流问题

对于买家而言主要考虑的是质量问题,那么对于卖家而言主要考虑的就是物流问题。首先,卖家并不是以出售商品为生计的商家,对于物流的需求,一方面是价格便宜,另一方面是方便。淘宝各商家都会与不同的物流公司签订物流派送合同,能够因为订单的量大而享受到优惠的价格,同时,与物流公司建立长期的合作关系,能够更高效地派发商品。而对于个人卖家来说,多是出于一种能更方便处理闲置物品的心理而在平台上进行销售。当其所卖商品的价格够低而又要搭上运费及寄送包裹的时间成本时,多数卖家会认为此行得不偿失,从而降低了成交量。

3. 商品的售后及维修问题

二手物品本身就可能存在保修期已过、部分功能受损等情况。如何在双方达成交易后,还能让购买者享受到售后服务,这也应是运营平台应为广大消费者考虑的问题。

课堂讨论:闲鱼等二手交易平台是否还存在别的问题?

5.2.4 解决对策及建议

1. 提供部分产品鉴定服务,制定质量判定标准

对于单价较高的产品,如数码产品、品牌服饰箱包等,闲鱼可以仿照蜂鸟网的二手交易平台和转转优品,以专业检测技术、口碑品质保障、出具质检报告甚至提供延长质保期限服务等形式,来吸引用户在平台完成二手交易,保障交易双方的利益,减少交易纠纷的发生率,也可引入第三方鉴定机构,或将鉴定售后服务外包给各地有技术、有口碑的诚信门店。

2. 引入 VR 技术

这几年,VR 技术快速发展,逐渐进入人们的视线,淘宝 2016 年首开"Buy+"功能提供 R 购物体验给会员。VR 技术带来的三维立体信息能降低买方的时间成本和"误判"概率,如二手房、二手家具等物品就十分适合通过 VR 来进行购买,用户不出家门就可享受购物带来的满足感,购物体验提升,因此,VR 技术被引入线上二手交易平台是必然趋势。

3. 开通独立客服热线和线上客服

闲鱼交易信息量巨大,交易纠纷率较高,目前的客服介入机制还需进一步完善,闲鱼和淘宝共用同一个客服热线,用户需听语音提示输入数字才能找到相应的服务,过程较为烦琐复杂,而且,一些信息或凭证很难通过语音进行出示,因此,应开通独立的客服热线和线上客服,两种服务渠道互相配合,提高解决问题的效率。

4. 完善信用评价体系,以更直观的方式展现用户信用

消费者认为第三方的评价更为客观,查看评价已经成为消费者网上购物的必做事项,购买二手物品时更是如此。目前,用户可以在闲鱼上查看卖方以往售出商品所获得的评价。如果评价可以以等级或是评分的形式展现,就可以更直观地展现用户信用,提升用户的使用体验。

课后思考题

1. 相比较其他线上二手交易平台,闲鱼的优势和劣势分别体现在哪些方面?
2. 分享经济下闲鱼可以采取哪些措施进行推广?
3. 谈谈你对闲鱼未来发展的建议。

参考文献

[1] 康博涵,龙霞,王宏兵.浅析二手交易平台"闲鱼"的经营之利[J].现代营销(经营版),2019(3):136.

[2] 李燕军.分享经济下中国闲置品交易网站商业模式研究:以闲鱼网为例[J].中国商论,2018(16):26-27.

[3] 王荣华,赵宇萍.线上二手平台商业模式比较:以闲鱼与转转为例[J].市场周刊(理

论研究),2018(4):3-5.

[4] 陈慧雯,刘咪.C2C二手交易平台的发展研究:以阿里巴巴闲鱼为例[J].商场现代化,2017(5):53-55.

[5] 叶科晗.大数据时代下闲鱼App的发展之道[J].全国流通经济,2017(2):6-8.

5.3 京东也困难——京东关闭原拍拍网平台

案例标签:C2C;京东商城;拍拍网

案例网站:www.paipai.com

案例导读:

2015年11月10日,双十一前夕,京东和天猫的"猫狗大战"还没开始,京东突然宣布将在2015年12月31日关闭旗下电商平台拍拍网(paipai.com)C2C个人卖家平台,并在3个月的过渡期后,发布消息称,京东集团决定从2016年4月1日起不再提供C2C模式的电子商务平台及服务,"拍拍二手"业务也按照集团计划如期关闭,京东会专门安排客服人员帮助"拍拍二手"的商家和用户完成各项收尾工作。至此,拍拍网彻底关闭。原拍拍网团队将并入京东集团的其他部门。官方给出的理由是C2C模式的电子商务在中国目前的商业环境中监管难度较大,无法有效杜绝假冒伪劣商品,为了公平对待合法经营的商家、保护消费者权益,经过慎重的思考和评估,京东决定关停拍拍网。拍拍网的结局在引起大家遗憾和讨论的同时,也引发了思考——C2C模式真的不行了吗?

5.3.1 域名paipai.com的前世今生

域名paipai.com注册于2001年10月底,在2005年被腾讯启用以搭建电商交易平台拍拍网。域名paipai.com直接对应"拍拍"两字的拼音,对"拍拍网"的品牌宣传和推广起到了极大的作用。在腾讯旗下时,拍拍网还创造过运营百天进入全球网站500强的最短时间纪录。

2014年3月,京东收购腾讯B2C平台QQ网购和C2C平台拍拍网的100%权益、物流人员和资产,以及易迅网的少数股权和购买易迅网剩余股权的权利。腾讯总裁刘炽平先生加入京东集团董事会,域名paipai.com也正式转到京东的名下。在这次与京东的合作中,腾讯把所有电商部门全部并给了京东,拍拍只是附属品之一,可以说没什么战略地位。

京东商城收购拍拍之后也曾对其宠爱有加,对拍拍网上的卖家实行优惠政策,并且尝试从网络发展到移动端口,推出拍拍微店,主打团购和闪购相结合的拼购模式。2015年3月,京东集团将拍拍网设为独立子公司进军C2C市场,这被外界认为是对拍拍网的重塑,很快,在10月份上线了拍拍二手,但好景不长,京东将拍拍几经折腾,还是没能完成腾讯交给的这个"重任"。2015年双十一前夕,京东发布关于停止拍拍网C2C平台服务的公告,并于2016年4月份正式关闭。理由是C2C模式的电子商务在中国目前的商业环境中监管难度较大,无法有效杜绝假冒伪劣商品。

课堂讨论:关闭拍拍二手的真正原因是因为假货难以杜绝还是京东对C2C有意识地弱化呢?

接手不到两年,拍拍网不仅没有为京东的B2C业务带来协同效益,反而拖累了京东的交易总额,甚至在关闭后也没有带来好影响——京东财报显示,2015年京东亏损94亿元,而亏损的主要原因之一就是拍拍网停止运营带来的相关商誉和无形资产的减值。

5.3.2 信任危机致使C2C前途堪忧

近几年,电子商务发展迅速,全民网购成为形势所驱,中古电子商务研究中心的统计数据显示,截至2015年6月,中国网购用户达到4.17亿人,而2014年上半年达3.5亿人,同比增长19.1%。中国是个地大物博的国家,各个地区的物价大相径庭,给统一定价造成了很大的难度,而国内市场价格混乱又为C2C低价竞争提供了良好的土壤,个人创业开店的群体日渐壮大。

与B2C网站相比,C2C具有产品多样、描述个性化突出、特殊渠道商品较多,能够及时解答消费者疑问等优势,但我们也要注意它的不足,C2C存在着两大不可避免的劣势:首先,产品质量得不到保证,一部分卖家为了个人的利益,不惜在网上大肆吹嘘产品,不考虑消费者的切身利益,甚至以假乱真,以次充好,致使假货横行,使得顾客对C2C网站失去信赖;其次,缺乏有效的监管,国家相关的立法方案不够完善,仅仅靠C2C平台协助监管,力度远远不够,C2C的处理不但周期长,而且缺乏有效的手段,最大的惩罚不过是封店,根本无法造成实际损失,而这更加剧了C2C信任危机的严重性。据中国电子商务投诉与维权公共服务平台的检测数据显示,2015年上半年网络购物投诉占电子商务类投诉的3.86%,是最多的一类,而投诉的主要问题是网络售假,占13.65%。信任危机是当前C2C面临的最严峻考验,如何以诚信为本,建立一个绿色纯净的C2C平台,做有品质的电子商务,是C2C发展的关键因素。

我国现行的C2C电子商务信用评价体系是各电商平台以交易量为导向的封闭式管理体系。每个人的信用度来自交易双方互评的历史记录。其信用评级系统采取累积制,交易成功后,网购双方对交易互相做出评价,评价分为"好评""中评""差评"3类,累计相应积分分别为+1、0、-1。网站信誉系统通过这些记录计算用户信用,并最终由电商平台根据累积信用度,对用户信用等级进行评定。该体系还具有相应的奖惩措施,对信誉优良的用户给予更多的流量倾斜和政策优惠;对于信用炒作、虚假交易、违约等行为,网站则会给予相应的惩罚,如信用积分清零、冻结账户等。但该评价体系在具体运作中仍存在着诸多不足,如评价体系不完善、评价可信度不高、监督管理不到位等。

课堂讨论:结合自身的网购经验,你认为评价体系的不完善主要体现在哪些地方?

对此,有学者在进行深入研究之后提出了建立第三方信用评价体系的构想,一种是市场主导型,由在C2C电子商务领域占主导地位的各电商平台联合发起,以合同的方式把用户信用评价管理业务外包给专业提供评价管理服务的第三方公司,由它们对用户信用评价进行管理,构建市场主导的运作模式的关键在于各电商平台在信用评价体系上有改进和合作的意愿;另一种则是政府主导的第三方信用评价体系,由政府出面整合C2C电子商务各电商平台数据,统一信用评价模式,把评价管理交付于专业的第三方评估公司,该公司对政府负责,受政府监督。这种模式的优势是政府凭借其权威性,可有效发挥其组织协调的优势,快速推进评价体系的建立,发起的可行性较高,但政府主导会在一定程度上增加公共财政负担,需要综合考量。

除了学者的努力,国家政府相关部门也做出了许多努力,目前,国家已经在电子商务领域实施了一系列监管措施。十二届四中全会将电商立法列入了十二届全国人大常委会五年立法规划,这部法律已经由全国人大财经委牵头组织起草。而在2016年2月22日召开的国务院新闻办公室新闻发布会上,原国家工商总局局长张茅介绍,2016年年底前,将在全国范围内推广完善国家企业信用信息公示系统,建立"全国一张网",并通过电脑摇号对企业信用进行抽查,实现抽检企业、抽检人员的"双随机",每年的抽检比例不低于3%。同时,张茅表示,不强制要求个人网店进行工商登记,不具备工商登记条件的网店,应向其所在的第三方平台登记相关信息。

课堂讨论:除了需要政府部门加强监管力度,还需其他方怎样做?

未来C2C仍然是一个电子商务发展的重要舞台,个人卖家、第三方平台和监管部门应共同合作,打造一个没有假货、百家争鸣的品质购物平台。

课后思考题

1. 电子商务的支撑环境是什么?分析在此案例中京东关闭拍拍网考虑的是哪个支撑环境?
2. 此案例中京东关闭拍拍网对消费者而言有何好处?
3. 在此案例中,试用网络经济中的马太效应解释信任危机会对第三方电商平台造成何种影响?
4. 市场主导型第三方信用评价体系与政府主导型第三方信用评价体系,你更倾向于哪一个,为什么?

案例来源

陆玉莹,中国传媒大学南广学院,2016年中国电子商务案例高峰论坛暨全国百佳电子商务案例精选,中国义乌.

参考文献

[1] 易名中国.拍拍网即将关闭 相伴10年的域名归于何处?[EB/OL].(2015-11-07)[2019-04-25]http://news.ename.cn/yuming_19700822_101546_1.html.

[2] 搜狐财经.京东2015年巨亏94亿:O2O拍拍网等业务拖后腿[EB/OL].(2016-03-03)[2019-04-25].http://business.sohu.com/20160303/n439212459.shtml.

[3] 张茅.在国务院新闻办新闻发布会上的讲话[R/OL].(2016-02-22)[2019-04-26]http://www.china.com.cn/zhibo/zhuanti/ch-xinwen/2016-02/22/content_37842260.htm.

[4] 余丽,李亚杰.试析C2C电子商务信用评价体系的困境及其突围之道[J].知识管理论坛,2016(2):114-123.

第6章

C2B平台服务类

6.1 无所不能聚,好货不用挑——聚划算

案例标签:C2B;团购;阿里巴巴集团

案例网站:ju.taobao.com

案例导读:

聚划算是阿里巴巴集团旗下的 C2B 平台,由淘宝、天猫商城从 8 亿商品中精挑细选优质商品,自主开展网络精选特卖团购活动,以更高的服务标准为顾客提供高性价比的商品,是现今国内最大的团购网站。聚划算从最初的一个社区团购栏目迅速发展为阿里巴巴集团旗下的独立公司,主要依托淘宝网庞大的网购用户群体和众多商家共同进行的线上团购活动,从而形成了商品营销和网购的新环境。聚划算自 2010 年 1 月作为中国首家团购网站出现至今,经过多次调整和变革成了团购网站中的佼佼者,在网络团购中上演了一个又一个的奇迹。从聚划算服务口号和业务频道的不断更新,我们可以看出聚划算在不断地寻找适合自身发展的方向,以及发挥自身优势、增强竞争力的方法。定位更加精准,服务核心化和品质化为聚划算未来快速稳定的发展奠定了良好的基础。

本案例介绍了淘宝聚划算如何在国内团购大战中成为赢家,并成就了网络团购中一个又一个奇迹的故事。其中,包括聚划算的特点、产品及服务,并对其盈利模式进行分析,重点分析了聚划算的创新之处和发展历程,为团购网站的发展提供案例分析。

6.1.1 发展轨迹与成功案例

淘宝聚划算网是阿里巴巴集团旗下的团购网站,正式启用时间是 2010 年 9 月。

聚划算页面与一般团购网站相似,商品主要由淘宝网的大卖家和品牌商提供,淘宝网聚划算并不负责资金流和物流,用户在聚划算下订单之后,把费用直接支付给商品的卖家,再由商家直接对下单客户负责,淘宝网并不从聚划算获得任何费用。

课堂讨论:你是怎样理解聚划算的?试结合案例做出分析。

以"无所不能聚!"为新服务口号的聚划算网站,与其他团购网站相比,其优势不仅在于有淘宝网庞大的购物群体,还在于有淘宝网平台的海量商家的支持。商家和消费者这两方面都体现和验证了这个新的口号。

这家从淘宝独立出来的团购营销平台公司起步时仅有100余人,却在2011年创造了101.8亿元的销售奇迹,几乎占据了中国团购市场过半的份额,就连此前饱受质疑的本地服务团购业务也达到了8.48亿元。

2011年10月20日,阿里巴巴集团宣布,淘宝网旗下的团购平台聚划算以公司化的形式独立运营,成为阿里集团旗下又一家独立子公司。

2012年,聚划算年度团购交易额为207.5亿元,是2011年的2.03倍,占据了团购行业的半壁江山。据聚划算数据显示,聚划算网站的访问率和点击购买率也很高,日购买用户人数峰值高达527万,共有2 000多万名消费者在聚划算上购买过各类商品,平均每天有800万人次访问聚划算,最热闹的一天有537万个订单,在地域上看,上海、北京和杭州的聚划算交易额位居前3,分别为6.9亿元、6.2亿元和5.7亿元。

以下是几个在2012年通过聚划算运营的成功案例数据。

(1) 海尔定制团

12月18日,聚划算网站的海尔定制团开团,14款海尔家用电器共成交6 750万元,累计4.3万件产品。其中,波轮洗衣机卖出8 384台,32英寸(1英寸=2.54 cm)的电视机卖出8 322台,吸尘器卖出6 279台。

(2) 家居团购

在聚划算,大件的"芝华士"沙发卖出9 000多张,小件的立邦漆的交易额达到600多万元。

(3) 聚果行动

陕西苹果通过聚划算的"聚果行动"卖出16.8万斤(1斤=0.5 kg),共1.2万箱。

(4) 金融保险团购

12月初聚划算尝鲜上线了一款生活服务理财型保险产品,短短3天时间,一共有4 365人购买,支付金额高达1.01亿元。

2013年聚划算全年支付宝交易额突破354亿元。来自聚划算的数据显示,2013年有5 000多万人在聚划算购物,单日成交峰值突破55.58亿元。马云宣布阿里巴巴将从IT时代过渡到DT时代,用数据创造价值、提升用户体验。聚划算平台已经开始利用大数据进行全面升级。2013年,阿里巴巴招股书数据显示,聚划算GMV(商品交易总额)达到477亿元。

2015年聚划算改版为"数据化与体验式营销平台",所有商品和商家审核由系统根据相关数据维度来进行。小二(淘宝的机器人客服)不再具有相关审核权限,其职责退化为跟商家建立融洽的关系,指导全国各地商家的工作。

2016年,淘宝聚划算销量计入搜索权重。

6.1.2 聚划算的运营销售

1. 合作运营模式及运营商资质

(1) 团购网站。全国大小团购网站,地方性团购业务运营商。

(2) TP服务商。熟悉淘宝业务流程和规则,提供电子商务服务的TP服务商。

(3) 本地生活服务商。与本地生活属性关联的本地服务商:物流公司、行业协会、品牌厂商、大型商超、大型连锁、卡券票证服务商、互联网公司、传统媒体等。

2. 合作流程

聚划算的合作流程主要分为招商流程、接入流程、消费流程三个阶段,分别详见图 6-1、图 6-2、图 6-3。

(1) 招商流程

图 6-1 招商流程

(2) 接入流程

图 6-2 接入流程

(3) 消费流程

图 6-3 消费流程

6.1.3 聚划算的创新模式

1. 聚划算开启爆款包销,菜鸟联盟提供当日达、次日达

2016 年 8 月 19 日,菜鸟联盟宣布正式接入阿里巴巴三大零售平台之一——聚划算。首批服务侧重于快消品。聚划算将重点发展量贩包销模式,首批上线的产品主打辣条、绿豆糕、洗衣液和猕猴桃等,出货量大,不少产品保鲜期短,极其考验物流能力。接下来,全国 100 多个城市的聚划算消费者将享受菜鸟联盟提供的当日达和次日达服务,而且商品会统一物流包装,确保包裹安全。对聚划算商家而言,菜鸟联盟将为他们提供专业的分仓建议。系统会基于商家近一个月的历史订单、配送时效、成本信息等数据,利用大数据处理和高效算法,帮助商家分析各种物流方案的优缺点,并得出清晰的数据对比。这些对比指标包括 48 小时揽收率、次日达订单占比、平均签收时效、平均仓配成本等。聚划算商家可以根据算法推荐,选择成本最低、时效最优的物流方案。此外,菜鸟联盟还会在聚划算平台页面上展现商家的物流能力,帮助商家引流,并通过集货仓的模式,优化商家的干线成本。

2. 聚划算团购新升级

继手机淘宝客户端上线后,又推出了 iOS 和 Android 系统的聚划算手机客户端。截至 2017 年,这两个系统版本下的 App 都进行了更新。

"聚划算"App 是一款完全免费的团购手机软件,坚持以消费者为驱动,提供品质团购。其每天提供的销售品类包括女装、男装、母婴等淘宝核心类目商品,覆盖全国多达 120 个城市的本地生活服务。每天有 1 200 万名淘宝用户发现心仪的团购商品,节省了超过 110 亿元的线上购物支出。

Android 聚划算 5.18.0 版本更新于 2017 年 4 月 11 日,其功能包括以下几个方面。

(1) 淘宝团购:每日更新,每天 3 场商品团购。

(2) 折扣优惠:同步活动丰富,活动专区优惠多。

(3) 轻松分享:通过短信、蓝牙、邮件、微博等分享最潮流的商品给亲朋好友。

(4) 开团提醒:对"即将开团"的商品设置本地提醒功能(通知+声音+震动)。

聚划算 V5.16.0 iOS 版本更新于 2017 年 03 月 25 日,其功能有以下几个。

(1) 开团提醒:对心仪宝贝(来自聚收藏、购物车、收藏夹)设置降价开团提醒。

(2) 特色玩法:大部分商品都有针对无线用户的特殊优惠,如红包、0 元抽奖、购买免单等。

(3) 随时随地:随时随地参与超划算商品的秒杀,如每个整点 8.8 元包邮,每天早晚场 9.9 元包邮;指尖滑动乐享大图浏览,体验更畅快;开团前查看商品详情,抢购不延时;城市生活频道本地化,以最快速度找到你想要的商品,团购直达车,真的"聚划算"。

课堂讨论:试结合自己的购物体验,谈谈聚划算是如何做到"随时随地"的?

5. 导购模式创新

聚划算还要做导购模式的创新,希望提升单坑产出,现在,一个消费者在手机端只能浏览 100 个商品,所以若用统一的模式展示商品,总会有部分商品不能被浏览到,聚划算倾向于更多个性化的方式。聚划算为在这里做大牌日、上新日的品牌,额外打开一个流量包。

课堂讨论:聚划算适合什么样的消费群体?

在 2015 年的发展过程中,整个淘系的公司里,聚划算的平台增长率是最好的。增长来源于两个方面。第一,是新用户。到目前为止,聚划算这个平台的用户还在爆发式大规模地增长,这是促进平台增长率的第一个动因。不仅如此,聚划算的用户质量很好,年轻用户占了非常大的比例。第二,是客单量,我们发现,客单量的增长来源于两个因素:一是品类的增长,聚划算以前只聚焦一个品类,现在有更多的品类;二是购买的深入,用户在平台的黏性更高,购买频率也更高。聚划算用户还在爆发式增长,客单价随品类和复购率的增长而增长。

2015 年美国密西西比鲤鱼与日本和牛通过聚划算平台销售,体现了聚划算品牌理念的升级。过去聚划算强调极致性价比和精挑细选,甚至新鲜感,必须有很多用户没有体验过的商品和玩法,让大家觉得与众不同。如今聚划算要打响三大战役:围绕消费端做真正的消费升级、极致服务,并真正赋能商家。2015 年,聚划算有了三大变化:重新开放部分品类给商家竞拍,给中小商家表达意愿、参与聚划算的机会;加强对 C 店优秀单品的支持力度;加强与 C 店原创品牌、工厂直供品牌的战略合作。

2016 年的运营策略主要围绕三个方面来制定:消费者端、平台端和商家端。在消费者端,过去聚划算围绕平台和消费者做了很多,但不够重视服务端。2015 年,聚划算整合菜鸟联盟、平台和部分商家,率先提出极致服务的概念,同时在货品方面,引领消费升级。

品牌化、事件化是聚划算的核心,是整个市场体系最不一样的地方,聚划算的市场架构、人员安排都与众不同,这里有汇聚系列、神奇系列、前所未聚系列,使聚划算具有了巨大的吸引力,聚划算包装出一系列的活动,并引起了巨大的反响。

此外,创造品牌新节日,聚划算告诉商家,除了一年一度的双十一之外,和聚划算合作一定可以获得和双十一一样的营销爆发力,这次聚会就是聚划算的活动。品牌和聚划算合作,通过和聚划算打造的品牌日,通常可以在两天时间内达到双十一的销量,这让聚划算成为商家另一个销量爆发的节日。现在在整个淘系购物平台里,聚划算的占比是最高的,相对而言,它在服务上也非常前端,用户只需要浏览,无须搜索。消费者不需要在价格、服务上有任何的疑虑。聚划算整个平台作为营销平台,回购率非常高,投诉率非常低。

接下来,聚划算首先会围绕消费端做真正的消费升级大战役,会把更多的行业品牌、更多的栏目结合起来,这样的战役和活动会持续一个月或数个月,让消费者感受到聚划算是真正引领消费的地方。另外,是极致服务,聚划算已经从一些行业和类目开始做了,在量贩团无论成交量的多少,都可以做到48小时发货,包裹的服务化、标准化都是较为统一的,包括退换货流程。

聚划算的营销策略是与众不同的,这个平台的营销策略一直走轻便灵活的路线。如今做营销活动,一定要一改以往的思维和方式,更重要的是要产生好的玩法、好的内容,以及最终用一个大家感兴趣的形式去呈现它,所以在多个维度上,都需要对现在的营销手段有深度的理解和创新。

课堂讨论:试结合案例谈谈聚划算的营销策略有什么特点?

课后思考题

1. 在聚划算的众多特色服务中,吸引你的有哪些?
2. 为什么说聚划算是团购里的奇迹?
3. 聚划算今后应该如何发展,以此来应对其他团购网站的冲击?
4. 相对于其他网站来说,聚划算的优势在哪?

案例来源

电子商务案例云服务平台,网址为 http://www.ceccase.com。

参考文献

袁娟. 阿里巴巴聚划算网络团购商业模式创新研究[D]. 长沙:湖南大学,2015.

6.2 幸福手拉手——拉手网

案例标签:C2B;团购;O2O;G+F;移动电子商务
案例网站:www.lashou.com
案例导读:

拉手网于2010年3月18日在北京正式上线,是全球首家将团购与签到结合到一起的社会化网站,占领了中国国内团购网站中首屈一指的地位。"一日多团"模式也是由拉手网首先推出的,在当时看来是非常具有创新性的,同时推出了"午餐秒杀"这种基于LBS(本地位置)的创新产品。拉手网积极投身于产品的创新和研发事业中,增加了酒店餐厅、旅游和化妆品3个功能模块。拉手网为了让用户能够体验更优质的服务,感受最贴切的体验方式,扩大了用户中心,并建立了实体体验店。

拉手网在国内的团购行业中是首个获得风投的网站。网站的总体用户数量、日均客流量及销售收入都排名靠前,有较好的市场影响力和知名度。另外,拉手网还推出了7天无条件退款等三包服务保障措施,旨在为客户提供更优质的服务。

本案例介绍了拉手网的发展历程、商业模式、特色服务并分析了其在经营上存在的问题和新模式的转变问题。

6.2.1 拉手网发展概况

拉手网作为国内团购行业的标杆企业,自2010年成立起,就坚持以智慧的本地生活服务连接每一位消费者。历经数年考验,拉手网累积了大量的用户和商家资源,具有深刻的品牌影响力。2015年起,在稳定团购业务的基础上,拉手网开始着力输出优质的商户服务。2016年,拉手网设计研发了拉手微店、拉手微分销、麻辣直播等多种商户服务产品,获得广泛热议和高度认可。2017年,拉手网将围绕创业服务构建智慧生态,同时致力深挖多元化集团企业的客户价值,搭建大数据、大会员、大协同的开放平台。

2010年初,吴波开办拉手网,第一单团购商品是星巴克的购物券。拉手网一直坚持模式创新,创建"一日多团"模式,开通垂直酒店频道、化妆品频道。拉手网奉行"产品+服务"的理念,在本地化特色服务的基础上,陆续推出团房、拉手加、拉手惠、拉手商城等新业务,开辟了多元化的团购模式,更加重视精细化运营,有效提升了用户黏性。

课堂讨论:你是如何理解"一日多团"这个模式的?

2011年拉手网获评中国互联网协会"责任与活力大奖",共20家互联网企业获此殊荣,而拉手网是唯一获奖的团购企业。同年,在"2011 CCTV 中国品牌年度发布"活动中,拉手网作为新兴商业模式的代表,第一次入选中国年度品牌,这被解读为"对团购行业最大的肯定"。拉手网也因优质服务获评"2010 Red Herring 全球百强"称号。

在企业文化建设方面,作为中国团购行业的领军企业,拉手网在2012年3月15日之前,陆续开通国内11个重点城市的12315绿色通道,以此为用户确保了优质的售后服务水平。拉手网率先提出的"团购三包"服务标准,开创了团购行业的先河,为团购行业树立了标杆。

《2013年7月全国团购市场统计报告》显示,7月全国团购市场交易额为46.42亿元,拉手网7月总交易额超2.6亿元,销量为420万份。2013年1月31日,拉手网公布了2013年千人招聘计划,各类职位招聘总数达1 176人,其中本地销售、技术研发、客户服务类职位约占本次招聘的80%。拉手网在相当长的时间内,一度保持低调,拉手网负责人明确表示接下来的重心是O2O(本地生活服务)市场。在2013第4届中国电子商务博览会中拉手网作为朝阳区电商代表参展,并作为唯一的团购企业,代表朝阳区亮相电商博览会。拉手网副总裁郭义在圆桌论坛表示,移动端与PC端没有本质不同,但移动端从表现形式上需要更简单、快捷,今年拉手网移动端交易将占35%。

2014年10月被三胞集团收购的拉手网宣布打造数据平台"天下拉手",以配合三胞集团"平台型、生态化"的新零售战略。在收购拉手网后,三胞集团已经将旗下3 000多家零售门店及丰富的线下资源开放给拉手网,以打通线上线下产业链。而在此次三胞集团的新零售战略之下,拉手网将搭建"天下拉手"数据运营平台,实现集团业务由场景向数据的转化,由单一会员向大会员体系的转化。

2015年拉手网拥有覆盖了200多座城市的地推团队,有近1亿名的活跃用户及线下门店的支持,并与伊利合作推广安慕希牛奶取得了骄人成绩。同年2月11日至15日,深圳市消委会收到200多起关于拉手网的投诉。消费者反映拉手网于2月11日推出1分钱秒杀东部华侨城套票(原价260元)的团购活动,购票后却无法正常入场,拉手网以秒杀模块出现故障为由单方面更改有效期并终止活动,其给出的10元拉手券赔偿方案也无法得到大部分消费者的认可。据了解,有超过20万的人购买了该团购票。拉手网单方面终止活动违反了《合同法》。深圳市消委会接到投诉后,全面开展调查。但非常遗憾的是,经过1个多月的反复约谈、协商和沟通,拉手网对解决方案始终未做出实质性让步,只同意延长拉手券的使用期限。深圳市消委会认为,拉手网单方面变更合约内容、修改有效期,违反了《合同法》的相关规定,属违约行为。此次事件是O2O兴起后引发的新型紧急状况,从中我们可发现,这种新型的交易方式在管控上稍有差错就可能引发突发性的大事件,甚至严重危害公共利益和安全。

2016年著名的中国市场品牌评级权威机构Chnbrand发布了2016年中国品牌力指数(C-BPI)品牌排名和分析报告,拉手网以稳健的市场表现和良好的品牌形象获得了358.3分,名列行业品牌榜第3名。拉手网荣膺"2016年江苏十佳互联网创新企业"之称,2016年,拉手网在巩固团购业务的同时,积极拓展新业务。在互联网维修、科技金融、互联网众筹等领域推出了许多新的产品和服务,赢得了用户的广泛认可。

2017年,拉手网继续拓展创新型业务,利用拉手网大数据的优势,针对创业人群推出个性化的引导扶持服务。2017年中国顾客推荐度指数(C-NPS)品牌排名和分析报告显示,2017年中国整体NPS得分为10.3分,其中团购行业均值为10.6分,在团购网站推荐度排行榜中,拉手网以17.3分位居榜首。

6.2.2 存在的问题与新模式的转变

1. 拉手网经营存在的问题

拉手网从成立之初到上市前的一年多时间里,在团购行业中处于佼佼者的地位。自2011年上市失败后一度销声匿迹,对其实际经营模式进行分析,我们会发现诸多问题。

(1) 用户黏性不高

团购网站众多,不同的团购网站可以同时推出相同的产品或服务,多个团购网站同时推广同一家商户的情况是非常常见的,团购网站同质化非常严重,最终用户需要在千篇一律的团购网站中进行抉择,对于用户来说是非常不方便的,用户的最终选择取决于更实惠的价格。同一个产品或者服务在许多团购网站上都会被呈现,假如用户在其中一个网站上购买后发现并不是性价比最高的团购途径,就会申请退款。通过对这个问题的深入分析,我们不难看出拉手网用户注册量与销售额不成正比的原因所在。团购网站面临的一个严重的问题就是用户黏性不高,无法提高用户的忠诚度。

(2) 产品的描述或服务与实际不符

目前团购网站为了扩大自身的影响力,吸引更多的商家入驻团购网站平台,放松了对合作商家资质的审核,导致有质量问题的商品或者服务通过团购网站流通,直接损害了消费者的利益。拉手网虽然有严格的商家引进和监督机制,但在实际操作过程中也会出现类似的问题。有些团购网站会夸大描述商品信息或者假冒其他品牌商品,目的是吸引更多的用户进行消费,团购网站也能因此获得更多的销售佣金,但利益都是暂时性的,从长远来看这违背了诚信经营的原则,势必会影响团购网站的口碑。

(3) 人才流失

服务行业最核心的竞争力就是人力资本,行业间或行业内的竞争最终都会上升到人才的竞争。团购行业属于年轻的电子商务领域,人才是非常重要的核心资源。拉手网前期发展就是因为融资步伐过快,使企业管理层面陷入混乱,由此带来一系列不良的连锁反应,如员工由于待遇较差而集体跳槽,从而造成大量的人员流失。拉手网大多数的资金都是用于广告投放和市场扩建等方面,几乎没有用于人才培养、员工培训、薪资福利提升等方面。员工并未因为公司的巨额融资而获益,相反却带来许多负面效应,员工的工作状态和工作满意度都有所降低。虽然拉手网拥有数千名员工,但仍然是"家族式"的管理模式,公司的核心岗位都由高层的亲信把持,任人唯亲现象非常普遍,不重视拼搏在基层的一线员工,这些销售元老为拉手网创造出巨大的销售利润,但在情感上毫无归属感,薪酬上毫无竞争力。

(4) 物流配送不及时

据统计,拉手网物流配送环节的投诉占总投诉的 50% 以上,拉手网的产品大多数属于服务类商品,只有一部分涉及实物流通运输,仍有这么高的投诉率确实是值得反思的。物流配送环节的问题主要集中在发货不及时和商品有破损这两个问题上。拉手网作为团购平台,虽然这些实物并不是由拉手网提供并邮寄的,但消费者第一时间接触和最终完成交易的渠道都是拉手网,因此物流环节所出现的问题直接导致拉手网诚信值的下降。

(5) 推广方法单一化

拉手网的推广宣传渠道依靠广告和名人代言。拉手网的广告遍布地铁、楼宇、电视等媒介,它通过大规模重复的广告投入,来提升网站知名度。但这种单一的推广方式并不可取,巨额的广告投入虽然给拉手网带来了客流量,但并没有产生多少实际的收益。拉手网的广告铺天盖地,虽然可以培养用户的使用习惯,但并未从根本上提升自身的实力。从业绩上来看,2011 年 5 月拉手网的销售额已经被美团赶超,失去了行业老大的位置。这种单一化的推广方法显然是错误的。

(6) 扩张方式粗略化

截至 2011 年年底,拉手网的网站站点覆盖了将近 500 个城市。拉手网的扩张方式是非常粗略化的,通过不断建立其他分站来实现扩张。拉手网在人员管理和制度管理上都不够完善和健全,这种快速"复制粘贴式"的扩张方法必定给拉手网带来诸多麻烦。拉手网在前期迅速扩张的阶段,根本不考虑收益问题,只考虑如何通过优惠的政策吸引更多的商家来加盟,如何让商家推出的产品或服务有足够大的优惠力度以吸引更多的用户参与,积累人气,增加知名度。拉手网上市失败后慢慢销声匿迹,这其实与它不考虑收益,粗略化的扩张方式都是有密切联系的。

(7) 退款困难

团购网站的付款方式大多都是完成购买后,直接通过第三方支付平台付款,支付的款项通常由第三方交易平台进行监管,直到用户完成消费,享受服务或者收到实际货品后,款项才由第三方交易平台支付给团购平台,这中间有一定的时间间隔。付款并不是团购的结束,而是网站和商家对用户提供产品和服务的开始,一直到消费完成才算真正意义上的结束。在这期间商品服务或者质量出现问题,消费者是很难维权的。拉手网虽然推出了"团购三包"政策,但在实际操作中售后还是会出现许多问题,并不能完全按照政策约定履行。

(8) 售后服务差

拉手网售后服务体系不够健全,电话接通慢甚至会出现无法接通的现象,应建立高标准和高效能的客服呼叫中心,因为售后服务水平对用户黏性有非常大的影响力。拉手网建立的客服呼叫中心,应该有足够的座席来接听电话,且节假日无休。在语音系统设置上,拉手网应该从用户的体验角度出发进行人性化的环节设置,尽量避免冗长烦琐的过程和长时间的等待。

课堂讨论：你认为现今拉手网存在的主要问题有哪些？

2. O2O 向 So Lo Mo 新模式转变

拉手网过度依赖风险投资，而自身盈利能力较弱，国内团购网站的兴起主要源于 Groupon 模式在美国的成功，拉手网在借鉴 Groupon 模式的同时又开辟了"G+F"模式，之后又创新性地推出"一日多团""午餐秒杀"等业务，同时还研发了以 iOS、Android 系统为载体的类似于"拉手地图"的 App 等应用软件，但是当时的团购网站仍然不能够实现收支平衡。随着 2011 年拉手网赴美 IPO 的败北，拉手网更是一度处于销声匿迹的状态，我们对拉手网的概况、优劣势以及当前存在的问题进行较为系统的分析后，认为为拉手网引入一个更为系统、多元化的运营模式是十分有必要的。我们将 O2O 这种运营模式逐步向 So Lo Mo 进行转变直至将这两种电子商务运营模式进行创新性的组合，这必然会催生出许多商机，同时也可以为拉手网开辟一条新的路径。So Lo Mo 模式运用在商业、科技和文化产业等各个领域，衔接了虚拟世界和现实生活，是一种全新的信息整合渠道。在信息咨询共享、资源整合的时代必须创建一种具有竞争力的商业运营模式，才能确保产品发挥出其自身优势，经久不衰。O2O 是一种不同于传统电子商务运营模式的全新的商业模式，它整合了社交化、本地化和移动化的特征，通过线上的活动带动线下的消费。O2O 和 So Lo Mo 在运营过程中都紧密连接了商家、用户、线上和线下，So Lo Mo 可以通过手机客户端促进 O2O 的发展。我们可以将 O2O 看成是 So Lo Mo 初期的最佳表现方式，也是 So Lo Mo 前进的基石，它成功地将人们的生活吸引到线上，初步实现了虚拟和现实的结合，而 So Lo Mo 是优化 O2O 模式的创新运营平台，使传统 O2O 向 So Lo Mo 转变，实质上就是对运营模式的进一步优化，如此一来带动了整个电子商务行业的发展。

课堂讨论：试结合案例谈谈 O2O 与 So Lo Mo 两者之间有什么关系？So Lo Mo 新模式转变给拉手网带来了哪些机遇和挑战？

课后思考题

1. 鉴于团购模式需要在市场上占得先机，拉手网在速度上取得了很大成功，但顾此失彼让拉手网在管理上一度陷入危机，请问一个初创的团购电子商务企业需要做哪些准备？

2. 拉手网在模式创新和新技术研发领域一直处于行业前列，这些投入都给拉手带来了哪些收益？

3. 我国未来的团购行业发展如何进行创新？如何持续稳定地发展？

案例来源

电子商务案例云服务平台，网址为 http://www.ceccase.com。

参考文献

[1] 佚名. 团购网站的运营模式分析：以拉手网为例[D/OL]. [2018-12-06]. http://www.docin.com/p-981406980.html.

[2] 易北辰. 拉手网：被抛弃的"独立运营"[J]. 经理人，2015(1)：68-70.

[3] 孙宏超. 拉手网的尴尬未来[J]. 中国经济和信息化，2011，12：60-63.

[4] 周运兰. 美团网与大众点评网合并案剖析[J]. 财金通信，2016(29)：86-88.

6.3　Priceline——在线旅游 C2B 模式开创者

案例标签：C2B；逆向拍卖；定价模式
案例网站：www.priceline.com
案例导读：

Priceline 是美国一家基于 C2B 商业模式的旅游服务网站。打开 Priceline 网站，最直观的可选项目有"机票""酒店""租车""旅游保险"。Priceline 属于典型的网络经济，它为买卖双方提供一个信息平台，以便交易，同时提取一定佣金。对于希望按照某一种住宿条件或者某一指定品牌入住的客人，Priceline 也提供传统的酒店预订服务，消费者可以根据图片、说明、地图和客户评论来选择他们想要的酒店，并且按照公布的价格付款。Priceline 所创立的"Name Your Own Price"（客户自我定价系统）十几年来一直是独树一帜，被认为是网络时代营销模式的一场变革，而 Priceline 公司则在发明并运用这一模式的过程中迅速成长。

6.3.1　独特的商业模式—— Name Your Own Price

现代管理之父彼得·德鲁克曾表示："当今企业之间的竞争，不是产品之间的竞争，而是商业模式（business model）之间的竞争。"可以准确地说"Name Your Own Price"模式是使得 Priceline 能够取得巨大成功，赶超对手 Orbitz、Expedia 的关键所在。

"Name Your Own Price"模式其实就是顾客定价的 C2B 模式，它使 Priceline 能够在竞争如此激烈的北美市场独树一帜。简单来说，就是在买方定价的交易平台上，消费者开出期望的价格，以及期望产品的大致属性，然后静待产品提供方决定是否接受这个价格，并为消费者服务。比如，在 Priceline 网站上预订酒店的消费者需要将酒店星级、所在城市的大致区域、日期和价格提交到系统，一分钟内，Priceline 网站就会返回一个结果，告知用户此价格是否被接受，并将产品的具体信息，包括酒店名称、地址反馈给消费者。此时，消费者必须接受这次交易，无论该酒店是否中意，这也是此种模式被称为"逆向拍卖"的原因——购买行为不能反悔。

1. 商品的时效性理论

对于某些特殊的商品而言，它的使用价值随着保质期的缩短而逐渐减少，最终在保质期结束时归于零。时效性越强的商品，其保质期越短，越容易造成资源的闲置和浪费，尤其是像机票和酒店房间这类具有强烈时效性的产品，随着登机时间的临近，机票的实际价值逐渐递减，当飞机起飞后，机票的价值变为零，随着 24 点的来临，待售房间的实际价值逐渐减少，当 24 点来临时，空置房间的价值就为零。时间因素能导致旅行产品的使用价值降低到零，且其变动成本较低，因此卖方能够出让的利润空间非常大。对于一个拍卖平台来说，这也意味着其能够提供的价值空间具有足够的吸引力。

2. 消费者定价模式的分析

"Name Your Own Price"模式看起来好像十分简单，只是多了一个顾客出价的环节，事实上，正是这个环节，给网上预订模式带来了一种全新的商业模式，同时它也是经过精心考虑、设计的。Priceline 不仅仅是让顾客出价这么简单，它还通过设置各种各样的规则，在最大程度满足顾客需求的情况下，也保障了商家的最大利益。

首先，为了防止顾客多次出价并以此来猜测酒店的价格底线，Priceline 要求顾客在每次出价前都必须提供详细的个人信用卡信息。当Priceline接收到消费者的出价后,会从自身数据库中调取相应产品集中所设定的产品价格,并与之进行比较,若消费者报价高于Priceline所设定的价格,则产品交易成功,费用直接从消费者信用卡中扣除,然后告知消费者所购买产品的具体信息,但消费者不能反悔;反之,则产品交易失败,系统便会自动将结果告知消费者,并且消费者在一定时间内不能再参与同一产品的报价。Priceline不需要人工服务,实现了消费者与系统的直接对接,在完成产品交易的一系列过程中,大大减少了中间环节,节省了消费者的时间并降低了企业的成本。与此同时,有时系统自动匹配的酒店可能正是顾客不满意的,为了能让顾客有再次选择的机会,在每次出价前,顾客可以花几美元买一份交易保险,这样在交易成功后,顾客就有权撤销本次交易,重新出价,再次选择合心意的酒店。

其次,逆向拍卖模式很好地保护了商业品牌。除了Priceline和交易双方,其他顾客是无法从网站上得知某次交易中交易双方的详细信息的。Priceline会在网站上列出有顾客以一个比较低的价格预订到了一家高级酒店,但它绝不会透露该高级酒店的名字。Priceline上降价幅度最大的客房,通常是由五星级酒店提供的,这是因为其定价与变动成本间差距最大。事实上,四星与五星级酒店房间,一直是Priceline上销售业绩最好的产品,因为普通人在这里可以以低价购买到平时无法享受的奢华。长期以来,豪华酒店也乐于低价销售一些空置房间,但最主要的障碍来自公开的低价对其自身品牌的负面影响。过低的价格会对酒店品牌造成非常大的伤害,所以在Expedia等旅游网站上,这些高档酒店出于对品牌的保护,很少会给出一个让顾客非常惊喜的折扣,但是价格过高却使得这些酒店经常出现房间空闲的情况。而Priceline这种保密的交易模式则为这一问题提供一个很好的解决方案,使得这些酒店不但能够充分利用闲置的资源,同时也能够最大限度地维护酒店品牌,因此很受酒店的喜爱。

课堂讨论:消费者分析模式存在怎样的弊端?

3. 电子商务的趣味性

Priceline为电子商务提供了前所未有的娱乐性与趣味性。早年eBay电视广告的结尾总是这么一句——"Shopping victoriously"。的确,以eBay为代表的拍卖平台除了方便消费者购物之外,还能提供一种成功购物的喜悦,而Priceline则把这种"成就感"推到极致。

6.3.2 核心竞争力

在整个Priceline核心价值链中,Priceline始终扮演着网络中间商的角色,它建立了间接式的分销渠道模式,在生产者(服务提供商)和消费者之间架起了一座能够有效沟通的桥梁。在经历了互联网泡沫和"9·11"事件之后,Priceline依然在行业中占据重要地位,其倚仗的核心竞争力就是它提供给用户的价值。

从用户角度来说,Priceline缩短了消费者寻找商品的时间。消费者只需要向Priceline提供期望产品和期望价格的信息,剩下的由Priceline来完成,Priceline上提供的产品"剪掉"了交易的中间环节,所以节约了交易成本,而这一部分节约的交易成本就带来了为客户提供折扣的空间,如此一来既节约了消费者的时间又节省了消费者的开销,这也是为什么Priceline能吸引客户的关键原因。

从服务提供商的角度来说,Priceline节约了产品提供者(各类航空公司、酒店等)的交易成本,为其提供了直接的用户需求信息,使产品和服务提供者们能更有针对性地提供产品,降低了生产商为与消费者达成交易所需要的交易成本,而这部分降低的交易成本使更低的折扣成为可能,同时,由于Priceline及时地提供了消费者的需求信息,使缺乏消费时间弹性的产品

(如过期的机票是不能再使用的,旅馆的房间空了一天就是浪费)使用效率得到提高,增加了产品提供者的收入。

6.3.3 精明的扩张策略和多领域的运营方式

Priceline在发展期间一边不断通过海外收购来有计划地进行扩张,一边进行精明而细致的低成本运营和多领域运营,互相协作为其快速发展提供了强大动力和优越性。每一次的收购都对其业务发展都起到了很大的推进作用,可以说这是一家通过收购创造新辉煌的公司。

1. 通过海外收购进行扩张

目前Priceline 82%的预订及92%的营业利润均来自国际业务,而国际业务中大部分营利由Booking贡献。从Priceline当时收购Booking的成本与其近年来对该公司市值的推动来说,这笔收购绝对算得上是成功收购案例之一。而Priceline之后的收购同样让人称赞,公司股价从不到100美元的低位不断攀升,2015年,已在1 800美元附近徘徊,成为同行业中市值最大的上市公司。同时,根据Priceline的2015年财报显示,其全球预订总额已达555亿美元,同比增长10%左右,2015年全年毛利润为86亿美元,同比增长13%左右,Non-GAAP基础上的净利润为30亿美元,同比增长6%左右,其以长远的眼光和战略性的布局进行着精明的扩张。

2. 多领域的运营方式所带来的巨大收益

Priceline的不断发展壮大是离不开反向定价策略的成功运用的,该定价策略不仅为企业带来了丰厚的利润,即使是在经历了互联网泡沫和"9·11"事件低迷期之后,也增加了消费者黏性,满足了不同消费者的用户体验,对提升企业市场地位上也具有一定的帮助。但想依靠单一的商业模式还是走不通的,所以Priceline在不断的发展中将企业延伸到多个不同的领域进行多方位的发展,其中Priceline旗下就有代理模式(Agency)、商家批发模式(Merchant)、Booking(酒店预订)、Priceline(机票预订、汽车租赁)、Agoda(酒店预订)、Priceline(Express Deal模式下的酒店预订)、Priceline(NYOP模式的酒店、机票、租车及打包服务)、KAYAK(垂直搜索,广告业务)。

6.3.4 对中国旅游在线网站的启示

中国旅游市场广阔,在线旅游在近些年来更是蓬勃发展,以携程、艺龙等为主的旅游网站不断地扩大其业务范围,竞相推出不同的旅游产品。网上预订酒店、机票等为用户出行提供了极大的便利,进一步推动了旅游业的发展,同时培养了熟悉在线旅游方式的客户群。随着电子商务的迅速发展,网上消费已经成为一种潮流和一种生活方式,大众普遍能接受网上竞价这一新事物,这为该模式在中国的兴起创造了良好的外部环境。目前在线旅游消费者竞价模式还没有在中国兴起,竞争能力相对较弱,如果能借鉴该模式,打造与市场情况相适应的在线旅游网站,其发展潜力不可小觑,会有很不错的前景。

需要注意的是,Priceline的销售对象应该是对价格极度敏感的,这种对价格敏感的游客在中国有着非常庞大的群体,Priceline的竞价模式在中国有广阔的市场。在大量的旅行者中,有很多的消费者愿意牺牲时间和便捷去追求低廉的价格。在竞价模式的运行过程中,可以在向消费者提供巨大折扣的基础上,适当增加竞价网站页面的友善性和竞价过程的趣味性,提高消费者黏性。此外,该模式在前期美国市场的运行中获得了极大的成功,美国Priceline竞价网站给中国竞价网站提供了很好的范本,未来中国的竞价网站应该充分考虑中国的市场环境和消费者的消费习惯,做出一些创新性的变动,建立具有中国本土特色的竞价旅游网站。

课后思考题

1. 目前 C2B 模式主要分为哪几种形式?
2. 你能再举出几个反向定价策略在实际生活中的例子吗?
3. 结合 Priceline 的发展和其存在的优势,思考 Priceline 反向定价策略为何能成功?

案例来源

电子商务案例云服务平台,网址为 http://www.ceccase.com。

参考文献

[1] 王孟阳. 分享经济模式下反向定价策略研究[D]. 天津:天津财经大学,2017.

[2] 悉星. C2B,酒店的价格你来定?[J]. 市场观察,2011(12):56-57.

[3] 杨益,赵倩倩. Priceline 发展模式对中国在线旅游企业发展的启示[J]. 特区经济,2015(1):132-133.

第7章 O2O平台服务类

7.1 网上菜篮——河南生鲜O2O平台

案例标签:生鲜O2O;生鲜;菜篮网

案例网站:www.cailanwang.cn

案例导读:

如果说在电商领域还有一片蓝海的话,那么非生鲜市场莫属,万亿规模的市场潜力和不到1%的电商渗透率,生鲜电商正站在"互联网+"的风口浪尖。生鲜产品在流动环节产生的运输成本、损耗和多层中间商利润等因素的叠加,使得普通农副产品从生产基地到消费者手中的售价普遍增加了3到8倍之多。"民以食为天",蔬菜及生鲜产品的质量安全与价格高低直接影响农民增收和城乡居民的日常生活,事关物价稳定和经济社会发展的大局。随着城市经济的持续快速增长,城中村改造速度加快、农贸市场大幅减少,市民买菜难、买菜贵的矛盾日益凸显。随着城市人口规模持续不断的扩充,人民消费水平不断提升,人们对生鲜平台的需求必将越来越大,对生鲜的质量要求也必将越来越高。

菜篮网将C2B、O2O模式相结合,旨在建立一条从"田间地头"直达"百姓餐桌"的"生鲜管道",实现田园美味的产地直达,确保美味更新鲜、更安全。

菜篮网与郑州周边的蔬菜主产区生产合作社对接,通过标准化加工及包装,全程可追溯,真正实现了"从田间到餐桌"的市场对接。

菜篮网于2014年5月立项,2014年8月正式上线,隶属于郑州市九合计算机科技有限公司。作为河南郑州本地专业的生鲜电商品牌,菜篮网的消费人群定位以郑州市社区居民和企业为目标,其提供的产品分类主要有时蔬素食、时鲜水果、特色馆、粮油副食、酒水饮品、休闲食品六大类,重点解决人口第一大省(河南省)都市和县城"最后一公里"生鲜食品的销售、配送问题。

菜篮网在立项初期获得天使投资550万人民币。截至2015年底,菜篮网线下加盟店已突破160家,拥有自营品牌形象店1家,注册会员超过7万户,日单量平均3 000单以上,客单价平均30元左右。

7.1.1 菜篮网的业务模式

菜篮网通过"C2B预售+反向O2O+自建物流"的混合模式,旨在建立一条从"田间地头"直达"百姓餐桌"的"生鲜管道"。在业务发展模式上,公司搭建菜篮网、门店网及物流网三大核心,以菜篮网为平台入口,以C2B预售为基础,客户可通过PC端及移动端下单,按需采购。

"菜篮网"的界面如图 7-1 所示。

图 7-1 菜篮网首页

1. C2B 预售

在预售环节,菜篮网按需采购,保证零库存和每日新鲜,既能降低仓储成本,又能保证食材的新鲜度。用户需要提前一天下单,菜篮网会在第二天进行配送,以此保证菜品的新鲜度。这样一来,不仅菜品选择得精准,菜篮网本身也不会有太大的库存压力,避免了产品滞销的发生,极大地节约了成本。

2. 反向 O2O

菜篮网以线下社区推广活动带动线上订单生成,通过自建社区配送服务站,实现"最后一公里"的快速配送和优质营销服务。目前菜篮网拥有 200 多家实体加盟店,5 家直营店,希望通过线下完成对线上的导流。

3. 自建物流

"菜篮网"自建物流及生鲜速递体系,拥有以城镇社区"三轮电摩"为特色的专业配送团队,目前已经实现郑州市大、中型社区的全面覆盖。

公司开发出具有自主知识产权的"在线利润分享系统",通过与社区商店、超市等店面合作,采用"店中店"的方式,快速搭建菜篮网的门店网,实现菜篮网市场覆盖与业务拓展的双目标。

7.1.2 特色服务

菜篮网的快速发展,主要缘于以下几种特色服务。

1. 所有商品全部免费、快速配送

根据菜篮网的"最后一公里"的定位策略，公司采用灵活、方便、廉价、易行的"三轮电摩"方式进行配送，确保每日16:00以前支付的订单在2小时内配送到目的地。菜篮网目前实行的是"全场购物一元起送"，并且实行无理由退换货。

2. 价格低廉，支付方式多样

菜篮网直接连接蔬菜基地至最终消费者，B2C营销模式可以让客户享受到更多实惠。菜篮网采取品牌联盟手段，一方面，与非标准产品的农业合作社进行原产地直采，确保产品的质量与价格优势；另一方面，对家庭日常消费的标准产品开展深度合作，通过与厂家建立直采体系，减少批发环节，不仅提升平台价值，让利于消费者，还能快速树立平台信誉，有效保障产品质量。

菜篮网支付方式多样、便捷，有支付宝支付、网银支付、菜篮卡余额支付3种在线支付方式，但不支持货到付款及上门提货。菜篮卡专供菜篮网购物支付，菜篮卡有6种面值：10元、100元、200元、500元、1 000元和2 000元。用户可以通过支付宝充值或者通过工作人员上门充值，使用菜篮卡余额支付无须输入密码。

3. 开辟热销专场

在促销方面，菜篮网在首页醒目的位置开设秒杀专场、博农系列、世通豆制品、进口食品等热销链接。特别地，菜篮网每天会通过秒杀专场打造一款促销产品，在有效解决产地农产品滞销问题的同时，通过单品突破的方式，达到吸引流量、盘活用户、教育市场、体验服务的目的。

4. "花生家服"与"种客"两个核心服务系统

菜篮网开发了"花生家服"与"种客"两个核心服务系统。菜篮网、花生家服、种客三位一体、跨界互联的商业生态体系，将极大促进家庭用户消费价值的开发。菜篮网认为：只有"尾巴"够长，形成的价值链够长，才能在合适节点、合适时间完成快速转型及迭代升级。

花生家服以家政服务领域的"滴滴"为项目定位，采用基于LBS定位的派单和抢单机制的"直营＋众包"模式，整合了社会专业维修从业者、物业水电工、各大家电售后维修工，有效利用其空闲时间，大大节省了社会人力资源，打造出客户家庭服务需求端和供给端的交易平台。

种客是基于菜篮网之上的资源整合平台，将菜篮网现有的客户转化为种客的用户，逐步实现玩家与玩家、玩家与系统、玩家与商家、玩家与平台的互动层级关系。相比菜篮网项目的厚重，种客更加注重便利，利用移动互联网方便、灵活的优势对菜篮网待扩展区域的用户起到先期培养认知体验的作用，因此被形象地比喻为菜篮网的"先锋队"。利用新科技、新技术、创新思路的种客在未来一定会给大家呈现更多精彩内容。

课堂讨论：你认为菜篮网还应该具有哪些特色服务？

7.1.3 菜篮网的核心竞争力

1. 理念领先

菜篮网提出"定标准、积大德"的理念。"定标准"指定产品标准、价格标准和服务标准。通过梳理，为产品分级，让消费透明，实现真正意义上的公平、正义，杜绝行业欺诈及不正当的竞争行为。"积大德"则是让老百姓劳有所得，让市民享受物美价廉、物超所值的购物体验。

2015年6月，菜篮网受新农村频道邀请，协助村民解决苹果及油桃滞销的问题，短短3天，苹果卖出了1.5万斤(1斤＝0.5 kg)，油桃卖出了1.1万斤。买难卖难一直是生鲜市场的一个顽疾，菜篮网通过一次次的帮扶，在减轻农民损失的同时，不断总结经验、积累资源，旨在让更多的农产品成为基地直供产品,以稳定的货源需求、稳定的收购价格,为农民兄弟稳定增收,为客户能吃到放心、实惠的产品而不断努力。

2. 技术优势

菜篮网自构建伊始,依托母公司九合科技的互联网科技实力,在核心系统打造、系统功能创新、自建在线支付系统、CRM客户关系管理系统及合作伙伴利润分享系统等方面具有完全的自主知识产权。菜篮网打造出国内首个ERP非标品转标品的在线系统,能够将水果、蔬菜等非标准产品的损耗率进行精确统计,能够精确到每千克蔬菜剥离多少克泥土,有多少克不符合标准的菜叶,为精准控制非标品的损耗率提供了强大的技术支撑。

3. 生鲜物流体系完善

菜篮网将消费人群定位于郑州市的社区居民和企业,目前已覆盖郑州2/3的主城区,2 700个社区。菜篮网以出售时令蔬菜为主,采用C2B与O2O相结合的模式,自建物流。其蔬菜70%都直接来自郑州周边的蔬菜基地,损耗可控制在5%以内。

课堂讨论:简要讨论菜篮网的"C2B+O2O模式"。

菜篮网专注于解决"最后一公里"的生鲜配送难题。家庭采购的入口产品品类繁杂,如何确保各类产品能够完好送达,是菜篮网长期关注的问题。菜篮网不但自建物流,而且自建了全程冷链物流,通过设立中央低温保鲜及冻品仓库、购买冷链物流专车,并在国内生鲜市场最早采购具有冷链功能的电动三轮车,从而实现了产品的全程冷链。目前,菜篮网不仅可以配送水果蔬菜、米面粮油、酒水饮料、保鲜冻品等传统产品,还可以配送鸡蛋、豆腐等极易损坏的特殊非标品。在配送上,菜篮网的每个配送员都有固定的配送区域,每天只送60单,以此建立客户黏性,成为顾客的家庭私人助手。

4. 社会价值

菜篮网的出现不仅仅是商务模式的创新,随着项目不断推进,也将在更多方面、更广范围内产生积极意义。

(1) 促进就业:"菜篮子"工程作为民生工程,因市场体量大、涉及人口多,在社区配送、仓库管理、配送服务站运营等方面,需要招聘大量人员,同时,由于仓库加工环节重复性劳动多、学历及技能要求水平低,因此也可为部分残障人士提供就业岗位。

(2) 稳定菜价:随着菜篮网与周边蔬菜种植基地的合作的不断加深,应季蔬菜的采购量将趋于稳定,将对平抑市场价格、确保农民收入稳定、减少农产品滞销等起到积极作用。

(3) 质量可控:菜篮网作为生鲜产品的综合供需平台,产品销售种类多、覆盖品项全,政府职能部门能够联合菜篮网在源头上对生鲜食品及其他入口商品的品质进行严格抽检、把控,避免出现群体性的食品安全问题,有效提高社会满意指数。

(4) 推进政府"一村一品"发展战略:通过采集销售大数据,在调整农村种植结构、发展周边特色农业方面,可对政府决策提供一定的辅助支持。

7.1.4 前景展望

"80后""90后"及"00后"日渐成为消费主力,这些消费意识超前、热衷于网上购物的新一代消费者对O2O营销模式十分钟爱,网购生鲜已成为阿里、京东、苏宁易购、国美商城、海尔商城等传统电商的有益补充。在网购生鲜成为常态的背景下,通过生鲜带动米、面、粮、油等其他品类的销售,通过线下切入社区、连通家庭,将成为菜篮网发展的下一个目标。

然而,菜篮网也面临着一些困难和问题,诸如生鲜产品的质量保障,售前、售中及售后的服务保障,以及垂直区域的市场深耕、高效快捷的生鲜配送、商家客户的深度信任等。

2015年两会期间,李克强总理在政府工作报告中提出"互联网+"行动计划,且正式将其确定为国家战略。郑州作为区域中心城市、国内交通枢纽,在国家的"一带一路"倡议举措中扮演着重要角色,深厚的经济基础、充满活动的经济环境,对于发展"互联网+"行动计划来说,有着得天独厚的条件;同时,菜篮网作为经过市场验证且具有巨大发展潜力的民生工程项目,与"大郑州"发展战略深度契合。在未来,菜篮网如何改变广大居民的消费习惯,以及消费市场的游戏规则,我们拭目以待。

生鲜电商的发展道路依然需要众多创业者前赴后继去探索,但可喜的是我们看到了更多像菜篮网这样重视创新的先行者勇于去尝试,正因为有这些先行者的努力,才促成了新商业文明的诞生与发展,我们也同样期待河南郑州能够诞生一家新的超级互联网公司。

课堂讨论:你认为生鲜O2O电商还有哪些方面应该改进?

课后思考题

1. 以生鲜食品的视角,分析传统电商的利和弊。
2. 从营销的角度,比较菜篮网与社区生活超市的区别和联系。
3. 分析菜篮网"三位一体"的跨界互联的商业生态体系。
4. 菜篮网的生鲜物流体系是怎样的?

案例来源

孙飞显、谢昆鹏,河南财政金融学院,2016年中国电子商务案例高峰论坛暨全国百佳电子商务案例精选,中国义乌。

参考文献

赵晓萌. 菜篮网:一个雷军十分钟就可能看上的生鲜电商[J]. 销售与市场(评论版),2015,10:72-73.

7.2 乐村淘——山西农村O2O电商服务平台

案例标签:农村O2O;电商服务;电商村镇社区生态圈

案例网站:www.lecuntao.com

案例导读:

山西乐村淘网络科技有限公司(以下简称"乐村淘"),成立于2014年7月,致力打造中国首家村镇O2O电商平台。2014年10月26日,乐村淘全国第一家O2O体验店正式落户山西省太谷县朝阳村,仅仅用了4个小时,当地村民就购买了大豆油、洗衣粉等商品1.6万件,总成交额达到20余万元。2016年乐村淘"双十一"活动中仅12小时销售额就突破了8 500万元。乐村淘面向农村消费市场开设的乐村淘商城,采用双向O2O模式,帮助解决农民"买难""卖难"问题,使农民足不出户就能购买到物美价廉的商品。

乐村淘的村级体验店由现有的村镇小卖部升级改造而成,全部统一门头。每个店主都是消费顾问,帮助农民网上购物,同时销售当地的农产品,所有交易均在线上进行,从而形成一个闭合的"商流、物流、信息流、资金流"的全生态系统。县级管理中心负责体验店的开发、人员培训及管理维护。截至2016年3月,乐村淘已经在山西建立了102个县级管理中心,11 000个村镇体验店,在全国已经开拓了25个省的市场,共建立了516个县级管理中心,60 000多个体验店。

7.2.1 乐村淘开启农村O2O电商新模式

2015年,中央"一号文件"发布《中共中央国务院关于进一步深化农村改革加快推进农业现代化的若干意见》,其中特别提出,要加快构建新型农业经营体系,支持电商、物流、商贸、金融等企业参与涉农电子商务平台的建设,开展电子商务进农村综合示范。在"互联网+农业"成为当下发展主题的同时,如何突破农村传统经营模式的局限,实现农民与农业齐发展,也成为当下农村经济发展的一个新课题。为进一步促进农村经济发展,2014年7月,山西太原"乐村淘村镇O2O服务平台"上线,开启农村O2O模式新时代,开拓农村电商发展之路。

针对农村存在"买难"和"卖难"的两大问题,即农村的货品少、假货多、购物难,同时蔬菜、水果等农产品不好卖的情况,全国首家农村O2O电商平台——乐村淘上线了,乐村淘怀着"从农村中来,到农村中去"的初衷,以"线上下单支付,线下实体体验"为经营模式,采用了独特的双向O2O模式:一个是走进农村模式,城市工业品通过乐村淘走进农村,让农民买到安全、实惠的产品,提升农民的生活品质,降低生产成本,缩小城乡差距,推动城乡一体化;另一个是走出农村模式,乐村淘为农民和当地企业提供了全国销售平台,让农产品走出农村,走向全国,帮助农民发家致富,助推当地企业增产创收,从而推动农业的发展,使农村经济也得以繁荣。

课堂讨论:什么是双向O2O模式?

乐村淘的村级体验店由现有的村镇小卖部升级改造而成。乐村淘在选择合作的体验店时非常重视店老板在村内的影响力和号召力,以及该店客流量的大小,也有利于市场的进一步推广。让体验店老板和农民共同得"利","利"应该包含两层意思,即"利益"和"便利"。地上、货架上陈列着的各种乐村淘商品,其标价要比普通零售店的低,个别不会网购的村民可以通过体验店员工的帮忙在后台网络下单。

乐村淘这一突破城乡地域限制的创新探索,利用互联网思维和技术改变了村镇用户生活方式,给村镇小卖部带来更多创收机会的同时,也为当地农产品走向全国、走向世界迈出了开拓性的第一步。

7.2.2 制定"六位一体"战略体系,构建电商村镇社区生态圈

乐村淘结合农村经济发展现状及农民消费需求,制定了适合当前农村电商发展的"六位一体"战略规划体系,即村级体验店、农村消费顾问、县级管理中心、镇级物流中心、农村消费数据库、农村电商平台。

(1) **村级体验店**:每村设立一个村级体验店,帮助村民网上购物、劳务输出,并为其提供农产品代卖和金融服务。

(2) **农村消费顾问**:小卖部老板升级成为消费顾问,为村民提供产品服务信息,收集村民销售供需数据。

(3) **县级管理中心**:每个县设立一个县级管理中心,负责开拓体验店、培训体验店、服务体验店。

(4) **镇级物流中心**:设立镇级物流中心,解决从县到村"最后一公里"的物流问题,负责县

到村、村到县的双向物流配送。

（5）农村消费数据库：建立农村消费数据库，收集、分析、运用农村消费数据，更好地指导农村消费。

（6）农村电商平台：构建农村电商平台，为农村提供商流、物流、信息流、资金流服务。

基于"六位一体"战略，乐村淘对一批乡村小卖部进行了门头统一、品牌授权等升级改造，使之成为乐村淘的线下体验店，同时，借助于对部分小卖部的交通补贴，乐村淘物流终端也到达了村里，让村民充分享受到了便利，逐渐习惯网购，并爱上网购。"线上虚拟购物"和"线下实体体验"完美地结合在一起，一种新型的电商村镇社区生态圈就此诞生。

课堂讨论：乐村淘是如何构建电商村镇社区生态圈的？

7.2.3 独特的商业模式，实现了农村传统经营与O2O模式的深度融合

1．"乐6集"销售模式——走进农村

针对当前农村物流成本高的问题，"乐村淘"制定了一个更适合农村的销售模式"乐6集"，实现了农村传统经营与O2O发展模式的深度融合。"乐6集"就是逢"6"赶集，让农民在网上赶大集，每月的6号、16号、26号集中下单、集中销售，次日集中配送，大大降低了物流成本和采购成本。物流周期控制在3~4个工作日到达体验店，1~2个工作日到达县级管理中心。网货进村、网上赶集，在村民与厂家之间搭建了一条最短的"高速公路"，为村民节省了开销，而且也极大地丰富了村民的精神生活。"乐6集"农民专属购物节不单单要为农民提供真实惠，更旨在消除城乡差距，缩短农民和时代的距离。乐村淘会根据不同节气、不同风俗，制定更接地气、更适合农村网上赶集的全新模式。

2．"乐村淘特色馆"打造中国最具乡情的特产平台——走出农村

乐村淘特色馆是乐村淘开设的一个B2B子平台，是针对每一个县成立的主题特色馆，旨在打造中国最具乡情的特产平台。特色馆由县级管理中心负责运营、招商，并由当地政府和行业协会协作推进。入驻企业主要是当地的名优企业，所销售产品是当地的特色食品、手工艺品和旅游产品。通过挖掘每个县的乡魂、乡情、乡味，把当地的人文、历史、故事融入特色产品，带到互联网上去，让全国人民更加了解当地的文化与特色，促进县域经济发展，实现全国互联互通，借助乐村淘的全国数据、渠道、人群等资源优势，整合县域名优农特产，让农特产走向全国。

乐村淘特色馆作为乐村淘最具使命感的子平台，帮农民外销农产品，让农民增收致富，精准扶贫，扶贫到户、扶贫到人、扶贫到根，切切实实为农民服务，通过特色馆形式打造中国县域网上行，让中国农业世界化。

3．"乐创客"——为农民、返乡大学生提供创业就业平台

乐村淘深入落实"大众创业、万众创新"，提出"乐创客"，激发农民工的创业激情，是一个农民创业的平台。带动农民创业就业，就是对人才和企业的孵化。乐村淘为全国农村体验店店主提供了创业机会，为大学生返乡创业提供了平台，通过"互联网+"，孵化了一批在当地具有竞争力和特色的传统企业，帮助当地特色产品增产创收。针对众创，乐村淘为鼓励农民工、返乡大学生创业就业，专门建立了一套完整的培训体系，每个月都会分别对省、县级团队，以及农村体验店店主和农民进行电商升级培训。

4．"乐县域"——带动县域经济

乐县域是专注于服务县域经济的电商平台，通过帮助传统代理商实现"互联网+"，并与线下实体店相结合，形成线上线下互动、全渠道、全天候联系的新型商业模式，孵化出一批新型的

企业,从而扩大消费并拉动县域经济的发展,形成具有当地文化特色的生态产业集群。此外,通过发挥乐村淘电商平台的影响力及渠道优势,采用"B2B+O2O"模式,销售日用品、农资用具、建筑材料等,让乐村淘农村体验店、社区店、城区超市店,能够实现高效、方便、商品丰富的线上订货。

课堂讨论:讨论乐村淘的"B2B+O2O"的模式。

7.2.4 乐村淘的成功经验和面临的问题

1. 乐村淘的成功经验

通过对乐村淘的研究,我们认为对发展农村电商而言,其在以下4方面是值得借鉴的。

(1) 建立符合自身情况的多级一体化组织体系

乐村淘以省级为切入点向农村市场深度延伸,并通过省级运营推广建立了完善的线下组织体系。这种布局方式增强了乐村淘对整个省级区域的掌控和统筹能力。省管县、县管村的层级结构,加强了各级的紧密度和协调性,确保乐村淘全面进军农村市场时,力量不会太过分散。

与多级一体化组织体系相匹配的是利益分配机制,乐村淘在各地的布局均采取加盟的方式,同时各级组织也有明确的盈利模式和利润分配方式。这样的利益分配机制既能保障各级组织的利益,又能最大限度地激发各级组织的积极性。

(2) 打造符合农民消费特点的B2C模式

乐村淘打造的"乐6集",将农村传统的赶集挪到网上,让农民在网上买到物美价廉的产品,这种"10天1集"的营销模式更符合农民的消费特点,更容易使农民接受。

农民从线下走到线上,这种网上购物方式会增加农民的网上交易体验,激发农民的消费热情,从而刺激农民消费。

(3) 探索面向区域和面向全国的多层次B2B模式

乐村淘在普通B2C的基础上,探索农村电商B2B服务模式,打造了专门服务于县域商家的乐县域,以及服务于名优农特产走出县域的特色馆。

乐村淘为县域终端实体搭建的这种"B2B+O2O"模式的电商平台,催生了县域电商经济实体,实现了县域批发和零售业的电子商务化,使乐村淘真正成为服务于县域的本地化、落地化农村电商。

(4) 采用小范围试点到大范围推广的扩张模式

乐村淘最初在山西省内小范围开拓市场,模式成熟后在山西省内大力推广,待品牌成名后才将乐村淘模式在全国范围内推广。

这种推广模式稳扎稳打,逐步增强了乐村淘的品牌影响力,使乐村淘降低了运作成本,规避了大量投入的风险,稳妥地占领了农村市场。

2. 乐村淘发展中面临的问题

企业的发展不会是一帆风顺的,资金短缺、物流不畅、布局不全、基础设施建设不完善等,这些都是乐村淘眼下面临的困难。

(1) 势单力薄,资金不足

目前,乐村淘正处于完善体验度和快速扩展的阶段,尚未盈利。乐村淘的网上运营和线下体验店的宣传推广、终端建设等,至少需要上千万元,这么大的资金缺口,仅仅靠企业自筹,恐怕是很困难的。在这一点上,就需要通过多种渠道来解决,比如当地政府在政策上的支持、当地金融企业在资金上的支持等。

乐村淘想要大范围覆盖农村市场,就需要大量的资金投入,若没有政府的政策和资金支持,没有社会资本的投入,则难以在农村电商市场站稳脚跟。

(2) 物流不畅,难以盈利

乐村淘目前即卖即亏,主要是因为物流体系不完善,导致物流成本过高。虽已在个别地区建立了县级分拣中心和镇级物流中心,但尚未建成完整的物流体系,并且大部分地区的网点仍未辐射到村一级甚至镇一级。如果没有适合农村电商的物流体系,乐村淘就难以实现快速盈利和发展。若能在太原建立一个省级分拣中心,在县里建设一个仓储中心,就可以快速将产品输入村镇,从而真正让村民们体会到"互联网+"的概念,实现真正的盈利。

(3) 布局不全,不利外销

乐村淘提倡"走出模式",助力特色农产品外销,但目前农产品外销还处于布局中,效果不明显。现阶段,其更注重的是农产品在平台上的宣传和推广,在外销农产品生态体系建设、品质控制、品牌打造等方面没有完整的布局设计,还无法完全支撑农民通过互联网进行大规模的农产品上行。

(4) 人才短缺,不利长久发展

在网站建设等方面,乐村淘现有技术人员短缺,还需要更多、更专业的技术型人才,然而山西由于地处内陆,与发达城市相比对人才的吸引力不足,也成了企业发展的桎梏。如何吸引人才,特别是留住本土人才,是今后值得探讨的一个问题。

课堂讨论:你认为乐村淘面对困境时应该如何发展?

课后思考题

1. 试分析乐村淘分别为农民、乐村淘和体验店带来了哪些收益。
2. 讨论乐村淘为什么能发展如此之快,乐村淘面临哪些困境。
3. 乐村淘有哪些独特的商业模式?试分析每一种商业模式。
4. 乐村淘是如何构建电商村镇社区生态圈的?

案例来源

白东蕊,山西大学商务学院。

参考文献

陈晨.乐村淘凭借什么与阿里、京东"媲美"?[EB/OL].(2016-04-13)[2019-04-27].http://mt.sohu.com/20160413/n444042383.shtml.

7.3 饿了么——外卖O2O平台巨头

案例标签:饿了么;盈利模式;发展趋势
案例网站:www.ele.me/home
案例导读:

早在2012年,移动互联网在线用户规模就已经达到了1.39亿人。而2012年中国的在线餐饮市场规模为335.5亿元,2013年中国的在线餐饮行业模达到502.6亿元,相比2012年增长了 54.8%。2014 年,O2O 风暴席卷了餐饮行业,外卖作为餐饮行业 O2O 化的主要阵营,在这一年里迅速发展起来。根据易观智库数据显示,2016 年国内线上到线下餐饮 O2O 模式的市场规模已经突破 1 300 亿元,该数据充分说明了国内餐饮市场的巨大潜力和前景,而随着互联网时代的不断发展,餐饮 O2O 的市场规模还将继续扩大。

"饿了么"公司成立于 2008 年 9 月,由上海交通大学张旭豪、康嘉等人在上海创立,同时,"饿了么,我饿了"网站正式上线。2010 年 9 月线上支付范围覆盖全上海,合作的餐厅超过 10 000 家。随着公司的发展,随后推出了手机 App,用户体验不断完善。2015 年 12 月,饿了么与阿里巴巴签署投资框架性协议,第二年正式达成协议,饿了么平台注入了新力量,不断发展壮大。随着中国互联网的普及,以及消费者需求的独特化、个性化、便捷化发展,外卖市场持续高速发展,平台竞争较为激烈,但饿了么目前仍处于行业领先地位,具备开拓新市场的能力。

7.3.1 饿了么营销战略分析

1. 消费者层面

饿了么为客户创造的价值是其他一切价值创造的基础,因此,其终端消费者是最重要的目标客户。

(1) 及时调整营销策略以适应市场需要。饿了么初期尽量压低价格、增加销量,率先占领市场;中期通过各种优惠活动,吸引对新事物存在强烈好奇心的大学生群体,开启"红包""满减"等营销策略的先河,依靠"首单立减"政策赢得大量市场份额,打下市场根基。

(2) 在客户心中树立良好品牌形象。饿了么面向客户的 O2O 交易平台为其提供多样化的外卖商家信息及快捷便利的订餐服务,同时整合闲散的社会化物流运力,满足客户在物流配送方面的要求。饿了么自主研发的"蜂鸟"配送系统可以自动定位每份餐品的位置,使客户实现对订单的实时追踪,让客户在对自己餐品配送的监督环节中提升对公司的信任感。另外,饿了么借助其自身平台建立与客户的沟通渠道,及时掌握客户需求的变化,增加客户对公司的好感度和依赖度。

(3) 加大监管保障客户利益。由于饿了么初期运营管理体制不完善,产生了一系列问题——无法对平台上众多外卖商家进行全盘检查,由此无法保证餐厅及餐品质量,导致客户投诉现象日益增多。为最大限度保障客户利益,饿了么优化了开店申请的流程,客服、市场、运营三大部门联动审核,以防无证商户加盟。大型客服团队 24 小时待命,负责处理客户的食品安全投诉。后期饿了么吸取实际运营中得到的经验教训,对商户及其产品和服务加强监管,以维护客户合法权益。

(4) 开放客户评价系统。为了维护与客户的良好关系,饿了么在其平台内开放了对于各餐厅的评价系统,消费者可以对食物质量、送餐速度、服务质量等进行评价。而这些评价帮助饿了么及时发现自身的不足,保证消费者获得良好的消费体验。

2. 商户层面

商户的加入是 O2O 闭环形成的关键,饿了么将线下商家信息整合到线上,客户从线上获取信息,再以订单的形式反馈回来,形成完整的信息闭环。巨大且稳定的入驻商户数量是其吸引客户的关键,也是其重要的利润来源。

(1) 对商户经营给予平台支持。Napos 是饿了么专为商户后台管理自主研发的操作系统,通过这套系统,商户可以实现订单的自动打印、网上收银及配送方式的选择,满足商户从营销到管理的需求。不同于美团等网站的佣金模式,饿了么采用收取固定入驻费和竞价排名费相结合的模式,这种模式将双方利益捆绑在一起,实现双方的互利共赢。

(2) 补贴弥补商户损失。饿了么通过网络平台对商户进行定期补助,使商户愿意压低价格,从而吸引客户。为保证商户利益,所有的"红包"金额由平台补贴给商户,最大限度地弥补商户损失。

3. 配送团队层面

饿了么采取自配送物流。饿了么在全国范围内招聘送餐骑手,帮助中高端商家控制流程、优化配送等,达到利润的最大化,同时,穿着饿了么标志服装的骑手穿梭于大街小巷进行送餐,无疑是对饿了么品牌的变相宣传,既是自配物流的新型盈利模式,又是最有效、最真实的宣传模式。饿了么通过骑手与消费者直接交流来获取建议和要求,让消费者切实感受到饿了么对客服方面的重视,从而对饿了么产生信任。

课堂讨论:你觉得饿了么能成功的原因是什么?

7.3.2 饿了么的盈利模式

1. 会员费

饿了么前期通过整合线上、线下各种有利资源,搭建了一个具有独特优势的平台,吸引线下店铺到平台注册会员,平台为会员提供线上餐饮店铺租赁、产品信息推荐等多种服务组合,以此来收取会员费用。

2. 商家交易提成

饿了么网站实质上是一个交易平台,它为商家会员和消费者搭建了一个便捷交易的平台,每成交一笔订单就要按比例向平台缴纳费用。

3. 广告费

饿了么规划出网站中部分有价值的位置用于店铺广告展示,根据网站流量及用户预估点击率标定广告位价格,然后再通过相应的营销手段向客户出售,平台也因此而获利。

4. 物流配送费

由于线下的商家没有过多人力来配送外卖订单,因此饿了么专业配送团队应运而生。线上会员商家可以选择启用接受专门的配送服务,平台根据商家订单数量收取相应的费用。

5. 押金和结款时差

商家在饿了么平台进行登记运营时,需要向平台缴纳一定的押金,押金在一定时期后,可以原数返还给商家。这笔资金保存在平台账户期间,作为流动资金,平台可以用于理财。

7.3.3 饿了么的优势分析

1. 服务优势

在配送服务方面,饿了么不仅利用自建物流体系帮助商家实现了及时配送,还在配送服务方面进行了技术升级,例如,推出了冷热双温箱,同时满足了热菜和冷食配送的保温条件;在虹桥万科中心投放了送餐机器人,为办公室的白领提高了外卖送餐服务质量。

2. 月活跃用户数量不断增长

根据 Analysys 易观于 2018 年 10 月发布的《中国互联网餐饮外卖市场报告》显示,饿了么平台上的月活跃用户数量持续走高,2018 年 9 月的月活跃用户已经突破 6 500 万人,超过第二名 2 000 多万人。

3. 新零售业务的推进

饿了么与阿里巴巴合并以后,随着阿里新零售业务的推进,商超、医药、零售等领域的商铺纷纷通过阿里平台加入了饿了么阵营。根据 Analysys 易观于 2018 年 10 月发布的《中国互联网餐饮外卖市场报告》显示，饿了么与阿里巴巴的融合，带动了大批新零售商户的加入，整体外卖市场规模同比增长 119%。

7.3.4 饿了么的劣势分析

1. 线下餐厅食品安全管理

截至 2017 年 6 月，饿了么业务已经覆盖了全国 2 000 多个城市，加盟餐厅达 130 万家，随着饿了么的市场规模不断扩大，饿了么对线下餐厅的管理难度也不断增加，食品安全方面的问题显现了出来。例如，网上频繁曝出饿了么平台上存在着经营环境差且无证无照的"黑心"作坊，所谓的"后厨照片"也只是后厨归置整齐后的一张摆拍图。由于接入平台的商家资质良莠不齐，食品安全这一最基本的问题无法得到保障。此类情况加深了消费者对饿了么平台外卖食品质量安全的担忧。如果饿了么食品质量安全问题继续发生，则会影响消费者的消费决策，那么饿了么的用户黏性就可能持续降低。

2. 配送人员管理

为了达到"即时配送"的服务要求，饿了么平台招聘了大量的骑手负责物流配送。目前，在饿了么旗下蜂鸟即时配送平台注册的配送员有 300 万名，这些骑手有全职也有兼职，因为骑手的工作辛苦、薪酬不高，并且发展前途有限，所以人员流动性很大，这就加大了饿了么平台对骑手的管理难度，而且很多骑手的专业素质不高，在配送过程中偶尔会和消费者发生矛盾，骑手被消费者投诉的事件也时有发生。

课堂讨论：谈谈你对饿了么现存的不足有何建议。

7.3.5 外卖 O2O 平台未来的发展趋势

1. 平台兼并

优质平台强强联合，这样不仅可以提高企业的核心竞争力，还可能形成局部垄断。例如，滴滴打车和优步在 2015 年以前各自为了抢占市场地位而疯狂地采用"烧钱"政策，两家企业斗得不可开交。2016 年 8 月，滴滴和优步对外宣布合并，这样不仅实现两家企业资源的集约，还减少了成本。

2. 创立自有品牌店

外卖 O2O 平台可以通过兼并或者自营的方法来创建自己的品牌店，充分利用平台目前拥有的品牌效应，从互联网经济走向实体经济。

3. 配送方式变革

随着科技的发展，未来无人机、3D 打印等技术将在生活中普及，外卖 O2O 采用无人机、3D 打印模式将会更加快捷且安全。采用大数据的方式，可以自动为送餐人员生成送餐合理路线，还可以根据送餐人员的年龄、身体特征为他们安排合理的配餐量，不仅解决了目前配送速度的问题，同时也能有效避免事故的发生。在非送餐高峰期时，很多送餐人员会处于闲置状态，所以，外卖平台与京东等快递公司联合将成为必然趋势。这样，就能解决资源不能合理分配的问题，同时也能为劳动者增加其他收入来源。

4. 差异化订单，定制化服务

随着人们生活水平的提高，消费者对个性化服务的需求日趋增加。为了顺应消费者的需求变化,在未来O2O平台可以实行"一对一营销"模式,根据平台云计算数据分析消费者差异化需求,为其提供适应其需求同时也能够使其满意的服务。消费者一旦有了良好的体验之后,就会与他人分享,积极地传播,进而产生放大效应。O2O外卖平台可以将线下资源整合起来,针对消费者个性化的需求,向消费者提供定制化服务。

课堂讨论:根据外卖O2O平台的未来发展趋势,饿了么可以采取哪些措施?

课后思考题

1. 分析饿了么与其他外卖O2O平台的异同点。
2. 饿了么现有的合作战略伙伴有哪些?为其带来了怎样的影响?
3. 你觉得外卖O2O平台发展最重要的条件有哪些?

案例来源

电子商务案例云服务平台,网址为 http://www.ceccase.com。

参考文献

[1] 田亚萍,朱天雨.O2O餐饮业成功案例分析:以"饿了么"为例[J].现代商业,2017(32):37-38.

[2] 邱斌.外卖平台的竞争战略研究[D].南昌:华东交通大学,2018.

[3] 王艳军.饿了么公司的竞争战略研究[D].太原:太原理工大学,2017.

[4] 林刚.论"饿了么"网络营销发展战略[J].现代交际,2017(23):37-38.

[5] 向黎明,龚钰凰.浅析外卖O2O平台发展问题与对策[J].现代经济信息,2018(3):349.

[6] 胡梦婷.基于O2O模式的餐饮外卖行业发展对策研究[J].知识经济,2017(14):59-60.

第8章 SNS平台服务类

8.1 腾讯广点通——快速布局微信社交圈

案例标签:腾讯;广点通;微信

案例网站:e.qq.com

案例导读:

腾讯开放平台为第三方应用开发商提供"广点通"投放系统,通过广点通,用户可以在平台多个广告位上进行与应用及应用活动相关的精准推广,还可向广告商提供多种广告投放平台。广点通投放系统通过专业的数据处理算法,实现应用广告成本可控、效益可观、定位精准。

腾讯社交广告的核心数据和技术系统,支持多种类型的广告投放,服务腾讯内外部流量。通过对QQ、微信用户所产生的数据进行深入分析,为广告主提供众多的标签类目,以在广告投放中精确锁定目标人群,同时,不断精进的跨屏定向、人群拓展和智能出价等技术,也将帮助广告主持续提升投放效率与效果。

8.1.1 广点通介绍

广点通是基于腾讯社交网络体系的效果广告平台。通过广点通,用户可以在QQ空间、QQ客户端、微信客户端、QQ音乐客户端、腾讯新闻客户端等诸多平台投放广告,进行产品推广。作为主动型的效果广告,广点通能够智能地进行广告匹配,并高效地利用广告资源。

在移动互联网环境下,广点通可覆盖Android、iOS系统,广告形式包括Banner广告、插屏广告、开屏广告、应用墙、信息流广告等诸多种类。图8-1所示为腾讯广点通的首页。

1. 广点通的优势

(1)海量用户

广点通拥有QQ、QQ空间、QQ音乐等腾讯大型社交平台的优质用户,为广告主提供优质的广告位,同时与众多外部网站合作聚集更多流量,打造广点通移动联盟和PC联盟,触达用户总数超8亿,日均广告曝光量过百亿次。

(2)精准定向

依靠腾讯庞大的数据库,通过多维度访客定向技术,帮助广告主锁定潜在用户,实现高效营销。

课堂讨论:广点通是如何帮助广告主精准定向的?

图 8-1　腾讯广点通首页

（3）数据洞察

广点通拥有先进的实时竞价（Real Time Bidding，RTB）技术，全面的数据实时分析功能，能随时掌握投放数据，及时高效地进行营销推广。RTB 是一种利用第三方技术在数以百万计的网站或移动端针对每一个用户展示行为进行评估并出价的竞价技术。

基于腾讯大型社交平台的优势，以海量用户为基础，以大数据洞察为核心，以智能定向推广为导向，广点通给广告主提供了一个集跨平台、跨终端等多项服务于一身的一站式网络推广营销平台。

2．对比其他广告

（1）门户广告

从广告受众的角度来看，门户广告与传统媒体（如电视、报纸等）没有本质区别，主要以 Banner 形式展现。由于难以细分访客，更多依靠媒体属性和影响力来展示，通过广告曝光数量来衡量广告效果。

（2）搜索广告

2005 年以后，网络广告开始有了良性的大发展，谷歌、百度及阿里巴巴成为这个时期的典型代表。用户通过搜索关键字来浏览相关广告内容，从此网络广告开始进入精准营销时代。

（3）效果广告

在以效果为基础的广告系统中，广告主只需要为可衡量的结果付费，这种方式能更好地保护广告主的利益。效果广告顺应了网络广告投放从"时间购买"升级到"效果购买"，从"媒体购买"升级到"受众购买"的营销及广告需求。

广点通作为效果广告的代表，相对于门户广告和搜索广告模式，它更加强调凭借广告产生的效果而计算广告费用。广点通基于海量受众基础和社交网络，通过智能聚焦目标用户，可以快速高效提升广告的展示效果。广点通根据用户属性和好友群体推荐来展示广告内容，访问同一界面的不同用户，看到的是为其量身定制的不同的广告，在增强广告人性化和交互式体验的同时，通过用户的社交属性和好友关系链进行影响力的放大和辐射，用户只会看到自己感兴趣的广告，而对于广告客户来说，大大减少了广告费的浪费。

课堂讨论:为什么说广点通是效果广告?

8.1.2 广点通在微信公众号及微信朋友圈推送广告

1. 广点通在微信公众号推送广告

2014年7月,腾讯尝试将广点通广告投放空间扩大到微信公众号,试图通过提高微信公众账号与广告的匹配度来促使广告主和流量主交易。一方面,广告主可通过推广功能实现广告的精准投放,并获得监测效果;另一方面,流量主可以将公众号指定位置分享给广告主进行广告展示,以此获得广告收入。

2. 广点通在微信朋友圈推送广告

2015年8月,腾讯广点通的触角延伸到微信朋友圈,微信朋友圈广告接单平台悄悄上线,全面向中小企业开放,投放广告时可限定投放区域、性别等。微信用户发现自己的朋友圈中频频出现源头不明的广告推送,点开"查看详情"的链接,则会出现一张新图片,上面写着"广告是生活的一部分"。微信在朋友圈里推送广告是腾讯广点通试图将微信流量价值变现的又一次尝试。

2016年,朋友圈广告出现频次大幅增加。据了解,一条广告的有效期为7天,而单个用户48小时之内只会收到一条广告,而且,若广告出现的6个小时之内没有进行互动,则广告会从用户的朋友圈中消失。对于朋友圈中的广告,如果用户选择了屏蔽或者根本不去碰它,那么这条广告出现在其好友朋友圈中的概率只有20%。如果用户与这条广告进行了互动,比如,点击了详细信息,阅读了图片或者跳转链接,甚至进行了点赞和评论,那么这条广告在其好友的朋友圈中出现的概率将提高到95%。

3. 广点通特别注重保障微信用户的使用安全

例如,微信公众号运营者无法获取粉丝的用户名和联系方式,更无法获取粉丝的阅读行为和偏好,即使与粉丝互动也受到"48小时互动机制"的严格限制,即粉丝在48小时内没主动联系公众号,公众号是没有权限给粉丝发送信息的。受此影响,微商对微信平台的二次开发需求非常旺盛,尝试通过将粉丝引流到自己的平台,以全面掌控用户信息和消费偏好,提高服务和商品的竞争力,以及中签率。诸如微盟、淘公号、微加宝等正在开发更多的微信平台支持功能,以实现更丰富的营销模式。

课堂讨论:广点通是如何保障用户的使用安全的?

8.1.3 微信广点通广告

1. 广点通入口

用户登录 e.qq.com 后,单击"登录投放管理平台"按钮,即可注册,也可以用 QQ 号登录,如果用 QQ 号登录则需要补全资质信息,单击"广告资源"进入如图 8-2 所示的页面。

从图 8-2 中,我们可以看到腾讯社交广告资源,主要有 QQ 空间广告、QQ 客户端广告、微信广告、腾讯联盟广告、手机 QQ 浏览器广告、应用宝广告等。用户如果想在某个社交端做广告,直接单击该选项即可。

2. 微信广告介绍

从图 8-2 中单击"微信广告",出现如图 8-3 所示的页面。

图 8-2 腾讯社交广告资源

图 8-3 微信广告的界面

(1) 微信朋友圈广告

微信朋友圈广告是基于微信公众号生态体系,以类似于好友原创内容的形式在朋友圈中进行展示的原生广告。用户可以通过点赞、评论等方式进行互动,并依托社交关系链传播,为品牌推广带来加成效应,按曝光次数计费。

① 微信朋友圈本地推广广告。借助 LBS 技术,朋友圈本地推广可以精准定向周边 3～5 km 范围内的人群,无论是新店开业、促销、新品上市还是会员营销等,朋友圈本地广告都能有效触达顾客,提高门店顾客的到访率。商户可以通过门店名称、所在城市加强所在地用户对商家品牌的认知。本地推广广告投放门槛低,300 元一天即可起投,便宜又灵活。

② 微信朋友圈原生推广页广告。要打造完美的品牌故事,光有内容远远不够,原生推广页广告能够更好地助力品牌在形式技术等方面提升用户的观赏体验。原生推广页广告由微信朋友圈外层展示和内层原生推广页两部分组成,可通过单击直接打开,方便直观。

③ 微信朋友圈小视频广告。外层小视频默认播放,通过单击可进入完整视频,同时可选择跳转链接,层层深入,将目标受众自然地带入故事情境之中,生动呈现品牌主张。

④ 微信朋友圈图文广告。其形态结构如同朋友圈的好友动态,文字、图片、链接可灵活自由配置,提供多样的展示形式,满足个性化的创意表达。

课堂讨论:在你的微信朋友圈找出4种朋友圈广告形式。

(2)微信公众号广告

微信公众号广告是基于微信公众号生态体系的,它以文章内容的形式出现在公众号文章中,提供公众号关注、移动应用下载、卡券分发、品牌活动广告等多种官方推广形式,支持多维度组合定向投放,实现高效率转化。

① 图片广告:以横幅形式展示,灵活多变、表现力强。

② 图文广告:图文结合的广告图片,制作简便,能契合微信的阅读场景。

③ 卡片广告:外形小巧,承载信息丰富,能引导用户关注公众号、下载移动应用、领取卡片。图8-4所示为微信公众号的广告形态。

图8-4 微信公众号的广告形态

8.1.4 流量入口依然是微信的红利

1. 没有一个App的活跃度和用户数超过微信

尽管许多人抱怨微信阅读量在下降,公众号推广越来越难,并且在持续创新上,微信表现得越来越乏力,但它依旧是用户使用频次最高的社交工具。

2. 微信是社交传播最便捷的渠道

自媒体时代,人人皆为内容的生产者。每个人都可以通过社交媒体来发声。随着各大平台都向开放的步伐迈进,一时间争夺优质内容的门户和垂直媒体蜂拥而至。尽管QQ公众号、今日头条、微博自媒体、搜狐自媒体、百度百家、网易客户端等这些门户媒体都有超大的流量，但因为其操作和用户体验都没有微信简便，所以微信仍占据着社交传播的头把交椅。

3. 价值认同将取代粉丝沉淀

在微信上，相比于"粉丝"，也许用"读者"来称呼那些关注你的人会更贴切。粉丝沉淀是营销的初级阶段，价值认同才是营销的未来。通过微信营销传递的产品价值和输送的内容价值才能真正赢得这些关注者的尊重。

课堂讨论：微信流量如何转化为商业价值？

"微信之父"张小龙曾明确地提出微信不是营销工具，但目前来看，不管是微信红包还是广点通都有着浓厚的营销气势。如果营销做得出色，用户倒也不会特别反感，毕竟微信是一个商业化的产品，将来一定要盈利的。如今，微信营销逐渐从一种低级趣味的"吸粉"营销转变为一种具有价值品位的精准营销，这大概也是微信最想达到的商业价值。

课后思考题

1. 试从大数据应用角度分析为什么2014年7月腾讯微信公众号广告运营模式效果欠佳。
2. 如果你是腾讯的管理者，你会使用何种对策打通流量主到商业价值变现的梗阻？
3. 为什么说流量入口依然是微信的红利？
4. 简述微信朋友圈广告和公众号广告的类型。
5. 广点通在微信朋友圈推送的广告有何特点？

案例来源

贾祥素、李海燕、胡卓瑜，浙江纺织服装职业技术学院，2016年中国电子商务案例高峰论坛暨全国百佳电子商务案例精选，中国义乌。

参考文献

[1] 相欣.微信与广点通共推微信广告，今日正式开放[EB/OL].(2014-07-07)[2019-04-28].http://tech.qq.com/a/20140707/049763.htm.

[2] 王三去.微信朋友圈广告平台七夕悄悄上线了！[EB/OL].(2015-08-21)[2019-04-28].http://mt.sohu.com/20150821/n419416969.shtml.

[3] 佚名.广点通[EB/OL].(2019-01-01)[2019-04-28].http://baike.sogou.com/v67132366.htm?fromTitle=%E5%B9%BF%E7%82%B9%E9%80%9A.

8.2 微信营销"无微不至"计划——鸿家公司

案例标签：微信营销；O2O；鸿家公司；大学生创业

案例导读：

鸿家公司是一家品牌终端销售的专业委托管理企业，旨在降低客户的异地运营成本，发挥品牌区域管理的职能作用。鸿家公司长期采用日系的管理模式，在本行业中拥有近二十年的优良口碑，本着"先做人，后做事"的宗旨，以"服务第一，信誉第一"的管理理念，与多家服饰、杂货品牌保持着良好的合作关系，在大连及东北区商业圈内享有较高的声誉。

目前,鸿家公司旗下拥有四大比较成熟的品牌:GALLETO、DICKIES、GIALLO、三不卖。这些品牌分店遍布大连的核心商圈,在大连新玛特、久光百货、锦辉商城和新天地百货均有分店。

8.2.1 鸿家公司"无微不至"计划

随着 O2O 的发展,移动互联网必将成为商家的竞争之地,鸿家公司于 2014 年启动"无微不至"计划,全面开启企业微信营销之路,以此来增强客户体验、迎合社会发展。所谓"无微不至"就是借助"鸿家生活"微信公众平台来进一步实现公司提出的"女人四季风尚标"的经营目标。

课堂讨论:该企业进行微信营销选的是订阅号还是服务号?为什么?

8.2.2 企业问题调查与分析

利用 SWOT 分析法对鸿家公司实行"无微不至"计划的基础进行评估和分析。

1. 鸿家公司实施"无微不至"计划的优势

(1) 女性白领微信使用率高,为开展计划打下基础

鸿家公司主营女性服饰、箱包和饰品等商品,在同行业中有良好的口碑,形成了一批以中青年白领女性为主的客户群。通过调研发现,这些客户对微信的使用程度和依赖程度是非常高的,因此,这就为鸿家公司开展微信营销打下了良好的基础。

(2) 公司高层微信营销意识强,为开展计划提供支持

鸿家公司管理层在微信刚推出企业公众平台时就给予了极高的关注,并于 2013 年 11 月派相关人员参加培训学习。2014 年 3 月开始建立"鸿家生活"企业微信公众账号,用于企业品牌的推广。2014 年 6 月管理层又提出了针对鸿家公司微信营销战略的"无微不至"计划。这些措施都表明公司管理层对搭建企业微信平台、开展微信营销的信心和支持,这也成为该公司顺利开展微信营销的一个重要保障。

2. 鸿家公司实施"无微不至"计划的劣势

(1) 各门店无法实现商品共享,组合销售策略难实现

鸿家公司虽然经营多个品牌,拥有多家门店,但因各门店经营品牌数量有限,无法实现全覆盖,导致店员只熟悉本门店的品牌商品,对公司其他门店的品牌商品知之甚少,组合销售或跨店销售难以实现,偏离了企业提出的"女人四季风尚标"经营目标。

(2) 各门店店员微信操作技能薄弱,公司微信策略难落实

虽然鸿家公司管理层对微信营销很重视,但通过调研发现,各门店店员对企业"无微不至"计划一知半解,这主要是由于店员对微信营销理念的理解不到位而导致认同度不高,以及对微信技术应用的不足而导致落实度不够,最终造成该计划落实难、执行性差。

(3) 订阅号群发消息杂乱无章,微信互动策略难引流

通过对企业现有订阅号"鸿家生活"的群发历史消息进行分析,我们发现虽然企业坚持每天推送消息,但其涉及的领域从保健养生到心灵鸡汤,多达十多种,而对企业产品和促销信息的宣传却少之又少,与客户的互动更无从谈起,最终导致该微信平台粉丝关注度不高,文章点击率和转发率较低。

3. 鸿家公司实施"无微不至"计划的机会

（1）同行业微信使用程度较低，鸿家先入为主机会多

通过对鸿家生活各店铺所在商场的竞争对手进行调研，我们发现，80%的企业制作了本门店的二维码并进行展示。通过分析竞争对手中的10家企业的微信公众平台，发现有6家企业微信平台的订阅号在一月内推送两条消息且内容为企业硬广式宣传，其他4家企业虽有较好的推送频度，但因消息质量低下且缺乏自动回复设置而导致客户体验差。相对于上述企业，鸿家公司微信平台拥有更多机会。

（2）微商汇提供微信开发接口，开发模式运行机会多

微商汇是专门为微信公众账号提供营销推广服务的第三方功能扩展平台，在各行业中拥有大量的成功案例，也是鸿家公司实施"无微不至"计划的平台提供商，该平台可以快速帮助企业从单一、简单的编辑模式切换至多样、复杂的开发模式，可以为企业实现微网站、微会员、微活动等多种形式的营销活动提供机会和可能。

（3）微信公众平台功能日渐完善，业务模式扩展机会多

随着腾讯微信企业公众平台功能的不断完善，越来越多的新功能被推出和使用，从微信认证到微信支付再到微信小店，这些功能都为鸿家公司微信公众平台业务模式的扩展提供了机会，便于企业实现O2O，让移动互联网成为企业新的销售渠道。

4. 鸿家公司实施"无微不至"计划的威胁

（1）群发消息及互动缺乏原创，导致用户敏感度下降

当下多数企业微信平台群发消息互相转载、千篇一律，客户互动形式也比较单一，造成这些群发消息的点击率和转发率不高，究其原因是缺乏原创，慢慢导致用户对微信平台及朋友圈中的信息的敏感度下降，不再关注这些信息。此种情况将对鸿家公司"无微不至"计划的实施带来威胁。

（2）客户图利性心态不断增强，导致企业盈利点下降

企业微信平台建设近乎零成本，因此很多企业敢于在公众平台上通过免费赠送的方式来换取粉丝数，并且这种方式正愈演愈烈，同时也使得客户的图利性心态不断提升，普通的打折优惠已经很难提起客户的兴趣，只有免费赠送这样的活动才能被关注。而鸿家公司主营的品牌商品是难以大幅度让利的，即便是普通的优惠活动也会导致企业盈利点下降。

课堂讨论：试着结合案例分析，鸿家公司的"无微不至"计划有什么特色？

8.2.3 待解决的关键问题

基于上述分析，鸿家公司要实行"无微不至"计划需要解决以下关键性问题。

1. 新增客户成本高，会员管理回报低

鸿家公司每家门店平均日客流量100余人，约有30%的顾客会进行购买，总体来看每新增一位顾客的成本还是相当高的，因此老客户的维护就变得非常重要。想要留住客户，会员卡策略无疑是最佳选择，目前公司会员的办理要求一次性购物满1000元方可办理会员卡，并采用购物积分的方法，鼓励会员继续消费。但是在调研中我们发现，现行的会员卡策略存在成本高、回报低的问题，目前公司使用的是3.5元/张的PVC磁条卡，每次制作必须500张起，这就意味着每次定制会员卡都需要批量地定制，并且这个数量会随着客源的增长而不断增加。不仅如此，通过抽取100名鸿家公司的会员进行会员卡使用情况的调查，结果显示，70%的客户觉得会员卡不够方便，而其中60%的会员在首次办理会员后因得不到促销信息而错过了优

惠,逐渐放弃使用。准确有效的客户资料是企业产品定位和客户分析的重要依据,而这些数据均来自会员卡的办理和使用,鸿家公司会员卡使用率降低,将会对企业的运营产生一定的影响。

2. 商品共享程度低,组合销售效果差

鸿家公司当前主要靠门店来进行产品的宣传和销售。调查数据显示,中青年白领中有60%的人由于工作繁忙几乎没时间去商场,他们更愿意选择网购或通过网上浏览的形式挑选自己喜欢的商品。而鸿家公司目前尚未建立一个完整的网上展示平台。通过对鸿家公司13家门店的调研,发现由于门店面积有限,加之一个门店最多两名店员,导致产品陈列数量有限,单个门店产品品牌单一,营业员只了解本门店信息,对其他门店所涉及的品牌商品了解不多,无法实现共享,很难实现组合推广与销售。

3. 店员微信基础差,二次营销难实现

鸿家公司"无微不至"计划就是利用微信公众平台将企业品牌和商品宣传出去,要实现这一目标的前提就是让更多的顾客加入鸿家公司的微信平台,让客户关注鸿家公司发布的资讯与活动。所谓微信平台的二次传播就是利用现有公众平台粉丝的朋友圈来进行传播,从而吸引更多的潜在客户加入鸿家微信平台。鸿家公司员工微信基础差,主要表现在员工微信营销意识淡薄,对微信平台的理念和流程不清楚,推广微信平台不够积极,导致客户对公司微信平台的使用率低,二次营销难实现,这显然和企业提出的"无微不至"计划相悖。

课堂讨论:"二次营销"使用了何种营销理论?

4. 粉丝阅读频率低,平台互动未形成

分析"鸿家生活"微信平台的统计数据,我们发现鸿家公司微信平台客户少,每次群发图文消息的阅读率仅为20%,平均消息转发人数为3人,并且在每次群发之后均有客户对内容进行询问,而该公司并没有专门的客服人员进行回答,也没有设定相应的关键字进行回复。此外,在调研中还发现微信中的活动仅被简单定义为店庆和节日的单项促销,比起线上的宣传,他们更注重客户入店消费。

8.2.4 实施策略和计划

1. 建立微信会员管理系统,制定微信会员管理策略

(1) 建立微信会员管理系统

根据微商汇平台提供的会员功能,企业可以为公司制作基于微信平台的会员卡及会员管理系统。根据企业实际情况量身定做鸿家公司logo和与公司形象相符合的外观设计。用户只需要在企业微信公众平台中输入"会员"便可以随时调出自己的微信会员卡并可随时查看积分情况,营业员根据用户消费情况利用权限可以随时为用户添加消费记录,高效快捷。

为了满足企业分店多、管理难度大的特点,鸿家公司研发了一套会员管理评价系统,公司管理层可随时查询各门店会员的信息、会员卡消费记录,以及门店、店员添加会员的情况,以便于企业管理层进行分析和决策。

(2) 制定微信会员管理策略

为了配合微信会员卡的使用,结合以往会员数据进行结构分析,鸿家公司为公司管理层重新制定了一套会员管理策略,主要包括以下3部分。

① 入会策略:以往办理会员卡,都需要客户提前充值或达到最低消费限额,此策略将大部分客户拒之门外,微信会员卡出现后,将打破上述限制,客户无须充值并且只要消费就可以直

接获得会员,以便让微信平台获得更多用户关注,让企业获得更多准忠诚客户。

② 独享策略:定期在企业微信平台推出会员限时抢购活动或打折信息独享活动,仅限微信会员参加。通过特价商品的限时抢购激发会员参与活动的热情,通过打折信息独享,让会员第一时间了解新品、优惠品信息,同时通过这样的活动也可以促使微信平台中的非会员转变为会员。

③ 积分策略:企业以往通过积分换礼来额外赠送礼品,对顾客的吸引度不大。本次积分策略按照企业"无微不至"计划中的积分抵值策略进行,微信会员卡不但是购买商品打折的凭证,卡内积分还可以折半抵值,并可以在任意店铺使用,这样会提高客户对微信会员的依赖程度,也能满足顾客的个性化需求。

2. 对内建立商品共享平台,对外搭建企业微信商城

(1) 对内建立商品共享平台

为了便于店员熟悉企业全部产品并进行组合销售,企业可利用微商汇平台制作针对企业内部员工的鸿家公司商品共享平台。该平台以女性整体配饰风格为主线,对鸿家公司全部商品进行整合,打破了商品品牌和品类的界限,店员可以通过手机随时查看当季的流行穿着打扮,并能看到每一件商品所在店铺的详细信息和售价,便于进行了解和推销。

(2) 对外搭建企业微信商城

为了满足用户通过手机了解企业商品信息的需求,鸿家公司利用微商汇为企业制作了微信商城,该商城以门店为导航,分别介绍了各门店的商品,版面布局时尚、操作简洁明快,并在醒目位置提示商品打折促销的信息,供访问者浏览,同时开通了支付接口,以满足顾客对手机购物和移动支付的需求。

课堂讨论:鸿家公司商品共享平台和企业微商城能给公司带来怎样的竞争力?

3. 开展员工微信营销培训,推进微信营销绩效考核

(1) 开展员工微信营销培训

鸿家公司针对企业一线员工和管理层进行微信营销测试,了解其对微信的掌握情况,并制作相应的课程,对其进行集中培训,然后采用下店跟踪的方式对一线员工进行指导,采用与管理层一起制作微信营销方案的方式对其进行指导。

针对一线员工,主要从微信个人号和企业公众号的作用、微信会员卡的使用、内部商品共享平台和客户微商场的使用、朋友圈二次转发技巧4个方面进行培训。

针对管理层,主要从微信营销与微信公众账号、微信活动策划、微信软文撰写、微信开发模式4个方面进行培训。

(2) 推进微信营销绩效考核

为了激发一线员工和管理层参与"无微不至"计划,提升员工微信营销意识,鸿家公司管理层在引导顾客加入微信平台、引导顾客使用微信会员卡、促进朋友圈二次转发、利用微信进行跨店组合销售、参与企业微信群发信息、参与企业微信活动策划、设定绩效考核点等方面制定了具体计划。

4. 规范微信群发消息主题,灵活开展线上线下互动

(1) 规范微信群发消息主题

根据鸿家公司微信使用人群多为中青年女性白领的特点,公司将微信群发主题设定为"您身边的美丽顾问",采用拟人化的方式,将微信平台定位成一个虚拟的"人",通过交流探讨的方式,同粉丝们一同讨论如何让自己变得更美丽,为此公司设定了如表 8-1 所示的栏目。

表 8-1 鸿家公司微信平台栏目

栏目	主要内容
情感部落	以故事与点评的形式展现当下职场女性在工作、生活等方面面临的种种问题,通过此种方式解开女性心中的不解,让粉丝知道好心情是最好的美容产品
流行时尚	以图片和攻略的形式向粉丝传达当下主流的穿着打扮,通过对当季流行趋势的把握,让粉丝永远走在流行的前沿
窈窕身姿	主要针对美容和瘦体等这些当下女性很感兴趣的话题进行推送,尤其是小秘方更能赢得粉丝的关注
美丽分享	这是一个互动展示区,是对之前 3 个栏目的补充,很多女性现在更愿意分享自己的经验,且这种分享更具有原创性,公司设定了这个区域专门用于展示,并设定奖励以鼓励互动

(2) 灵活开展线上线下互动

根据中青年白领女性的特点,公司设计下列 3 类互动活动。

① "鸿家美丽分享"活动。微信朋友圈已经成为中青年白领女性发表个人心情和评论的最佳方式,公司利用这种特点,举办一种分享美丽的活动,该活动鼓励顾客试穿拍照并分享到朋友圈,只要顾客按照公司事先设计好的文字和背景进行拍照并获得好友留言就可以享受优惠,同时在顾客允许的情况下,照片将在微信平台进行评选,以达到一次拍照多次分享的目的,最大限度地挖掘顾客微信的潜能,以实现"无微不至"。

② "鸿家美丽课堂"活动。鸿家公司产品主要消费人群为中青年白领女性,而这些人群又多源自高校女生,因此,高校推广也是不可或缺的。针对高校高年级女生即将进入职场的情况,鸿家公司专门设定了"鸿家美丽课堂",教她们如何快速转变形象变身为职场丽人,同时还在活动中通过微信平台抽奖、游戏等形式吸引学生,让准职场女性更加了解鸿家公司,给鸿家公司带来大量的潜在客户。

③ "鸿家年节回馈"活动。随着网络商务活动的深入,年节已经越来越受到商家们的关注,各类节日庆典层出不穷,根据这个特点公司整理出鸿家年节活动日历,并在日历中明确地指出了活动的时间、形式以及内容,这样不仅可以规范营销活动,也可以做到有备无患。

课后思考题

1. 请关注该企业微信平台,根据 SWOT 分析结果和平台功能,总结该平台有哪些特点符合 O2O 模式。
2. 若该企业想进一步完善微信平台功能,你有何好的建议和策略?
3. 鸿家公司要实行"无微不至"计划需要解决哪些关键性问题?

案例来源

宋毅、阎宇婷,大连软件职业学院,2016 年中国电子商务案例高峰论坛暨全国百佳电子商务案例精选,中国义乌.

参考文献

[1] 佚名. 微信营销[EB/OL]. (2018-12-08)[2019-04-29]. http://baike.baidu.com/

link? url=l9nzJCQM77yeyrGMYS-GAjIE7HglnN0u7ISDqSUcfd7MikiGxA7UB_HRjbznu-Vr1h5sgGCzS-NfLYJtKp62rkK.

[2] 宋毅.企业微信营销实施策略的研究:以鸿家公司为例[J].中国市场,2015(19):14-15.

8.3 你问、我答——知乎

案例标签:SNS;社交网络;问答平台

案例网址:www.zhihu.com

案例导读:

社会化问答网站,是近年来在互联网上兴起的网络问答平台,它将网络问答和社交网络合为一体,旨在重新构建人与信息的关系。在社会化问答社区中,网民广泛参与讨论,为其他用户答疑解惑,使集体的智慧得到发挥。知乎是近几年来在中文互联网领域出现的一匹"黑马"。知乎的本质是问答型SNS社区,其先驱是美国的Quora。知乎网站于2010年12月开放,初始阶段采用邀请制方式注册,2013年3月开始向公众开放注册。知乎的初衷是帮助人们更好地分享彼此的知识、经验和见解,发表有用、有帮助、有质量的内容。其精英、友善、高质的特色,使其在不到一年时间里注册用户激增10倍,成为中文互联网世界最优质的交流平台。

8.3.1 知乎的发展概况

1. 初始阶段——积累用户,沉淀优秀内容

初始阶段,是知乎从上线到对外开放的这段时期。从2011年年初到2013年上半年,知乎的平均日搜索指数并不高,这与知乎当时采取严格的邀请制和审核制有关。知乎社区是一个开放的平台,在这里,用户可以自由提问或回答问题,同时,也可以像社交网站一样关注自己感兴趣的人。这里不仅仅是人与人之间的关系,还有问题和话题之间的关系。基于这种立体的关注模式,知乎的内容形成了一个紧密交织的大网,用户与用户也紧密地连接起来。在初始运营阶段,知乎借鉴Quora通过邀请码的形式邀请来了知乎的第一批用户。这批用户包括蔡文胜、李开复等业内行家及媒体精英,他们的加入为知乎社区营造了高质量的问答氛围,为知乎后期的运营打下了一个良好的基础。

2. 成长阶段——开放注册,吸引维系用户

知乎在初步运营了两年后,由于坚持严格的邀请制度,其用户的数量发展十分缓慢。这时候,知乎开始思考一个问题,即要不要对外界开放。2013年4月,知乎终于做出了这个重大的决定,开始对外开放注册。随后在知乎向公众开放注册的一年时间内,其用户人数迅速从40万人飙升到400万人,增长了近10倍。

3. 现状

2015年11月8日,知乎和搜狗召开联合发布会,会上披露的数据显示,知乎已累计产生约700万个问题,近2 300万个回答,积累注册3 300万名用户。相比知乎初始运营阶段的40万名注册用户,可以说是经历了翻天覆地的变化,知乎的影响力和关注度逐年增加,知乎已然呈现出全新的发展面貌。

8.3.2 知乎提供的产品和服务

知乎社区是知乎最基本、最重要的内容产品,也是知乎其他内容衍生品的内容供给库,知乎日报、读读日报、知乎周刊上所有的内容都来源于知乎社区。知乎社区的用户在此登录,在此提出问题,并在此回答。知乎社区的内容非常多,知乎用户中有很多上班族没有时间看社区,因此,知乎研发了知乎日报。知乎的内容生产以用户为主导,呈现也是以用户需求为主的,为满足用户自主创办日报的愿望,知乎又研发了读读日报。此外,知乎还有知乎周刊、知乎盐系列、一小时系列等电子书,为用户提供高品质的阅读体验。

课堂讨论:知乎与维基百科、论坛等平台的对比。

维基百科是众人一起进行编辑,而知乎是众人一起回答问题,回答可以是多维度的、有不同立场。维基百科的指向性明显就是对词条进行下定义,词条被限定在一个学科范围内,只能解释"是什么",对"为什么"和"怎么办"无能为力。论坛的模式是主题和回复,适合用于讨论宽泛的话题,在讨论中逐渐得出结果。优质论坛仅为少数,即使是好帖也存在有效信息不集中的问题,比如,内容被大量刷屏和吵架所稀释、广告营销气息浓厚、帖子质量良莠不齐等。再反观知乎,它的设立和前期运行,都尽量避开以上几个雷区。首先,知友来源于不同层次、不同专业、不同年龄、不同民族、不同地域,其中不乏业务精专、匠心独具的人,这样确保了信息来源的多维。其次,从知友的大量回复来看,形成了摆事实讲道理的习惯,很多人都会在回复中引用出处或者举证,也经常有发图片、表格进行论证的,即使是讲故事,也多是基于真实发生的事件,保证了信息内容的客观。最后,知乎的氛围不像其他平台那样浮躁、随性。所有网友,不论是否是知乎的注册用户,都能看到所有的问题和评论,注册后不分级别,都能参与知乎的提问与回复,都能点赞和反对,知乎所有的参与者都是平等的。

8.3.3 知乎的传播特征

要了解知乎在短短几年内能吸引到数千万用户的原因,就要分析知乎网站自身所具有的特色和优势。根据知乎团队的官方说明,知乎的基本原则是社区规范,其核心原则一共有两条:第一,创造有价值的内容,知乎的初衷是帮助人们更好地分享彼此的知识、经验和见解,发表有用、有帮助、有质量的内容,不仅可以帮助他人,也会让自己获益;第二,保持友善和尊重,不要攻击、故意贬低用户及其撰写的内容,尊重不同的观点,不恶意揣测动机。这两项原则也充分体现了知乎的基本特色。

特色一:注重内容质量,服务精英化。

日常生活存在着"二八定律",即20%的参与者贡献了80%的内容,这一点在社交类网站中体现得尤为明显。极少数的网站运营者、工作人员和"公知"作为意见领袖,影响着整个网站的走向,其余普通用户多为观望者。而知乎则不然,与国内其他主流社区主动吸引大量用户的模式不同,知乎在建立之初采取了与Quora相同的"饥饿营销"方式,邀请制注册的形式一方面吸引了那些未获邀请资格的网友的好奇和渴望,另一方面,精英的用户构成、自我定位、使用模式也保证了问题、回答以及评论都拥有较高的质量。开放注册后,知乎为保证内容的精英化,还为贡献突出的用户提供开设专栏的功能,其宣传语"没有问题,也能回答"某种程度上说明了知乎平台也为精英使用者提供了服务,满足了其抒发观点、自由表达的需求。此外,手机App"知乎日报"的推出使精英用户的规模得以扩大,形成正向循环。

特色二：宁缺毋滥，强化体验。

许多 SNS 社区在运营方面，强调以数据为标准进行考量。为使 PV、IP、UV 等达到一定数值，社区工作人员不惜用"灌水""拍砖""制造话题"等手段达到数据和流量要求，不反对甚至鼓励用户的以上行为。相反，知乎重"质"不重"量"，一旦发现涉嫌恶意攻击的评论、无价值的回答和过于个人化或场景化的提问等，会进行相应处罚，并通过"投票""没有帮助""修改"等功能，使每个用户都有规范和管理知乎社区的权限，形成了像维基百科那样"良币驱逐劣币"的自发机制。

特色三：包罗万象，包容性强。

知乎联合创始人之一黄继新曾说过："没有坏问题，只有好答案。"在知乎规则允许的范围内，任何问题都可以提出，普通的问题有可能延伸为庞大、深刻的问题。知乎的使用依赖于用户个人的经验，同样的问题下会出现千差万别的答案。知乎不注重得到结果，而强调讨论、分享、推进的过程，用户体验也在使用知乎的过程中不断提高。此外，知乎与用户注册邮箱绑定，其他用户的提问会以邮件的形式发送到用户的常用邮箱中，提醒用户及时回答，这也凸显了用户的重要地位。

课堂讨论：结合案例谈谈知乎有哪些传播特征。

8.3.4 知乎的广告营销策略

1. 明确自身定位，打造核心优势

尽管知乎现有广告数量不是很多，并主要集中在汽车、搜索引擎、App、电子等领域，但随着广告客户数量的增多，知乎开始转变其广告营销策略，在明确自身定位的基础上，针对某一行业或产品打造其核心传播优势，有效拓展了广告的价值空间。

（1）广告匹配的针对性。就现状来讲，知乎受众以都市精英为主，他们具有较强的购买能力和消费欲望，更加看重品牌消费、时尚消费和情调消费，所以，与知乎合作的多为同行业或同产品中的中高端广告商，这些广告商凭借自身过硬的品质在知乎展开口碑传播，以达到广告营销的最佳化效果。例如，亚马逊的 Kindle 属于典型的文化消费类产品，其目标受众是那些爱读书的知识人群，而这也是知乎的受众定位，由此双方的广告匹配就极具针对性和契合度，效果也十分明显。

从知乎的受众特征可知，知乎受众对与电子产品相关的话题的讨论度是最高的，且相关答案的获赞数也是其他产品所无法媲美的，加上最初知乎就是以电子产品类话题讨论发展起来的，在该领域积累了非常丰富的受众资源。广告商和知乎进行针对性的广告匹配，不仅可以迅速提高品牌知名度，还可以引发知乎受众对该品牌的探讨。由于讨论具有较强专业性，因此相关话题的讨论更容易成为热点，对品牌营销将起到事半功倍的效果。当然，除了电子产品，由于知乎受众具有较高的生活追求，许多时尚类广告商也成了知乎针对性匹配的最佳对象。

（2）传播组合的灵活性。知乎上的硬广告可以获得非常好的传达卖点和强化视觉的效果。但在全媒体时代语境下，消费者的消费行为中加入了"分享"这一重要环节，即遵循"引起关注→激发欲望→主动搜索→实际购买→品牌分享"的消费模式与流程。具体来讲，就是受众在知乎上看到某商品的广告后，引发了他们的关注和欲望，进而促使他们展开对相关信息的搜索，若是该产品在知乎上有着良好口碑，就很容易将他们的消费欲望转化为消费行为。而受众在购买后，会结合自身实际体验，在知乎上展开分享。知乎很巧妙地利用了这一点，采取灵活性的传播组合，在硬性广告宣传的同时展开软性植入，通过口碑传播，达到最佳效果。

比如,亚马逊 Kindle 在知乎上展开硬性广告宣传的同时,也建立了自话题,以便受众能够及时讨论和分享。2016 年,Kindle 自话题的精华问答数量近 700 个,并以产品体验类话题为主,如"从哪里找更好的 Kindle 资源?""Kindle 有哪些鲜为人知的使用技巧?""有哪些经验可以送给 Kindle 新人?"等,这些问题从多个视角讨论和分享产品,对该产品的利弊、功效和使用技巧等展开全面的论述,鼓励大家理性消费,这样不仅有利于受众全面客观地了解产品性能,还能够促使受众购买行为的发生。

2. 开发多样形式,强化受众体验

随着知乎受众规模的扩大及广告用户数量的增多,知乎开始开发多样的广告产品,以满足客户的个性化广告需要,强化受众体验,增强广告营销效果。

课堂讨论:你是如何理解"个性化广告需要"的?结合案例谈谈。

(1) 个性化线上营销。在大数据时代,越来越多的企业开始意识到线上个性化营销的重要,他们认为建立个性化网站,收集、跟踪受众个性化信息数据,并结合受众个性化需求展开个性化营销,可以有效提高企业经济效益和社会效益,更加符合营销发展的时代趋势。例如淘宝网上的广告,结合用户最近的浏览记录,向用户智能推荐相关产品,在了解受众实际需求的基础上,展开针对性的广告传播,通常更容易引起受众的关注。通过精准化投放,掌握受众的购买趋势,不仅能够有效降低广告投放的成本,还能够全面提高广告营销的效果。例如,一个有着摄影爱好的受众,在他关注摄影相关的话题后,知乎会定期向他推送与摄影产品、修图软件产品等相关的广告。对于受众来讲,广告和内容之间完美契合,广告成了内容的延伸,这样更能激发他们的消费欲望,提高他们对相关品牌的黏性。

(2) 品牌营销话题专区。例如,在"互联网"话题下,广泛涉及了"京东""亚马逊""淘宝"等子话题,而在"亚马逊"话题下,又涉及了"Kindle""亚马逊中国"等子话题,截至 2016 年 1 月 29 日,"亚马逊"话题共有 95 289 人关注。"阿里巴巴集团"话题下的"天猫"子话题,共有 34 733 人关注,提问和精华问答数量也非常多。在知乎上聚集了许多互联网行业的从业者和爱好者,他们对相关电商品牌及电子产品展开讨论,不仅有利于加深受众对品牌内涵的理解,还能够增强受众的忠实度,进而拓展品牌的效益空间。可以说,这种品牌话题实际上就是一个品牌营销专区,在未来的发展过程中,知乎或许会开辟出专门的企业专区,专门用于企业产品的体验测试和效果反馈,同时举办相关的广告活动,进一步加大对品牌的宣传力度,改进和优化广告效果。

3. 塑造独特风格,迎合受众品位

大数据时代的广告营销,需要为企业营造独特、稳定的文化氛围,以强化其广告投放的渗透效果。目前,知乎积极营造一种理性、认真的文化氛围,并在此氛围中迎合受众品位,开展广告创意营销,形成了独特的广告风格,并取得了良好的广告效果。

(1) 打造理性诉求的广告风格。所谓的理性诉求,就是在广告中突出产品的实际功效,以客观性和真实性激发用户的消费欲望。知乎将都市精英作为目标受众群,主张理性、认真的文化,尽管部分内容也带有感性、幽默的特质,但对整个知乎社区来讲,理性、认真依然属于其最主要的价值诉求。在知乎的广告营销中,知乎紧紧围绕理性、认真的价值诉求,打造了一种独有的广告风格,有效地推动其可持续发展。

Kindle 曾在知乎上推出了两版广告:一版为"海量图书尽情选择,打造你的随身图书馆";另一版为"一次充电,八周续航,让阅读的乐趣更久"。我们可以看出,前一版广告属于感性诉求,而后一版广告属于理性诉求;前者强调的是阅读乐趣,后者强调的是续航能力。随后

Kindle对两版广告做出了调整,推出了两版全部为理性诉求的广告:一版为"智能调光,舒适护眼";另一版为"超长续航,超大容量"。不难发现,后两版广告直接以产品实际效用为卖点,让消费者能够一眼了解到产品的优点所在。从本质上来讲,每一则广告都蕴含着一种价值理念,成功的广告营销就是要向受众传递一个主张,让他们明确购买广告中的产品将获得哪些实际效益。可以说,Kindle对广告的调整,就是在迎合知乎理性诉求的广告定位和风格,而从其取得的实际效果来看,这不啻为一个明智的选择。

(2) 塑造专业高端的品牌形象。在广告营销的实践中,媒体平台在传播过程中要注重品牌形象的塑造。通过对知乎受众消费行为的研究,我们发现知乎受众追求的是高品质消费,对那些电子、时尚等高端产品的兴趣最浓,所以,知乎在广告营销中,非常注重自己和广告主专业高端形象的塑造,以实现和受众审美定位的高度契合,进而达到广告传播效果的最佳化。

课堂讨论:你觉得知乎在塑造品牌形象的过程中要注意些什么?

以广告商积家手表在知乎的广告投放为例,作为全球高端奢侈品牌,积家将目标受众定位于那些消费能力强、人格独立的精英人群,因此,在知乎平台的广告传播中,积家手表积极向受众传递一种品牌尊荣感,这不仅有效提高了积家手表的品牌知名度,还进一步激发了目标受众的消费欲望。这样一来,积家手表专业高端的品牌形象与知乎理性诉求的广告风格相得益彰、彼此呼应,既强化了知乎的品牌形象,又彰显了积家手表的品牌理念,加深了品牌在受众中的渗透率,进一步拓展了品牌的广告效益空间。

课后思考题

1. 知乎内容生产以用户为主,但是知乎的激励机制不强烈,如何通过引入粉丝来激励用户?
2. 从多角度分析知乎用户的需求,指出影响问答社区的关键因素。
3. 总结知乎的广告营销策略,分析当前知乎广告营销中的不足,提出未来的发展模式。

案例来源

顾建强,扬州大学。

参考文献

[1] 张贺贺.知乎社区的内容运行策略研究[D].保定:河北大学.2016.
[2] 张蕊."异军"知乎的突起:浅析知乎的发展现状[J].视听,2015(6):147-148.
[3] 余晓勤.社交媒体知乎的广告营销策略研究[J].传媒,2016(7):51-52.
[4] 沈波,赖园园.网络问答社区"Quora"与"知乎"的比较分析[J].管理学刊,2016(5):43-50.

第 2 篇　电子商务专业服务篇

第9章 金融与支付类

9.1 从全民狂欢到全民失望——支付宝新春集五福分红包

案例标签:支付宝;五福;红包
案例网址:www.alipay.com
案例导读:

2014年马年春节微信红包的兴起与发展,使微信支付成为普及移动支付的中坚力量,2016年猴年春晚支付宝奋起直追,以集福卡的形式在营销手段上再创突破。支付宝的福卡游戏使用门槛较高,利己主义驱动用户去添加好友,并没有换来阿里集团想要的社交效果。在红包大战结束之后,留下的似乎只有几千亿次的数字和依然无法激活的社交关系,甚至有不少网友气愤地转发着要卸载支付宝的宣言。由此,我们可以认为支付宝春节的借势营销不能称为成功,特别是在其投入大量资金和提前很久就开始活动预热的背景下,更加凸显了这次活动的失败。

9.1.1 硝烟弥漫的红包活动

2015年春节,支付宝被微信的红包摇一摇打得毫无还手之力。为了改变这种局面,2016年春节前期,支付宝揭晓了全新的送福活动。用户只要在2月8日凌晨之前集齐五福,就可以平分2亿元大奖,同时,支付宝提供了3种获取福卡的途径:一种是在支付宝新添加10位好友,就可以获赠3张福卡;一种是与支付宝好友分享、互换已收集到的福卡,用户可以向好友讨要福卡,也可以主动赠送福卡给好友;还有一种是在除夕当晚通过支付宝手机客户端的"咻一咻"功能"咻"到福卡。该活动一经推出就在网友中掀起一阵热浪,据支付宝公布的数据显示,春晚期间,支付宝"咻一咻"用户总参与次数共计3 245亿次,最高达到惊人的每分钟210亿次,截至24点18分,共有79万人集齐五福并平分2.15亿元大奖,人均约分到272元。

9.1.2 意料之外的全民失望

据网友分析,截至2016年年底支付宝用户大约是4亿人,那次集五福分红包的活动中有很大一部分用户集齐了除"敬业福"之外的其他4张福,当时,网上普遍认为至少有1 000万名网友能集齐五福分得2亿红包。当几乎所有参与集福活动的网民都期待着"敬业福"的时候,支付宝给绝大多数网友泼了一盆冷水——最终只有79万人集齐五福。这个数值显然是远低于网民期待的。有少部分网友赞同支付宝的做法,认为物以稀为贵,然而更多网友认为,经历了从最初的狂欢到最终的失望,他们只是被支付宝狠狠地耍了一次。在一片骂声中,甚至有支付宝用户删除好友、解绑银行卡并卸载了支付宝手机客户端。支付宝为春节活动投入了大量的人力、物力、资金,最终收获的却是全民失望,以及大量客户的流失,这不得不说是一次失败的营销。

课堂讨论:支付宝营销活动失败的原因有哪些?

9.1.3 营销劣势

1. 活动的门槛设置过高

支付宝的产品决策者可能没理解微信社交金融的精髓所在,微信上网民们为了几分钱的红包抢得不亦乐乎,大家只是为了社交和娱乐,并不在意金额的多少,而支付宝以为拿出更多的奖励就能让用户参与进来。另外,微信红包门槛不高,有更多的人可以享受到快感。相反,支付宝红包的高门槛,直接影响了用户参与其中的热情,虽然仍然有不少人积极参与,但失望大大超过了用户的预期,为之后的口碑危机埋下隐患。

课堂讨论:支付宝红包的高门槛给用户带来了哪些负面影响?

2. 激励模式选择失策

这场上亿人参与的活动,其结果是79万多人瓜分2亿元现金红包,这个中奖率比彩票高不了多少,但问题在于集五福不是买彩票,它是需要用户深度参与互动的,跨越较高门槛才能获得最后的活动资格,大部分人付出很多努力到最后就因为缺少一张敬业福而无法分享大奖。此外,对于凑齐五福的那些网友来说,平分到272元也只是一时的惊喜,既不能促使其成为支付宝口碑传播的意见领袖,也不会使其增加对支付宝的依赖,这是一种无效的过度激励。支付宝的另一失误在于错误地运用了互联网常见的噱头营销,以为通过少数的重奖,就能营造出一种稀缺性氛围,产生话题并促进传播,但它没有准确定位社交激励的关键点,从而导致活动大奖不够大,小奖不够多,不仅不能达到所预期的效果,还可能导致坏的口碑滋生。

3. 社交互动没有有效带动

支付宝此次的目的不在于多少人分享这些现金,而是想扩大社交互动。绝大部分网友在经历几轮"咻一咻"之后,手里已经集齐除了敬业福之外的4张福。这个时候如果支付宝能够把大量的敬业福释放出去,而且在个别人手中集中多张敬业福,那么会促使大量的交换和转发,社交互动就能被极好地带动起来;同时,也可以基于互联网数据,对各个行业有选择地发放福卡数量。但直到最后一轮,这种效果也没有被支付宝运作出来,把一个很好的社交营销创意做成了点击抽奖活动,没能获得良好的社交效果。

4. 传播平台未充分利用

支付宝对于微信的封杀也想尽办法。我们经常会看到一些"火星文",要求将其复制到支付宝中才可以加好友,虽然我们大部分人对支付宝都心存好感,但这种方式实在显得有点烦琐,传播转化率低。另外,短信平台的价值也被低估,不可否认的是短信的强制到达性依然是最高的,而且在整个春节期间短信数量的大大降低,反而能提高单个短信的阅读率。在大家的注意力都集中在微信的时候,如果支付宝能用好短信这一平台,则会收获意想不到的效果。

课堂讨论:微信和支付宝能否进行合作,采取何种模式合作?

微信和支付宝没有采取战略联盟的方式相互弥补各自的弱势。在商业社会,有交易的地方就有支付,支付宝在网上支付领域的份额占到了八成,线下小额支付多是通过银联,其中拉卡拉的份额也不少。从更大范围上说,现金仍具有统治地位。微信和支付宝这两大巨头各有千秋,总而言之,它们要做的是既要加强竞争性联盟,又要强调共生性联盟,发挥各自的优势,补足自己的弱势,这样才能在电商行业独树一帜。

课堂讨论:你觉得支付宝和微信应该怎样做,才能达到双赢的效果?谈谈你的看法。

课后思考题

1. 试用市场营销的相关理论分析,支付宝在这次活动中有哪些失策之处。
2. 从公共关系学角度分析,支付宝应该采取哪些措施以挽回其流失的用户。

案例来源

陈霞,江阴市商业中等专业学校,2016年中国电子商务案例高峰论坛暨全国百佳电子商务案例精选,中国义乌。

参考文献

[1] 吴定玉,王稳.浅析支付宝"集五福"抢红包的营销新思维[J].现代商业,2016(14):50-51.

[2] 陈晔,侯庆彬,于欧洋,等.支付宝"新春集五福"品牌营销反思[J].新闻研究导刊,2016(12):367-374.

9.2 真正意义上的中国首家互联网金融机构——阿里金融

案例标签:网络贷款;互联网金融机构;小额贷款

案例网址:www.aliloan.com

案例导读:

阿里金融承担阿里巴巴集团为小微企业和网商个人创业者提供互联网化、批量化、数据化金融服务的使命。阿里金融通过互联网数据化运营模式,为淘宝网、天猫网等电子商务平台上的小微企业、个人创业者提供可持续性的、普惠制的电子商务金融服务,向这些无法在传统金融渠道获得贷款的弱势群体提供"金额小、期限短、随借随还"的纯信用小额贷款服务。互联网金融机构的诞生,创造出基于互联网新商业文明的纯信用网络自动融资,这将是对传统信贷文化的一次改革和创新。

9.2.1 阿里金融的缘起与现状

我国小企业有4 200多万家,它们要发展、要扩大再生产,这一切都离不开对资金的需求。有了资金,企业才能扩大经营规模,满足不断增长的市场需求,带给社会新的就业机会,从而创造经济及社会的双重价值。

阿里巴巴一直致力为小企业解决网络贸易生态链的困难,让小企业真正从"meet at Alibaba"到"work at Alibaba",让天下没有难做的生意。只有企业发展了,阿里巴巴才能更好地发展,这是一个良性循环。阿里金融前身是阿里巴巴集团的独立事业部,它的使命是让网商信用创造财富,让网商不怕缺钱,致力于中小企业信用体系建设,并通过与多家银行的合作,为中小企业开辟一条融资借贷的道路。信用金融部负责对企业申贷的全程服务,包括贷款产品研发、网站产品研发、信贷评估模型建设、贷款风险监控模型建设、贷款客户管理、交易信用建设等全部流程,既要兼顾银行贷款风险,又要将融资福祉普惠至广袤的中小企业市场,在银行利益和企业利益之间寻找艰难的平衡。

课堂讨论:哪些因素促使了阿里金融的出现?

从2007年至今,信用金融部已经推出了数款专为中小企业度身定做的融资产品,在浙江地区试点并开拓了部分市场。接下来,信用金融部将逐渐将贷款服务的范围拓展到长三角、珠三角、环渤海地区。

2010年6月,阿里巴巴集团联合复星集团、银泰集团、万向集团在杭州联合成立了浙江阿里巴巴小额贷款股份有限公司(以下简称浙江小贷)。2011年6月21日,阿里巴巴集团联合上述3家集团共同组建了重庆市阿里巴巴小额贷款股份有限公司(以下简称重庆小贷)。浙江小贷注册资金6亿元,重庆小贷注册资金2亿元。阿里金融CEO胡晓明表示,重庆小贷未来会向银行融资,包括增资扩股等。例如,重庆小贷与工商银行合作,可从工商银行拿到高达注册资金2倍的融资额度,重庆小贷扮演的角色更像是中介机构,其资金渠道是银行。

截至2012年6月末,阿里金融已累计为超过12.9万家的小微企业提供融资服务,贷款总额超过260亿元。在2012年7月20日,阿里金融已经实现日利息收入100万元。这意味着,如果这一势头持续一年,阿里金融的利息收入将达到3.65亿元。

在由环球企业家主办的"2012年环球创新盛典"上,阿里贷款被评选为"2012年度商业模式创新典范奖"。

9.2.2 真正意义上的首家互联网金融机构

说起网络金融,普通人最容易想到的形态是网银,网银极大地方便了网民支付、转移和处理非现金的业务,但网银只是传统银行面向网民用户的渠道和业务延伸,对传统银行的业务模式并没有本质上的触动,传统银行的主要业务模式依然是吸存、放贷,以及为吸存服务的代收(缴)费、债券、理财产品或服务的销售等,这些业务的开展很大程度上依然借助于线下柜台服务、线下营销与线下客服来完成。从这种意义上来说,传统银行的网银充其量是传统银行金融终端(ATM、POS、KIOSK)的网络延伸。

滋生于全球最大网商商圈与互联网交易平台阿里巴巴之上的阿里金融则完全不同,它的业务模式是完全基于互联网来展开的,所有的用户、业务和程序都在网上实现,在可预见的未来,其拓展的主要空间和手段也主要依托于互联网。随着互联网技术对经济社会生活的全面渗透,人类经济活动将越来越受互联网的影响,完全依赖于互联网世界、伴随互联网经济的发展而成长的互联网金融机构未来将成为一种崭新的金融模式。

"对于互联网,我们目前认知的不到20%,不认知的有80%",胡晓明说。我们目前所看到的互联网对于经济社会的巨大影响还不是全景,只是初貌。未来,互联网对于社会经济生活,乃至社会经济结构的影响都将超越人们现有的认知。而金融业作为现代服务业,可以通过互联网空间的延伸、技术的发展,以及基于海量数据的大规模运算而转型升级。目前商业银行的业务模式本质上是抵押贷款模式,阿里金融发放贷款则完全是基于互联网采集的用户信用进行的信用贷款,这改变了传统的借贷关系,是真正的信用贷款。

课堂讨论:以阿里金融为代表的电子商务信用贷款具有什么时代意义?

1. 用数据重新定义企业,引领信用流的建构

互联网金融随着互联网经济的发展而发展,互联网上沉淀了海量关于企业和个人经济行为的数据,记录了网络企业的经营、交易、供销、客户关系、财务往来等。通过对这些海量数据的大规模计算,我们可以重新定义企业,建立企业信用模型,这是通过互联网开展金融业务的基石。阿里巴巴一开始就斥巨资投入企业信用体系的建设,阿里金融则更是把企业信用模型的建立作为其核心竞争力的根本,目前正在着力建立信用根基,包括基于线上线下信用分析的风险识别模型,用于信息跟踪与风险控制。

课堂讨论:你对互联网金融存在的风险问题有什么看法?

在融资的信用核查上,阿里巴巴小贷公司以互联网为工具,在贷款前,通过视频聊天的形式,让企业通过互联网提交数据,然后在互联网上做贷款申请、审批和还款。把网络信用度作为贷款的重要参考标准,可以使贷款突破需要固定资产抵押、资金质押、企业担保等的束缚。网上自助融资的服务方式,将使许多电子商务小企业能快速、便捷地获得贷款,同时也为个人创业者融资创造了机会。胡晓明称,"连续经营时间、好评率(包括服务能力、产品质量、有没有被投诉过等)都会作为贷款资质的重要参考指标"。

2. 数据是互联网金融的生产要素

以前,数据只是金融机构的决策参考要素,而在阿里金融,数据是生产性要素,阿里金融要从海量的、非结构化的数据中产生出信用模型,并完全依托于互联网的数字化手段去开展业务。

目前,阿里金融贷款业务主要分三块。第一块称为C类贷款,面向淘宝平台网商群体,可做到自动审批,三分钟申请,一分钟放贷,零人工干预,即所谓的"310模式",也是阿里金融目前最轻的业务模式。第二块称为B类贷款,主要面向阿里巴巴B2B平台上的中小企业,因为以前阿里巴巴B2B上的企业(国际贸易的中国供应商和国内贸易的诚信通客户)没有在线交易的数据信息,所以需要用远程信息采集、信息审核和视频沟通的方式作为辅助,相对于C类贷款模式,B类模式重一些,需要一定的人工干预与线下辅助,但相对于传统银行来说,其仍然属于轻模式,而且随着B2B业务的技术创新与模式的成熟,这一块业务也会不断地朝自动化无人工干预和全互联网流程的方向发展。目前阿里巴巴B2B的速卖通与无名良品业务,就是B2B在线交易的尝试,而一旦有了在线交易行为数据,就可以产出纯粹的互联网银行业务。第三块是与传统商业银行合作,为传统银行提供贷款企业的信用评价服务,向传统银行推荐可信的电商企业。这三块业务中,C类贷款的风险可控性很高,目前统计的违约率为1.5%,与线下银行2%的违约率相当,但业务系统开发完备后,单笔业务的边际成本几乎为0。B类贷款违约率为4.7%,但业务成本显著低于银行。在取得银保监会审批的小贷金融机构牌照后,阿里金融已累计发放贷款70多亿元。其中,阿里贷款通过与银行合作的方式,针对阿里企业客户进行的信用贷款,现已辐射到上海、广东、福建、北京、山东、重庆等地。

银行与阿里巴巴的合作将传统贸易融资手段进行有效创新,利用银行与阿里巴巴先进的信息平台,实现电子商务与网络贸易融资的有机结合。阿里巴巴让银行相信,中国的小企业群体中,也同样存在着优质的客户群,它们在经营规模、创新意识、管理水平、盈利能力上都有着较强的实力,它们是很好的贷款潜在客户。阿里巴巴坚信,以其自身的交易平台优势能够帮助银行实现相应的风险控制。目前阿里巴巴已经建立了一整套信用评价体系与信用数据库,同时研发了贷前、贷中、贷后三个阶段的风控系统,这都能有效帮助银行弱化风险,降低贷款成本。

3. 网络服务创新——资金成为一种服务,贷款可团购,可SNS贷款

借助于互联网,阿里金融发放的网络贷款不仅可以做到即用即申,还可以在申请后,根据企业用款的动态统计信息收取费用。在申请到授信额度后,并不发生任何费用,只有把资金划拨转移到银行卡或其他账号时才发生费用。按真实产生的用量付费,这一点,类似于云计算对传统服务器主机空间的替代,后者使基础架构或软件成为一种服务,前者是把资金转化为一种服务。

借助于淘宝聚划算平台,阿里金融还推出了贷款团购业务,把互联网上类似于人际关系的元素融合进去,即 SNS 贷款。接下来,阿里金融会做相应的贷款团购。小企业可以一起团购申请贷款,如此一来它们的利率会更低,而这些客户在过去的传统经营当中是根本拿不到贷款的。

4. 生于互联网,长于互联网——互联网技术与应用创新拓展,提升互联网金融服务

随着互联网经济的发展,以及互联网商圈的成熟,自然而然会产生真正立足于互联网世界的金融机构。诞生于互联网的阿里金融初期主要依托于阿里巴巴这个全球最大的网商商圈,其未来的发展也紧密依靠着互联网的发展。对于缺少网上交易行为的 B 类贷款(即面向 B2B 客户的贷款),阿里金融依靠技术创新,用技术手段去解决信息采集问题,如借助云计算或云终端技术,在解决远程信息采集的定位与防伪保真问题后,把信息采集外包给异地的第三方网点,并采用视频互联技术解决外包网点与阿里金融业务审批中心之间信息不对称的问题。此外,阿里金融还计划通过社会计算与爬虫技术对现有交易平台上的客户行为与关系网络进行分析,计算出关系网络中表现出的企业信用,还计划借助于智能信息终端来辅助客服人员的客户服务,以提升客户体验等。

9.2.3 互联网金融机构的蓝海战略

纯粹的互联网金融机构的发展与传统金融机构有何不同?会不会最终挑战传统金融机构呢?对此,胡晓明明确地回复说:"不会,阿里金融做的是传统金融机构不愿意做也不可能做的服务。"

课堂讨论:新兴的互联网金融机构与传统的金融机构相比有什么不同?

有别于传统金融机构重视大客户、轻视甚至放弃小型、微型客户的运营思维,阿里金融在运营思路上坚持"小额度、大规模""小客户、大市场",与阿里巴巴一贯宣传支持中小企业的思路一脉相承。额度虽小,但可以做成很大的规模,因为客户很多,而且互联网、信息系统可以有效降低成本。如果把客户融资都放在线下去做,成本会很高,而且通过人工的方式去对小企业进行尽职调查、贷前调查等会很麻烦。银行不做 100 万元以下贷款的根本原因是其成本覆盖不了。比如,一家银行对一个小企业进行调查,2/3 的时间都将浪费在路上,只有 1/3 的时间才是真正的沟通时间,信息严重不对称。而对互联网金融机构来说,客户的资料都是现成的,同时可以借助一些互联网工具,在尽可能控制成本的情况下来对小企业做小额度的贷款。作为纯互联网金融企业,以互联网模式去做小企业的贷款,是阿里金融的优势。

相较于民间借贷,阿里巴巴的小额贷款门槛更低,更强调规模。阿里金融给阿里巴巴平台的客户提供的相关信贷产品与浙江小额贷款提供的贷款产品一样,首先淘宝店主一定是有信用的。今天中国有很多银行更具当铺性质,通常客户要拿出抵押物才能贷款,而小企业业主不能拿他们的信用作为融资的标准。互联网让诚信可以变成财富,阿里金融产品以信用贷款为主,且坚决不做抵押贷款。"比如说淘宝店主做了 1 000 元的生意,就可以贷 1 000 元。有信用、有买家的好评、有足够的交易量就可以贷款。目前我们需要在淘宝上有一定的经营时限的,但不是只有皇冠以上才能申请贷款,我们现在最低的信用贷款可以做到 4 颗心,一个淘宝卖家只要做到 4 颗心以上就可以贷款,只要淘宝的卖家在网络上诚实可信,有市场,我们就相信市场的力量,市场认为他好我们就认为他好。只要你是活跃的客户,在平台上没有被投诉,没有纠纷,就都可以来向我们申请贷款",胡晓明表示他本人坚决反对抵押贷款。

9.2.4 互联网金融创新分析

创新的理论依据之一——贷前评估与贷中监控是预警的依据

电子商务经营数据可映射为传统经营态势的折算公式和动态图景。随着互联网和电子商务的发展,越来越多的企业,尤其是小企业选择互联网作为其经营和销售的渠道。阿里巴巴作为小企业交易平台,为企业提供了开设店铺、发布商品、联系上下游企业和完成交易的功能,企业在阿里巴巴平台上的行为,是企业经营状况的一个体现。通过对企业在阿里巴巴网站上的行为进行分析,将分析结果转化为数据,通过算法和模型将其解读成该企业的实际经营状况,从而预测企业的发展前景。线上线下商业行为有着天然的联系,线上的行为和心理是线下的一种映射。每天,阿里巴巴平台上活跃着的企业客户都会留下海量的行为轨迹和行为信息,这些都与其传统经营行为一一对应。阿里巴巴有着天然的优势,可以积累到小企业的这些数据,这些数据所体现的实际内容是银行传统模式所无法获得的,即使是企业自身也无法对自己的行为进行定性分析与定量总结。

创新的理论依据之二——小企业贷款的"三角最稳定"理论

"三角最稳定"理论,即在网络联保的设计下,风险信息来自阿里巴巴、银行和小企业客户三个方面,在此基础上的风险分析判断能显示出足够的稳定性。网络联保这个贷款产品的创新,实现了阿里巴巴、银行和小企业客户间的"三角稳定"。作为网络联保这个贷款的受用体,企业在申请贷款、组建联保体的时候,根据自己在多年经营中积累的经验,判断联保体其他成员的经营状况和偿还能力,同时关注企业主的品德和嗜好等。作为贷款发放的银行,根据自身在多年的发展中得出的一整套传统风险评估理论,对申贷企业的经营状况、财务状况等信息进行多方面的考核。阿里巴巴作为企业和银行之间的一道桥梁,能帮助银行考量企业的风险,阿里巴巴对申贷企业的考核标准,是银行标准的一个有效补充。企业在多年的电子商务经营中,在阿里巴巴平台上积累的数据,是其历史经营状况到网络行为的映射。小企业财务体系的缺陷,造成了其在银行贷款传统审批标准下的劣势,阿里巴巴需要把企业在阿里巴巴平台上的数据解读成企业的线下传统经营数据,并通过与同地区、同行业的其他企业数据的横向比较,将申贷企业的信用显现出来。

创新的理论依据之三——社会计算与群体智能的 Web 2.0 理念

尽管中国民间生存讲究"事不关己、高高挂起",但是联贷联保的风险捆绑、利益共享的设计足以促使企业主放下封闭的心态,采取各种手段调查身边的企业。社会计算与群体智能的 Web 2.0 理念使每一家企业都能成为尽职调查的人员,且其手段多样、渠道丰富、完全免费。

创新的理论依据之四——因为信任,所以简单

长期的抵押物崇拜文化造成了金融机构歧视弱势小企业,只相信抵押物,只相信证件齐全的土地。阿里信任网商,网商也互相信任,所以阿里贷款很简单,但是信任不是没有门槛,阿里拆除了抵押物的门槛,却树立了一个人人都可跨越的隐形门槛——互相信任。

课后思考题

1. 互联网企业开展网络金融业务需要具备哪些条件?

2. 互联网企业开展网络金融业务会有哪些风险？如何规避这些风险？

案例来源

电子商务案例云服务平台，网址为 http://www.ceccase.com。

参考文献

杭州市经济和信息化委员会，杭州师范大学. 中国电子商务之都互联网经济发展报告[M]. 长春：吉林文史出版社，2012.

9.3 金融创新服务大众——银联云闪付

案例标签：移动支付；云闪付；互联网金融

案例网址：cn.unionpay.com

案例导读：

云闪付是银联为顺应移动支付潮流而推出的以 NFC、HCE、TSM 和 Token 等技术为核心的全新产品。它不仅支持远程的在线支付结算，也可以完成移动设备的线下非接触支付交易。首先，云闪付支持多种类型的银行卡，银联云闪付业务可覆盖多家银行的借记卡和贷记卡。其次，云闪付支付额度高。一张云闪付卡的单笔交易限额、日累计交易限额分别为 5 000 元和 2 000 元，支付限额均高于非银行支付机构。最后，云闪付的载体新，其在手机银行客户端内直接模拟出一张云闪付卡，除了具备近场支付功能的手机外，手机客户端成为将实体银行卡转化为云闪付卡的载体。

9.3.1 银联云闪付基本概述

2015 年 12 月，为顺应移动互联网时代支付产业发展潮流和社会大众多元化支付需求，中国银联联合产业各方推出云闪付移动支付品牌，实现了移动支付的安全性与便利性的最佳结合，代表了未来移动支付的主要发展方向之一。目前云闪付已形成包括 NFC 移动支付和二维码支付两大类型的产品体系，市场规模不断扩大，如表 9-1 所示。

表 9-1 云闪付的产品体系

	NFC 移动支付	二维码支付
特点	空中发卡、非接闪付、网上支付	技术成熟、使用简单、支付快捷、成本较低
支付原理	线下：用户的支付行为与使用金融 IC 卡的"闪付"联机交易 线上：通过移动互联网商户线上收单与本地 HCE 手机客户端交互，完成云端支付卡的线上交易	线下：付款码支付；扫一扫支付 线上：采用 Token 技术，确保支付安全；后台账户仍基于实体银行卡账户；相同的二维码支付场景采用统一的技术方案和模式
产品	Apple Pay；Samsung Pay；Huawei Pay；Mi Pay；京东闪付	各银行 App

9.3.2 银联云闪付应用场景规划——小额、高频、刚性强的应用

1. 智慧公共交通

在公共交通中使用云闪付，对城市公交运营管理者、移动支付方和消费者来说，都是一个不错的选择。

（1）对于城市公交运营管理者来说，使用云闪付有三大优势：一是可以获取乘客信息，进行增值营销，并且由于该功能方便快捷，因此能提高乘客的使用率，增加公交使用占比；二是资金清算快，云闪付的使用可以减少公交公司人力、运营成本；三是能对线路进行优化，提供数据支持，有利于打造智慧城市、智慧交通。

（2）对于移动支付方来说，使用云闪付有三大优势：一是能有效获得用户，日使用频率较高，每日至少使用 2 次及以上，具有一定的刚性需求，能够迅速提高移动支付方式的覆盖率及影响力，获得巨量用户；二是引流作用，作为平台第一步的支付功能，乘客能够迅速被引流到平台的其他应用功能与板块，有助于平台快速推广其他相关业务，对客户具有引导优势；三是价值管道，通过对乘客生活轨迹的分析，可以实现大数据内容的精准投放及推送信息的精准服务。

（3）对于消费者来说，使用云闪付有两大优势：一是满足基本生活需求，能够满足城市居民日常公交乘车出行的基本需求；二是便捷性，移动支付功能使用方便、快速，用户体验良好，同时为乘客解决了"找零钱"与"口袋压力"等问题。

未来，银联云闪付可以基于银联卡非接联机交易产生的相关数据信息，在国家有关监管政策的允许范围之内，与公交集团进行共享，共同研究数据，挖掘应用模式，例如：结合 LBS 技术开展附近商圈信息的精准推送；结合车载 GPS 系统分析公交运营状况，进而为开通定制公交线路提供数据支持。

2. 智能终端

自助终端的使用场景十分广泛，例如，医院的自助缴费机、网络运营商营业厅内的自助充值机等。近两年，许多自助终端已经实现了二维码支付的接入。目前大多数自助终端都支持支付宝与微信的"C 扫 B"交易。银联商务平台化的布局，便是以全民付智能终端为媒介核心，使得各类资源能被有效地利用，有助于构建"全场景支付生态"，解决商户场景化支付的难题。2016 年，银联商务新增终端 170 万台，移动终端占比 55%，其中新增智能终端数量为 21 万台。截至 2017 年 2 月初，在全民付智能终端的应用市场中，内容 App 种类多达 10 类，涉及 308 款，覆盖衣食住行、美容美发、银行合作、物流等多个行业，几乎每个商户都能够在其中找到合适的供应链。

课堂讨论：试分析支付宝、微信支付等其他第三方支付的应用场景特点。

9.3.3 云闪付的优势

（1）国家政策支持。银联推出的云闪付产品获国家支持，拥有雄厚的政策背景作为支撑，具有突出的政策优势。其以"国家队"的身份进军移动支付领域，对支付宝与微信支付的地位产生了一定冲击。

（2）技术安全性高。支付宝会把用户信息发给商家并由此向用户推送针对性广告，银联云闪付则更加重视用户隐私信息的保密，防止客户信息泄露。它使用付款密令及网上再验证

的方式,在消费过程中时刻保护用户信息。这种方式在根本上规避了用户所绑定的银行卡被盗用的风险,有效地保护了用户隐私和其支付交易中的细节。

(3) 云闪付接入简单。为了占领市场份额,近年来支付宝的优惠活动逐渐扩展到了线下的餐饮和娱乐业务。商家需购买相应设备才能使用支付宝的二维码及付款码支付方式,因此增加了一定的营运成本。在拓展线下支付业务方面,银联有其得天独厚的优势,而且云闪付及银行卡支付的差异不大,商家能够在较短的时间内掌握要旨,有利于推广使用。

(4) 支付无须联网。就支付环境而言,支付宝及微信支付均需要在联网的状态下才能完成。而公共场合的网络连接存在着安全隐患,公共无线网络网速还存在着加载缓慢、反应迟钝等一系列问题,无疑会降低用户的支付速度及体验。而云闪付以手机芯片作为媒介,所有的信息都保存于手机中,无须联网就能支付,给用户支付带来了方便。

(5) 政府监管方便。目前,移动第三方支付普遍采用的扫码支付方式非常容易滋生商家偷税、漏税的现象,不便于政府监管。而银联云闪付的使用使账目交易清晰,方便商家进行结算及交税。从用户角度来看,采用银联云闪付方式的商家更加规范正统,也有利于用户的维权和售后服务。

9.3.4 云闪付的劣势

(1) 云闪付注册操作烦琐。支付宝和微信支付通过一个手机应用就能够完整地体验平台的全部支付服务,相比之下,银联云闪付的注册过程显得异常烦琐。因为联盟的商业银行过多,所以在使用虚拟银行卡之前,需要对各张银行卡安装对应的银行程序,完成注册登录的操作之后,才能进行云支付操作。

(2) 云闪付未彻底打破消费者支付习惯的思维定式,难以发挥自身的优势,未寻找到一个能引起广大消费者注意的突破点,导致大部分消费者仍习惯于以往的支付方式。

(3) 云闪付未完全融入人民群众生活的方方面面。支付宝有淘宝作为依托,让人们足不出户即可购物。微信有社交功能作为依托,能同时承担支付与社交功能。相比之下,云闪付作为单一的支付工具,缺少能融入人民生活的载体。

9.3.5 关于云闪付发展的建议

(1) 从客观实际出发,提升自身竞争力。加强业务创新,不断完善 App 内基础金融服务,开发云闪付积分、云闪付会员等系列增值服务。扩展移动支付业务的运用空间,提升移动支付业务的综合竞争力,巩固客户资源,并努力学习竞争者的优势,补齐短板,如开通实时到账、订票、外卖等服务。

(2) 多方协作,加大推广力度。中国银联应加强与各大手机厂商的合作,推出更多能支持云闪付产品的手机,并在手机出厂的原装软件里增加云闪付 App,增强推广力度,同时应加强云闪付品牌宣传和培训工作,以海量 POS 终端的先天优势,进一步拓展云闪付的应用场景,并且要培训各收银员的工作方式,通过其语言引导,打破消费者支付习惯的思维定式。各大银行应从现有网点出发,充分利用附近资源,形成一个完整、和谐的线下支付产业链,同时,拓展自身业务范围,对各个网点进行有效的协调和管理,挖掘云闪付在支付行业的更多潜力。

(3) 完善各类配套制度,为云闪付成长蓄力。首先是宣传制度,利用多种方式宣传,注重语言的通俗易懂,更要注重对宣传效果的评估,实时调整方案。其次是责任制及考核制,将推广工作的每个细节具体细化落实到人并实时考核,确保将工作落到实处。最后是补偿机制,吸取竞争对手的成功经验,在手续费及优惠力度上做出相应调整。

(4) 建立信息交流平台。一方面,应在 App 内在线客服栏新增问题反馈,根据需求精确调整发展方向;另一方面,各个推广单位之间保持密切联系,分享交流推广经验,尤其要向优秀示范地区借鉴学习并结合本地具体情况灵活运用。

(5) 整合银行商城,推进云闪付平台电子商务市场交易额保持较快增长。网上购物的消费者数量越来越多,因此,以"互联网+"作为新的发展动力,整合银行商城,建立统一的商品交易平台,推进云闪付支付平台的发展,组团进军第三方支付市场,将会成为进一步提升用户体验的重要举措。银行应逐渐设计出互联网金融创新方案,建立银行商城,实现网购、社交、理财等一系列服务,分享互联网经济成果。

课后思考题

1. 谈谈你所知道的其他移动支付企业,它们分别都有什么特点。
2. 谈谈你对未来移动支付格局的看法。

参考文献

[1] 傅前炜.银联云闪付对移动端第三方支付格局的影响[J].时代金融,2017(3):273-274.

[2] 胡婕,熊园."云闪付"助力商业银行布局移动金融[J].清华金融评论,2016(3):89-93.

[3] 李海艳,崔智斌.移动支付现有格局下银联"云闪付"的形势及发展建议[J].全国流通经济,2018(18):8-9.

[4] 陈於.中国银联云闪付移动支付发展策略研究[D].北京:对外经济贸易大学,2018.

第10章 信用服务类

10.1 解决消费者和商家之间的信任问题——芝麻信用

案例标签：个人征信体系；芝麻信用；互联网金融

案例网站：www.xin.xin/#/home

案例导读：

2015年1月28日，阿里巴巴蚂蚁金服旗下的芝麻信用管理公司首次推出了"芝麻信用分"。作为国内首个个人信用评分系统，芝麻信用分是由独立第三方信用评估机构——芝麻信用管理有限公司，在用户授权的情况下，运用云计算及机器学习等技术，通过逻辑回归、决策树、随机森林等模型算法，根据用户在互联网上的各类消费及行为数据，结合传统金融借贷信息，对各维度数据进行综合处理和评估，从用户信用历史、行为偏好、履约能力、身份特质、人脉关系5个维度客观呈现个人信用状况的综合分值。芝麻信用运营上线之后，备受关注。芝麻信用是我国第一个基于大众在互联网上的行为数据，利用大数据技术进行数据处理和模型计算出来的个人征信评估报告产品，也是我国互联网个人征信模式中最具有代表性的互联网个人征信产品，目前已经形成了包括个人征信在内的芝麻信用评分、芝麻信用元素和包括企业征信在内的反欺诈、行业关注名单等一系列完整的产品线。芝麻信用可以在信用卡、消费金融、抵押贷款、融资租赁、公共事业服务等多达上百个场景中，为用户提供个人和企业征信服务，在拉近人与人、人与商户之间关系的同时也方便了人们的日常生活。

10.1.1 评价体系及评估维度

在评分区间上，芝麻信用分参照FICO的评分区间范围，将区间设置为350～950分，且信用水平与分数呈正比关系，分数越高则表示用户的信用水平越高。在等级划分上，芝麻信用分根据不同的评分区间划分了5个不同等级，从高到低分别为极好（700～950分）、优秀（650～700分）、良好（600～650分）、中等（550～600分）、极差（350～550分）。等级越高的用户可以得到更多的便利服务作为回报。

在具体评分时，芝麻信用根据其自身网络环境，结合阿里巴巴集团在互联网生态圈中的优势，采集了身份特质、履约能力、信用历史、行为偏好、人脉关系5个维度的信息（见表10-1）来评估征信主体的信用状况并给出具体的芝麻信用分。

（1）身份特质

身份特质的数据主要来源于用户注册阿里巴巴账号并享受其相关服务时自愿填写的基本

信息,同时,阿里巴巴专门与学历系统、学籍系统、公安系统、工商管理系统等公共服务系统进行合作,对用户所填写的基本信息加以审核以保证其真实性和准确性。随着互联网大数据的发展,芝麻信用未来还会添加依据用户网络行为习惯所推算出的个人性格特征等信息,从而刻画出更全面的用户形象。

(2) 履约能力

履约能力主要考察用户使用各种信用类服务是否能按时履约,是否存在违约历史。例如,用户使用网约车时是否及时付款,是否及时处理交通违章,能否按时缴纳水电费,租车、租房时能否按时缴纳租金并及时归还,等等。除此之外,用户的消费频率和水平也作为用户履约能力的重要评判依据之一。

(3) 信用历史

信用历史是指用户使用相关信用类产品和服务的历史记录,主要包括用户的信用消费、信用借款、信用卡偿还历史等信息。通过对支付宝数据进行分析,芝麻信用可以收集到用户支付宝转账和支付宝还信用卡的历史信息。另外,芝麻信用还通过与银行等金融机构的合作,收集用户的信用卡还款历史信息,全面地分析用户的信用历史情况。

(4) 行为偏好

行为偏好是根据用户在互联网和线下商场的消费记录、付款方式,以及在银行等金融机构办理的业务类型等综合分析得出的,内容包括但不限于购物、消费、转账、理财方面的信息。例如,用户喜欢并经常购买电子科技产品,那么该用户极有可能被认为有好奇心、求知欲强,相对他人而言更有创造力。

(5) 人脉关系

人脉关系是指由人际关系而形成的人际脉络,用户周围人群的特征属性,以及用户和其周围人群的亲密关系都是评价人脉关系的一部分。因为人属于群居动物,具有群居的属性,会优先和与自己性格相符的人接触,所以芝麻信用将隶属于人脉关系的校友关系、朋友关系等也都列入评判个人信用水平的依据。

表 10-1　芝麻信用评估模型的 5 个维度

5 个维度	数据来源
身份特质(15%)	学历、住址、实名消费行为等
履约能力(25%)	综合资产信息,即支付宝账户余额、余额宝余额、房产和车产等
信用历史(35%)	过往履约记录。比如,信用卡还款记录、微贷还款记录、水电煤缴费记录、罚单记录等
行为偏好(20%)	账户活跃度、消费层次、缴费层次、消费偏好等
人脉关系(5%)	在人际交往中的影响力以及好友的"质量"

10.1.2　数据来源

芝麻信用拥有广泛的数据来源,依托互联网大数据平台,它不仅可以和传统金融机构合作获取用户的个人信贷信息,还可以收集到传统个人征信机构所忽略掉的用户在互联网上产生的信用信息。与传统个人征信机构相比,芝麻信用收集并采纳的信用信息要广泛得多,主要包括以下几类。

(1) 基本信息

阿里巴巴名下的支付宝、淘宝、天猫等各个电商平台用户众多,众多的用户带来了庞大的信息源,其个人身份信息、支付情况、购买情况都是作为信用评级的重要依据。用户在使用蚂蚁金服所提供的服务之前都需要注册私人账户并且填写完整的个人信息。

(2) 金融数据

芝麻信用所收集的金融数据包括两部分:一是与传统金融机构合作共享获得的用户银行信贷数据;二是通过阿里巴巴旗下的蚂蚁金服、网商银行等平台开展的各种业务所获取的用户互联网金融信用数据。比如2017年初,中国建设银行在与支付宝合作以后,也为芝麻信用提供了金融信贷、个人投资等相关的行业信息。

(3) 电商数据

阿里巴巴集团旗下有着天猫和淘宝等电商平台,截至2017年6月,两平台的活跃消费者达到了4.66亿,约占中国人口的1/3,庞大的用户基数和活跃量每天都能产生海量的用户信用信息,并且随着用户的网络浏览记录和交易支付记录实时更新。

(4) 公共信息

芝麻信用通过与各个城市的不同公共服务部门或者第三方机构进行合作,收集它们提供的用户信息。

10.1.3 场景应用

芝麻信用通过与不同的机构进行合作,在线上和线下同步进行芝麻信用分的应用推广,涉及了金融等线上领域和出行、住宿、通信等多个线下领域。

(1) 线上消费金融方面

芝麻信用与蚂蚁花呗、蚂蚁借呗以及"天猫开新车"合作,只要用户的芝麻信用分高于600分,就可以在花呗上申请到额度,在淘宝购物时,可以先使用花呗进行支付,然后在还款日进行还款,相当于传统的信用卡功能。同样地,当芝麻信用达到一定分数时,用户可以在蚂蚁借呗上申请到一定的贷款额度,当用户急需资金时,可以通过蚂蚁借呗进行贷款,同时,用户每使用一次蚂蚁借呗并按时还款,就又可以增加用户芝麻信用的评分。芝麻信用还推出了信用购车的服务,其与"天猫开新车"合作,芝麻分750分及以上的用户,只要符合购车要求就可立马把新车领回家。其操作流程同线下的车贷模式是一样的,只是把传统的在银行或者汽车金融公司办理的汽车贷款服务搬到了线上,利用芝麻信用的评分作为切入点,进行线上贷款购车。

(2) 线下生活服务方面

与线上应用领域不同,芝麻信用在线下领域的应用场景较为广泛。芝麻信用不断扩大合作企业的范围,涵盖衣食住行各个生活服务方面。在出行方面,芝麻信用与一嗨租车、神州租车等公司进行合作,芝麻信用分在600分以上的用户可享受免押金的快捷租车服务;在住宿方面,芝麻信用除了与全国6 000多家酒店合作之外,还和途家、小猪短租等短租公司合作,芝麻信用分在600分以上的用户可享受免押金住酒店和免押金租房服务;在通信方面,芝麻信用与联通公司合作推出了基于芝麻信用分的"芝麻冰激凌套餐",芝麻信用分在600分以上的用户有机会开通联通无限流量套餐;在公共服务方面,芝麻信用与国内机场和部分签证机构合作。首都机场、成都机场都与芝麻信用开展了合作,在首都机场,芝麻信用分在750分以上的用户可以享受国内快速安检通道。除了与国内机场合作之外,芝麻信用还与部分签证机构进行合作。2015年6月,芝麻信用推出了新加坡和卢森堡的信用签证服务,芝麻信用分在700分以上的用户在申请新加坡签证时只需向飞猪平台申请即可办理,无须再提供收入证明、户口信息等烦琐的书面文件。芝麻信用分在 750 分以上的用户则可以免收入或职业证明申请卢森堡(申根)签证,申请成功后即可畅游欧洲 26 个申根国家。

10.1.4　芝麻信用的优势

芝麻信用通过收集用户大量的互联网行为数据,采用先进的模型加以模拟、推算,运用大数据和云计算平台综合分析、处理,最终计算出用户的芝麻信用分并产生丰富的相关信用产品,以下将对芝麻信用个人征信的优势做出分析。

(1) 信用信息来源广泛

阿里巴巴旗下的平台涵盖各种场景的数据,近几年来用户的数据也在不断地增长。光是蚂蚁金服旗下的支付宝用户就拥有 3 亿名实名用户,覆盖了近一半的中国网民,因此芝麻信用拥有大量的用户数据。此外,芝麻信用还运用大数据技术和云计算技术来建立评分体系,使其采集个人信用信息数据的成本降低,来源变广。

(2) 数据收集成本低

芝麻信用的数据源主要来自阿里巴巴集团下的自有网络服务和其投资控股的第三方公司,芝麻信用可以几乎零成本地从阿里巴巴集团获取海量的用户信息和网络数据。由于其所收集的网络数据具有统一的标准格式,因此易于传递和共享,这也进一步降低了数据的搜集成本。

(3) 数据处理方式先进

芝麻信用利用了先进的云计算、人工智能、机器学习等数据处理方法对其所收集的海量数据进行筛选、分析和处理,这些方法的运用,不仅能降低数据处理的成本、加快数据处理的速度,而且能科学地分析和发现用户不同数据之间的关联性,从而更加精准地刻画出用户的信用特征,反映用户的信用情况。

(4) 信用评级模型动态、客观

芝麻信用采用先进的、独特的评估模型,基于"5C"准则发展出自己独有的以信用历史、行为偏好、履约能力、身份特质、人脉关系为考核维度的评估模型,全面评价用户的信用情况。多维度的网络行为数据可以更加客观地考察用户的信用情况,而且随着用户互联网行为数据的增多,各维度对用户个人信用的相关性也在逐渐增强,模型本身的拟合结果也越来越准确。除此之外,芝麻信用分也会在每月 6 号进行更新,其中评分模型算法的调整和用户的网络行为都会对芝麻信用分造成影响,这种动态的更新过程保证了用户个人信用分的实时和准确,更加高效地反映了用户信用的变化情况。

(5) 使用方便快捷,应用场景多

芝麻信用在应用场景范围上有着巨大的优势。通过支付宝这个超级流量入口,用户可以轻易地进入芝麻信用专属通道,只需一键就可以授权并开启自己的芝麻信用分,从而享受便捷的信用生活。相比之下,用户如果想从央行征信系统查阅自己的个人征信报告,则需要填写烦琐的文件资料并耗费漫长的等待时间,芝麻信用在这方面无疑更加方便快捷。除此之外,芝麻信用还与众多第三方机构合作,大力扩展了芝麻信用的应用场景,目前已经在信用出行、信用租房和信用借贷等领域取得了大量成果,通过线上线下的同时推广,芝麻信用不仅吸引了用户,也增大了用户的黏性。

课后思考题

1. 你认为芝麻信用在发展中存在哪些问题？
2. 你在哪些应用场景使用过芝麻信用？感觉如何？
3. 你认为出现芝麻信用的根本原因是什么？
4. 你对芝麻信用的发展有什么建议？

参考文献

[1] 于晓阳.互联网＋大数据模式下的征信:以芝麻信用为例[J].北方金融,2016(11):73-76.

[2] 夏义鑫,武诗雨.芝麻信用体系创新模式研究[J].现代商贸工业,2018,39(21):54-56.

[3] 刘烁.我国互联网金融个人征信体系构建研究[D].蚌埠:安徽财经大学,2018.

[4] 王姣.芝麻信用发展状况分析[J].现代营销(信息版),2019(2):40-42.

[5] 王艺玮.信用体系对互联网金融发展的作用探析:以"芝麻信用分"为例[J].现代商贸工业,2019,40(6):110.

[6] 李晓刚.互联网金融个人征信体系建设研究[D].杭州:浙江大学,2017.

10.2 中小微企业的信贷春天——阿里小贷

案例标签:中小微企业;信用管理;小额贷款

案例导读:

2010年6月,阿里集团成立阿里集团小额贷款股份有限公司(以下简称阿里小贷),标志着阿里集团"电子商务 ＋ 金融服务"商业帝国的初步建立,其目标是帮助解决微小融资需求,尤其是针对中小型企业。阿里小贷利用自身电商大数据平台为小微企业提供了传统金融模式所不具备的优质信贷金融服务,为小微企业提供了新的解决问题的途径。

阿里小贷是指以借款人的信誉发放的贷款,借款人不需要提供担保。其特征就是债务人无须提供抵押品或第三方担保,仅凭自己的信誉就能取得贷款,并以借款人信用程度作为还款保证。阿里小贷是阿里金融为阿里巴巴会员提供的一款纯信用贷款产品,无抵押、无担保、随借随还。

回顾其发展历程,它的发展要追溯到2002年"诚信通"的成立。"诚信通"是由阿里集团在2002年推出的一项业务,致力于服务其会员在国内的贸易。阿里利用第三方平台,对旗下的注册会员做出评估,同时通过对会员的评估,将他们的诚信交易记录公布于互联网上,以此帮助顾客选择购物。2004年年初,其又推出了"诚信通"的指数,以此来评估会员信誉状况,由此,"诚信通"变成了阿里集团会员信誉数据的基础,阿里运用互联网技术,将小、微企业的大量数据放入云计算中。

2016年,阿里小贷为400多万家中小微企业提供了融资服务,共计7 000多亿元的融资额。阿里小贷模式对传统银企信用关系进行了重构,形成"电商平台＋中小微企业"的新型信用关系,改变了传统信用关系中繁杂的贷款程序及严格的风控体系,极大程度上解决了我国中小微企业融资难的问题。

10.2.1 阿里小贷的业务特点

(1) 明确的客户定位

阿里小贷的主要服务对象是淘宝、天猫、阿里巴巴 B2B 等电商平台上的商户、个人创业者。从成立之初至今,阿里巴巴已经积累了庞大的客户资源及这些客户的交易数据,这为阿里小贷客户的信用评级提供了有效的参考。通过交易平台上的数据,阿里小贷对客户形成了相应的信用评级,通过信用评级最终确定是否放贷及借款者的额度。阿里小贷了解阿里巴巴平台上的融资需求,并且充分利用了阿里巴巴平台上积累的数据,最终将客户定位于平台上的商户。

(2) 产品分类清晰,设计标准化

阿里小贷针对不同电商平台上的客户发放不同的贷款产品。比如,针对淘宝商户发放淘宝信用贷和淘宝订单贷,针对天猫商户发放信用贷和订单贷,针对阿里巴巴 B2B 平台上的会员企业发放阿里巴巴信用贷。清晰的产品分类方便客户根据自己的情况来选择贷款的产品。

(3) 便捷的贷款流程

阿里小贷的贷款流程几乎都是在网上操作完成,包括贷款的申请、信贷的审批(通过视频调查)、贷款资金的发放,以及支付宝对放贷资金的监测。全过程放贷最快只需 3 分钟,极大地优化了客户体验。阿里小贷基于大数据的理念开发出的微贷技术可以实现批量放贷,形成一条信贷流水线,建立真正的信贷工厂,提高贷款管理的效率。

(4) 独特的风险控制技术

阿里小贷的风险控制技术基于阿里巴巴平台上的海量数据,解决了传统信贷借贷双方信息不对称的问题。贷款分为贷前、贷中、贷后管理,贷前基于客户的信用数据对借款者的信用进行严格的审批,这些信用数据包括销售数据、身份信息、顾客评价情况等,甚至包括海关、税务等数据。贷中通过支付宝来监测资金的流向,有效地防止资金的挪用。贷后又通过关停账号和店铺来处理违约客户,以客户未来的收益作为违约的成本,解决了传统借贷中因无抵押品而无法惩罚违约客户的情况。

(5) 创新的还款方式

支付宝作为第三方支付平台,积累了大量的支付数据,成为阿里小贷风险控制数据基础的一个重要部分。借款者资金的发放和归还同时通过支付宝来实现,加快了资金的流动,缓解了流动性压力且极大地简化了客户贷款的流程。通过支付宝,阿里小贷还可以对借款者进行放贷资金的监测,完善了风险控制体系。

10.2.2 阿里小贷的信用管理方法

(1) 用户信用评级机制

阿里巴巴的生态系统包含了各行各业,内容广泛,因此它掌握了各类交易数据,而数据是当今社会最有价值的资本。阿里不断扩展和整合的信用信息数据来源体现了阿里信用评级机制的创新。除了传统的人民银行征信体制外,阿里还通过收集平台上用户的交易行为等各类信息,以及平台外的结构性与非结构性数据等,将多渠道来源的数据进行整合,形成从多角度多维度的评估。阿里小贷通过大数据技术和云计算技术将自有信息与外部数据进行挖掘、整合、分析,从而得到商户的资信状况与信用等级,多样化的数据来源使评级结果更具科学性和可靠性。

(2) 平台内部征信体系

"大数据"和"电商平台"是阿里内部征信体系得以发展的两大优势。天猫、淘宝等电商平台积累了充足的交易信息,阿里通过大数据、云计算对这些交易信息进行深度挖掘,从而建立起依托网络平台的内部征信体系,该体系最大的特点就是对客户群体能够进行分层分析,做到体系内外联动。

阿里小贷体系内外实时更新互动的过程通常是由阿里的"诚信通指数"来完成的。这个指数是阿里小贷进行贷款决策的重要参考依据,同时,诚信通指数是可以开放给消费者以供参考的,这也是为了让平台商户能够时刻处在公众监督的视野之下,以便激励商户能够时刻注意自己的信誉度,提高信用意识,从而产生一个良性的正反馈。

(3) 风险管理体系

阿里巴巴集团着力构建了环状闭合的生态系统。在该系统中,平台的信息流与现金流、物流实现了紧密的结合,所有资源可以在环形系统内充分地流动。阿里平台上的中小网商不再仅仅是信息的提供者与生产者,还能够成为阿里金融服务的对象,阿里小贷就是利用平台闭环生态运作,从而进行动态风险评价的,因此,阿里小贷模式的本质就是利用互联网的闭环数据来重新构建贷款流程。

10.2.3 阿里小贷的发展优势

(1) 依托"电商平台"重新构建贷款流程,消除信息不对称

在我国,小微企业的数量占到了各类型企业总数的99%,但小微企业银行借贷余额仅占企业银行借贷总余额的29.3%。在传统金融机构下,我国小微企业陷入融资困境。造成这种状况的主要原因是小微企业规模小、财务管理能力弱,商业银行难以从大量"软信息"中提取有效信息,这就导致了极高的风控成本和严重的信息不对称。传统金融解决不了这些问题,而互联网金融借助大数据和云计算技术,很好地消除了信息的不对称。

阿里小贷"电子商务平台+中小微企业"的新型信用关系具有信息优势和平台优势。阿里小贷在整个贷款过程的风险管理体系中,通过科学使用大数据技术,降低了放贷成本,减小了放贷风险,提升了放贷效率,改变了传统信用关系中过度依赖企业财务报表、抵押物和担保品的状况,同时,阿里小贷利用其自身平台闭环的特点,对企业信息进行深度挖掘与分析,并将这些信息通过梳理整合,建立了相关用户的信用评级机制及征信体系,改变了传统信用关系中呆板的贷款模式。

(2) 依托网络化运作方式降低贷款成本

阿里巴巴集团基于信息大规模搜集和整合技术开发出来的新型微贷技术,具有快速高效的优势。在贷款的审核认证上,阿里小贷充分利用微贷技术自动审核网商的信用状况,取消了抵押品和担保人资格认证的程序,简化了贷款流程。在贷款客户群体的覆盖面上,阿里小贷通过互联网解除了客户的地域限制,将小贷客户的覆盖范围扩展至全国。在信贷人员调查方式上,阿里小贷取消了传统信用关系中的信贷人员实地调查环节,改为利用线上资信调查和数据模型分析的方式对贷款申请人进行信用评估,极大地节省了成本。

(3) 依托大数据技术实现精准决策

在大数据环境下,阿里小贷将结构化数据如货品交易量、销售额等与其他非结构化数据如访问量、用户评价、访问时长等进行了综合,不需要中小微企业提供抵押或担保品,仅根据这些企业的信用状况就能对是否放贷和放贷额度进行精准决策。

阿里小贷采取"一对多"的精准营销模式,一个信贷专员可以同时管理上百家客户,同时,阿里小贷基于大数据分析的结果,针对可能有融资需求的店铺定向投放广告,实现精准营销,大大节省了广告宣传成本和品牌管理成本。阿里小贷技术团队为聚划算设计出的数据工具,综合参考了60多个变量,做出的市场决策精准程度超过80%。

阿里小贷打通了各平台间的信息通道,实现了电商平台和融资平台的融合,系统自动挑选符合贷款标准的中小微企业,减少了贷前客户的挑选成本,构成了精准放贷的基础。随着用户覆盖面的扩大,借助社交网络和搜索引擎技术,用户的信息变得更加透明、真实,大数据的优势发挥得更加明显。

10.2.4 阿里小贷面临的问题

(1) 资金来源问题

根据我国相关规定,小贷企业因为是非金融机构,放贷来源主要是企业自有资本金和从金融机构融入的不超过注册资本50%的资金。对于广大小微企业来说,放贷资金的供给量是远远小于需求量的,为了解决资金来源的瓶颈,阿里小贷和东方证券资产管理公司做了资产转让项目,在深交所挂牌交易。这种方式为阿里增加了90亿元的贷款资金,但是这些方式面临较大的政策风险,可能随时被银保监会叫停。飞速发展的小微企业,要想获得源源不断的资金支持来满足其资金需求,只有和银行合作才有可能从根本上解决这个问题。

(2) 法律政策不完善

阿里小贷公司发放贷款的方式是通过网络审批发放的,虽然可以发放贷款,但非金融机构的身份使其对资金周转与灵活性方面的掌控有局限,未来的发展方向也较为模糊。在网络小贷企业的监管方面,许多监管条例很大程度上制约了网络小贷企业的发展,首先是对小贷公司融资杠杆率的限制,其次是对小贷公司信贷投放范围的限制。

(3) 网络技术安全问题

互联网是信息的载体,尤其是涉及金融方面的信息,如果出现私人信息泄露,或是重大技术错误等事件,将导致金融基础设施网络体系的崩溃,从而产生资金安全问题,引发不堪设想的后果。传统金融行业是直接受政府监管的,其安全性比互联网金融企业的安全性要高出不少,对于阿里小贷而言,提高自身运营的安全性势在必行。

(4) 客户群体受限

阿里巴巴的主打品牌是淘宝和天猫,这两大网络销售平台所针对的用户主要是产业链上的经销商和消费者,对于经销商的上游企业(如生产制造企业、研发企业)的贷款是阿里小贷的薄弱环节。

(5) 违约风险增高

随着资产证券化的推动,互联网金融信贷业务将加速成为各大电商平台的掘金热点,然而阿里小贷目前采用的主要是交易订单及信用度两个指标,资产证券化在增加其资金的同时,也将面临更大的违约风险。

课后思考题

1. 阿里小贷运用大数据进行运营在同行业中有哪些优势?

2. 谈谈你对阿里小贷未来运营发展的优化建议。
3. 阿里小贷企业与传统信贷分别有哪些优劣势？
4. 阿里小贷等网络小贷企业对传统信贷会有怎样的影响？

参考文献

[1] 丁村鸿鹄,赵元.大数据对互联网小额信贷公司的重要性研究:以"阿里小贷"为例[J].黑龙江教育(理论与实践),2017(Z1):26-27.

[2] 杨倩.浅析阿里小贷的发展及运营模式[J].市场研究,2016(8):39-40.

[3] 陈婷婷,曾丽娜.大数据金融环境下阿里小贷的发展[J].电子商务,2016(9):41-43.

[4] 徐扬.电商小贷的综合信用评价体系研究[D].厦门:厦门大学,2017.

[5] 宫兆辉,许敦锴,周华.电商小贷的现状及未来发展建议[J].金融经济,2019(2):127-128.

第11章 物流服务类

11.1 飞机快递,快递中的战斗机——顺丰速运

案例标签:顺丰速运;直营;竞争环境

案例网址:www.sf-express.com

案例导读:

顺丰速运创立于1993年,是一家以国内外速运、冷运服务为主的民营企业。顺丰速运在广东顺德成立后,积极向外地扩展,现在已经大范围地布局了收货和取货营业点。2016年,顺丰速运作价433亿元欲借壳上市。2017年2月24日,顺丰控股在深交所上市,正式登陆A股。2017年12月,顺丰速运在湖北鄂州开工建设湖北国际物流核心枢纽项目,为打造亚洲第一的航空物流打下了坚实基础。

一直以来,顺丰速运凭借直营模式和空运优势,在快递行业中占据独特地位。顺丰坚持扎根中端并逐步向中高端拓展,在走中高端商务路线的同时不忘企业使命——既满足目标客户群的基本需求,提供安全、准确、快速、专业、高标准的服务,又积极挖掘潜在需求,打造具有特色的产品项目,完善服务体系,积极满足客户的差异化需求。然而近年来,随着网络的迅速发展,线上购物越来越普及,大型电商相继进军快递行业,快递行业的竞争也日益激烈。当前的顺丰速运虽然仍是快递企业的领头羊,但其业务早已不局限于快递领域了。顺丰以速运业务为核心,加强集团内部的资源整合,开展跨界尝试,推动业务朝着多元化的方向发展,形成了涉及快递、电商、金融等诸多领域的发展态势。

11.1.1 发展历程

顺丰速运发展至今已有20余年的历史,其发展历程可分为两个阶段:1993年至2002年的草创扩张期;2002年至今的优化领先期。

(1)草创扩张期

1993年3月26日,王卫向父亲借了10万元,和几个朋友一起创立了顺丰公司,公司成立于广东顺德,并在香港的砵兰街租下了一个几十平方米的店面,主营业务是广东省与香港之间的货物运输。20世纪90年代初,是中国快递市场崛起的时期,竞争非常激烈。王卫面对众多竞争者,尤其是面对当时几乎垄断市场的EMS,采用了"割价抢滩"的策略。顺丰的价格比市场均价低30%,虽然利润相对较少,但是让利行为却吸引了大批中小商家,使得顺丰从EMS手上抢到了不少生意。

1993年到1996年，顺丰仅仅用了3年时间就悄无声息地基本垄断了整个华南地区的国内快递业务，而当时很多广东人却连顺丰是个怎样的企业都不知道。在顺丰成功占据整个华南地区市场后，开始对业务进行细分。顺丰速运与诸多其他同时期的快递公司不同，它坚持只做小件快递，不做大件，定位于中高端小件市场，且以商业信函为主，不做与四大国际快递业务重叠的高端市场，也不做被其他快递公司所占据的低端市场。

1996年，中国经济处于高速发展期，快递业务量也不断增长，顺丰开始涉足国内快递，逐步将业务网点延伸至内地广东省以外的地区，尤其是经济发展迅速、市场需求相对较高的长三角地区。在这些地方，王卫采取代理加盟制的扩张方式，随后顺丰的网点数量迅速增加。顺丰再次仅仅用了3年时间，以惊人的速度拿下华东地区的快递业务市场。在顺利布局华东市场后的两三年里，王卫以华东地区为前哨站，采用同样的代理加盟制，将顺丰推向华中、华北地区，一张全国性的顺丰网络蓝图随即展现在大家面前。

1997年，从顺德到香港陆运市场70%的货由顺丰独家承运，深港货运市场已局部被顺丰垄断。顺丰率先在快递行业实行计件工资制，这样的制度保证了顺丰一线收派员的高收入和工作积极性。

从1993年到2002年，顺丰完成了从草创期到扩张期的转变，实现了质的飞跃。据统计，1996年到2002年之间，顺丰在全国总共建立了180多个网点，几乎占据了整个华南地区，国内快递业务在顺丰总体收入中的占比也增加到了近40%，和深港业务持平。

（2）优化领先期

2002年，顺丰在深圳设立公司总部，并全面展开优化改革工作。顺丰的运营模式从加盟代理制转为直营制，全面收权。

课堂讨论：谈谈你如何理解直营和加盟的区别。

顺丰是中国第一家使用全货运专机的民营快递企业。2003年年初，顺丰和扬子江快运签下承包5架737全货机的协议，专门用来运送顺丰快件。另外，国内多家航空公司共计230多条航线的腹舱被顺丰租用，专门用来运送顺丰快件。

2005年至2006年，顺丰全面提速，不仅扩大了网点的分布，还提供了多项增值服务，瞄准中低端市场，着重提高服务质量。到2006年年初，顺丰在国内拥有1100多个营业网点，覆盖了国内20个省、100多个大中城市及300多个县级市和城镇，建有2个分拨中心、52个中转场，拥有2000多台干线中转车辆。

2008年，金融危机爆发，大学生就业困难，顺丰顺势而为，以较低的成本第一次大量招收本科生，改善人才结构。

2009年2月9日，经民航局批准筹建，顺丰成立了自己的航空公司"顺丰航空有限公司"，之后出资购入两架飞机，开始打造属于自己的空中物流王国。2009年12月31日，顺丰航空有限公司的首架飞机顺利首航。同年，顺丰成立了自己的科技公司"顺丰科技有限公司"，作为顺丰速运集团的定向IT服务商。

2012年5月31日，顺丰优选正式上线，隶属于顺丰速运集团有限公司，是以经营全球优质美食为主的B2C电子商务网站。顺丰优选以"优选商品，服务到家"为宗旨，依托线上电商平台与线下社区门店的有机结合开展运营。

2014年9月25日，顺丰召开了公司成立20多年来的第一次规模较大的新闻发布会，旨在对外推介顺丰的新品牌——顺丰冷运。

2017年2月24日，顺丰控股借壳鼎泰新材成功登陆A股市场。

截至 2017 年 6 月，顺丰速运已拥有自营及外包车辆合计约 2.5 万辆，业务覆盖了全国 334 个地级市、2 656 个县级城市，共有近 13 000 个自营网点。此外，顺丰还自有 39 架全货机、16 架外部包机（全货机），搭建了以深圳、杭州为双枢纽，辐射全国的航线网络，同时，顺丰积极拓展国际业务，它的国际小包业务覆盖了全球 225 个国家及地区，国际标快/国际特惠业务已覆盖了美国、俄罗斯、加拿大、韩国、日本等 53 个国家。

课堂讨论：你觉得顺丰速运成功的关键因素有哪些？

11.1.2 竞争环境分析

（1）行业环境分析

在行业环境上，我国快递需求猛增，网购消费的爆发式增长催生了巨大的快递服务需求。据统计，2015 年我国电子商务规模达 18 万亿元，位居全球第一，同年快递业务量规模达到 206.7 亿件。2010—2015 年，电商规模复合增速达到 32%，快递行业复合增速达到 55%，电商的快递发展直接带动快递业务量的跨越式增长。据最新数据显示，2016 年中国快递总量达 313 亿件，稳居快递第一大国，行业增速高达 30%。在电商跨界的背景下，物流已经成为电商企业的核心竞争力。然而阿里和京东凭借平台优势，京东和唯品会凭借自建物流网络体系优势，抢占着顺丰的电子商务市场，面对大型电商纷纷跨界进军快递行业，顺丰并没有核心竞争优势。

（2）政策环境分析

在政策环境上，我国政府对快递业的扶持力度越来越大。2015 年 10 月，国务院《关于促进快递业发展的若干意见》提出了促进快递业发展的总体要求、重点任务和政策措施。2016 年 3 月，李克强总理在第十二届全国人大第四次会议上指出，要完善物流配送网络，促进快递业健康发展，随后各省市相继出台促进快递业健康发展的相关文件。政府的大力扶持对行业的快速发展助力很大，有利于民营企业的发展。顺丰顺势而为，把握机遇进一步推动企业发展。

（3）行业结构分析

在行业结构上，顺丰原来具有两大优势：第一，直营管理和航空快运；第二，商务快件的品牌优势。面对京东、唯品会自建物流，顺丰高效安全的快递物流受到威胁；面对阿里大数据平台，顺丰原本技术上的优势也受到挑战，"最后一公里"的争夺锋芒毕露。在物流、电商、仓储、供应链、E 金融等方面，顺丰都面临着行业替代品的威胁，尤其是无纸化办公将会让顺丰商务快件的业务需求量大减。传统的顺丰商务快件的优势是建立在用户不介意多花几块钱选择更高效而安全的服务之上的，新的竞争者的到来将会让顺丰的议价能力大幅度受挫。目前快递行业所面临的最大威胁不仅来自传统行业，还来自具有平台和用户端优势的电商巨头，这直接挑战了顺丰的直营模式和空运优势。

（4）战略群体分析

从战略群体来说，移动壁垒从高到低的顺序如下：EMS→自建物流电商→顺丰→阿里菜鸟网络→三通一达等加盟企业。EMS 的政策优势和网络规模不可撼动，一旦实现管理创新和平台建设，那么将会成为整个行业的领头羊。比起大数据的优势，京东自建物流的平台垂直一体化优势更加明显。大数据平台的壁垒相对于顺丰的品牌服务来说并不高，因为配送环节还是要依赖快递企业，而加盟企业价低利少，管理松散，完全靠价格优势才能在市场中立足。

课堂讨论：我国物流加盟企业有哪些？它们有哪些共同点？

(5) 竞争对手分析

从竞争对手来说,短期内顺丰面临的最大威胁是京东等自建物流的电商,它们不但在电商平台上拓展价值增值链,还在快递领域抢占顺丰的市场份额。菜鸟网络能够利用平台的优势兼容并购快递企业,从而建立集群优势。从长期来看,如果中国邮政能够锐意改革,建立大数据平台,那么在城乡网点覆盖和政策的支持下,它将统治我国的快递行业。

课堂讨论:顺丰速运的优势和劣势分别是什么?

11.1.3 未来发展的建议

顺丰速运要想提升核心竞争力,首先要建立大数据思维,以供应链为支撑点,打造多元化平台,采用差异化的竞争战略,提前进入新兴市场,进一步提升技术水平,在供应链整合和大数据处理的过程中,提升自身的智能化决策和规划水平,尤其是在防腐保鲜、冷藏冷链、仓储配送、路线规划等方面,继续保持顺丰的高端品质;同时,还要实现物流、资金流、信息流的整合,实现各个业务环节的整合优化,借鉴联邦快递的经验,提升标准化的操作水平,减少重复路线、重复运作、重复劳动,利用现有物流配送的核心优势,逐渐向供应链、电商和支付领域融合,特别是要注重发展便捷支付,在金融领域抓住终端客户。

在国内市场,顺丰要将现在的信息化优势发展为大数据商业智能优势,实现收件、派件、配送环节的智能分类,在消费者下单时进行路线整合,计算到达时间和费用,让消费者自主选择配送费用和时间,了解消费者的偏好,优化用户体验。此外,顺丰要全面控制成本,扭转目前高成本的劣势,建立分层服务和差异化体验。

在国际市场,利用顺丰良好的口碑和品牌效应,从跨境电商物流起步,针对海淘时间长、手续烦琐的弊端,发展高效、简便的跨境电商模式;利用已经发展的国际运输线路,完善跨境电商生命线的铺设,提供专业化的电商快递一体化服务,为国外消费者提供特色产品"一条龙"的购物体验。针对国内外消费特定群体,发展自身服务供应链。

课后思考题

1. 物流企业的竞争优势来自哪些要素?
2. 你觉得顺丰速运在日后的发展中还会遇到哪些问题?
3. 面对电商巨头自建物流,顺丰速运应如何应对?

案例来源

电子商务案例云服务平台,网址为 http://www.ceccase.com。

参考文献

[1] 林晨辉,施云清.顺丰速运核心竞争优势分析[J].现代营销(下旬刊),2018(7):117-118.

[2] 邱敏瑜.顺丰速运(集团)有限公司竞争战略研究[D].泉州:华侨大学,2017.

[3] 高月.顺丰速运企业战略分析:以 SWOT 分析和波特五力模型为工具[J].商场现代化,2017(17):33-34.

[4] 张慧芹.电商高速发展背景下顺丰速运的战略分析[J].市场周刊,2019(2):43-44.

11.2 无忧送达——联邦快递

案例标签:无忧送达;ASF;PSP
案例网站:www.fedex.com/cn
案例导读:

联邦快递是由前美国海军陆战队队员 Fred Smith(弗雷德·史密斯)于1971年在阿肯色州小石城创立的。初期联邦快递经营困难重重,出现严重亏损。数年后,业务开始有所改善,到了1975年7月,公司首度出现盈利。1978年,联邦快递正式上市。如今,联邦快递每天为全球230多个国家与地区的300万名顾客服务,出入全球375座机场,有10座航空快递转运中心、894个快递营运点、29座陆上货运转运中心、500多个货运站、324个货运营运中心、1500个Kinko's营运中心。

本案例介绍了联邦快递如何发展成全球一流的快递集团,重点分析了联邦快递的管理模式及其核心竞争力,为国内快递产业的发展提供借鉴。

11.2.1 发展概况

联邦快递是一家国际性速递集团,提供隔夜快递、地面快递、重型货物运送、文件复印及物流服务,其总部设于美国田纳西州。其品牌商标"FedEx"是由公司原来的英文名称 Federal Express 合并而成。

联邦快递集团为遍及全球的顾客和企业提供了涵盖运输、电子商务和商业运作等一系列的服务。作为一个久负盛名的企业品牌,联邦快递集团通过相互竞争和协调管理的运营模式,提供了一套综合的商务应用解决方案,使其年收入高达320亿美元。

联邦快递是全球最具规模的快递运输公司,为全球超过235个国家及地区提供快捷、可靠的快递服务。联邦快递设有环球航空及陆运网络,通常只需1至2个工作日,就能迅速运送时间紧迫的货件,而且确保准时送达。

11.2.2 管理模式

1. 管理原则

联邦快递之所以能取得史无前例的成就离不开它的管理原则,具体有如下11项。

(1)倾心尽力为员工

联邦快递公司创始人、主席兼行政总监弗雷德·史密斯创建的扁平式管理结构,不仅得以向员工授权赋能,而且扩大了员工的职责范围。

公司还耗资数百万美元建立了一个FXTV(联邦快递电视网络),使世界各地的管理层和员工可建立即时联系。它充分体现了公司快速、坦诚、全面、交互式的交流方式。

课堂讨论:扁平化有哪些特点?

(2)倾情投入

20世纪90年代初,联邦快递准备建立一个服务亚洲的超级中心站,负责亚太地区的副总裁 Joe McCarty(麦卡提)在苏比克湾找到了一个很好的地址,但日本担心联邦快递在亚洲的存在会影响它自己的运输业,不允许联邦快递通过苏比克湾服务日本市场。

(3) 奖励至关重要

联邦快递经常让员工和客户对工作做评估，以便适当表彰员工的卓越业绩。其中主要有以下几种奖励。

Bravo Zulu(祖鲁奖)：奖励有卓越表现的员工。

Finder's Keepers(开拓奖)：给每日与客户接触、给公司带来新客户的员工一笔额外奖金。

Best Practice Pays(最佳业绩奖)：对员工的贡献超出公司目标的团队一笔现金。

Golden Falcon Awards(金鹰奖)：奖给客户和公司管理层提名表彰的员工。

The Star/Superstar Awards(明星/超级明星奖)：这是公司的最佳工作表现奖，相当于一张金额为受奖人薪水 2%～3% 的支票。

(4) 融合多元文化

联邦快递有自己的大文化，同时也有各种局域文化。在超级中心站，它的文化在于其时间观念；在软件开发实验室和后勤服务部门，它们的文化则在于创新和创意；在一线现场，它强调的是令顾客满意的企业文化。

负责美国和加拿大业务的高级副总裁 Mary Alice Taylor(马丽)指出："我们的文化之所以有效，是因为它与我们的宗旨紧密相连，即提供优秀品质来服务顾客。"

(5) 激励胜于控制

联邦快递的经理会领导下属按工作要求做出适当的个人调整，创造一流业绩。正如马丽在报告中所说："我们需要加强地面运作。我想，如果让每个员工专注于单一目标，就能在整体上达到一定水平。正因为此，我们才引入了最佳业绩奖，它使我们的 50 000 名员工能专注于提高生产效率和客户服务质量。我们达到了以前从没想过的另一个高峰，工作绩效接近 100%，而成本却降到了最低水平。"

(6) 首要规则是改变规则

联邦快递选择以固定价格体系来取代按邮区划定的路程和运量定价体系，在货运业引起了巨大的轰动。这一改变不仅简化了联邦快递的业务程序，也使客户能够准确预测自己的运输费用。弗雷德说服国会使美国民航管理委员会解除对航空快运的限制，开辟了"隔夜送达货运业务"，使对手公司也纷纷受益，整个行业的利润增加了 10 倍。

(7) 问题也有好的一面

联邦快递把客户的问题当作对自己的挑战和潜在的商业机会。联邦快递接到一家打算自己经营产品仓储和批发业务的全球性女装零售商兼家居饰品商的请求，为其提供系统跟踪订单、检查库存、安排运货时间的服务，使其能在 48 小时内完成接单送货。联邦快递之所以能以这样大的规模存在，是因为有各种公司不断请求它的帮助。

(8) 积极利用技术软件

联邦快递的经验证明：在这个信息时代，一个公司所创造和整理的信息，其价值远远不只是让公司内部受益。联邦快递通过 POWERSHIP(百威发运)系统，可以接订单、跟踪包裹、收集信息和开账单。公司约三分之二的运输都是通过这个系统或者 FedEx Ship(联邦快递发运)电子运输系统来完成的。

课堂讨论：有效利用信息科技会带来那些好处？

(9) 犹豫就会失败

尽管公司顾问担心"隔天下午送货业务"可能会影响公司的其他服务项目，如"优先服务"和"经济送货"，但弗雷德认为新的服务会带来利润，还能消除"早晨优先送货"和"下午经济送货"之间的闲置期。他的预感是正确的,"两天到货"的业务增长不断,"隔夜到货"的业务也持续增长。在联邦快递,经理都很有商业眼光且从不犹豫。

(10) 该放手时就放手

当然,也会有对市场判断失误的时候。联邦快递的 Zap Mail(专递邮件)采用最新技术,通过与卫星相连,传真处理文件,然后送货上门,但因低成本的传真机充斥着商业市场而宣告失败。联邦快递及时放手,它从一开始就把冒险作为公司的制度,因此,一些看上去不那么合理的举措依然使其获得了成功,如第一个辐射式发运系统、专用运输机队、联邦快递技术的电视广告等。

(11) 努力决定形象

一个良好的形象要花很多年建立,要经过周密的计划,利用不同的资源,一心一意去做才能把它传递出去。公众现在已经把"交给联邦快递"这句话同"遵守诺言"等同起来,这可以说是联邦快递的成绩之一。

想到联邦快递就会想到创新。联邦快递总是在寻找各种独特的方法来满足或预测顾客的需求。联邦快递激励员工去树立公司形象,努力塑造一种既为客户也为员工着想的企业形象。公司精心建立起来的形象有益于保持并扩大其市场份额。联邦快递成功的广告节目提高了公司的声誉,员工为自己的工作而自豪,这同样使得公司的声誉倍增。

2. 员工管理

2005年,联邦快递在中国大陆获得"全国最佳雇主"荣誉的时候,特意挑选了一个一线员工与人力资源总监一起上台领奖,还有几个一线员工与老板一起参加了颁奖典礼。在联邦快递看来,只有真正地尊重员工,让员工乐意去了解他们的雇主,才能成为一个名副其实的最佳雇主。

"要成为一个受员工欢迎的雇主,必须采用主动积极的方式来应对市场的高速发展及变化,这一点也体现在公司的人力资源政策上,应该做到与时俱进。"联邦快递中国区人力资源董事总经理夏康琳表示。

在市场上一向低调的联邦快递,在内部的人力资源管理上却是异常主动,多年以来,联邦快递已经形成了一套非常完整的人力资源体系来发现人才、培养人才、留住人才。也正是这种独特的管理文化,帮助员工和企业一起持续成长与发展。

11.2.3 客户关系管理

联邦快递的创始者弗雷德·史密斯有一句名言,"想称霸市场,首先要让客户的心跟着你走,然后让客户的腰包跟着你走"。由于竞争者很容易采取降价策略参与竞争,联邦快递认为提高服务水平才是长久维持客户关系的关键。

1. 联邦快递的全球运送服务

电子商务的兴起,为快递行业从业者提供了良好的机遇。在电子商务体系中,企业间可通过网络的连接,快速传递必要的信息,但对一些企业来讲,运送实体物品是一个难解决的问题。例如,对于产品周期短、跌价风险高的计算机硬件产品来讲,在企业接到顾客的订单后,取得物料、完成组装和配送、降低库存风险,以及掌握市场先机,都是非常重要的课题,因此,对通过大量网络直销的戴尔电脑公司来讲,如果借助联邦快递的及时配送服务来提升整体的运筹效率,可在一定程度上规避经营风险。有一些小企业,由于经费、人力的不足,往往不能建立自己的配送体系,这时就可以借助联邦快递。

联邦快递还有一些高附加值的服务,主要是以下 3 个方面。

(1) 提供整合式维修运送服务

联邦快递提供货物的维修运送服务,如将已坏的电脑或电子产品,送修或送还所有者。

(2) 扮演客户的零件或备料银行

联邦快递扮演零售商的角色,提供诸如接受订单、客户服务处理、仓储服务等服务。

(3) 协助顾客简化并合并行销业务

联邦快递可以帮助顾客协调数个地点之间的产品组件运送流程。在过去,需由顾客自己设法将零件由制造商送到终端顾客手中,而现在的快递业可完全代劳。

综上所述,联邦快递的服务特点在于,协助顾客节省仓储费用,而且在交由联邦快递运送后,顾客仍然能准确掌握货物的行踪,可利用联邦快递的系统来管理货物订单。

2. 联邦快递的客户服务信息系统

联邦快递的客户服务信息系统主要有两个:一是一系列的自动运送软件,如 POWER-SHIP、FedEx Ship 和 FedEx interNetShip;二是客户服务线上作业系统(Customer Operations Service Master On-line System,COSMOS)。

(1) 自动运送软件

为了协助顾客上网,联邦快递向顾客提供了自动运送软件,有 3 个版本:DOS 版的 Power Ship、视窗版的 FedEx Ship 和网络版的 FedEx interNetShip。利用这套系统,客户可以方便地安排取货日程、追踪和确认运送路线、列印条码、建立并维护寄送清单、追踪寄送记录。而联邦快递则通过这套系统了解顾客打算寄送的货物,预先得到的信息有助于运送流程的整合,以及货舱机位和航班的调派等。

(2) 客户服务线上作业系统

这个系统可追溯到 20 世纪 60 年代,当时航空业所用的计算机定位系统备受瞩目,联邦快递受到启发,从 IBM、Avis 租车公司和美国航空等处组织了专家,成立了自动化研发小组,建起了 COSMOS,1980 年,系统增加了主动跟踪、状态信息显示等重要功能。1997 年又推出了网络业务系统 VirtualOrder。

通过这些信息系统的运作,联邦快递建立起全球电子化服务网络,目前有三分之二的货物量是通过 Power Ship、FedEx Ship 和 FedEx interNetShip 来进行配送的,主要利用它们的订单处理、包裹追踪、信息储存和账单寄送等功能。

3. 员工理念在客户关系中扮演的角色

我们都知道,良好的客户关系绝对不是单靠技术就能实现的,员工的主观能动性十分重要。通常需要从 3 个方面对员工进行管理以提高顾客的满意度。

(1) 建立呼叫中心,倾听顾客的声音

联邦快递台湾分公司有 700 名员工,其中有 80 人在呼叫中心工作,其主要任务除了接听成千上万个电话外,还要主动拨出电话与客户联系,收集客户信息。

呼叫中心的员工是绝大多数顾客接触联邦快递的第一个媒介,因此他们的服务质量很重要。呼叫中心的员工要先经过一个月的课堂培训,然后接受两个月的操作训练,学习与顾客打交道的技巧,考核合格后,才能正式接听顾客来电。

另外,联邦快递台湾分公司为了了解顾客需求,有效控制呼叫中心的服务质量,每月都会从每个员工负责的顾客中抽取 5 人,打电话询问他们对服务品质的评价,了解其潜在的需求和建议。

(2) 提高一线员工的素质

为了使与顾客密切接触的运务员符合企业形象和服务要求,联邦快递在招聘员工时会做心理和性格测验。在新进员工的入门培训中强调企业文化的灌输,先让新员工接受两周的课堂训练,再接受服务站的训练,然后让正式的运务员带新员工半个月,最后才独立作业。

(3) 运用奖励制度

联邦快递最主要的管理理念是,只有善待员工,才能让员工热爱工作,在做好自己工作的同时,还主动提供服务。例如,联邦快递台湾分公司每年会向员工提供平均 2 500 美元的经费,让员工学习自己感兴趣的新事物,如语言、信息技术、演讲等,只要对工作有益即可。

4. 网站建设

公司网站于 1995 年开通。在其 1998 年度提交给股东的报告页面上,以"FedEx＝新的领先者品牌"为题,自豪地宣称:FedEx 开创了快递产业中的"基地源泉",史无前例地将智能化系统引入该行业中。

FedEx 网站注重的是它与客户,尤其是企业客户间的亲和力,这对发挥其智能化运输控制系统的作用是至关重要的,所以,网站定位在宣传"整体大于部分之和"的营销理念、力求与客户协同动作、共谋最佳效益。

FedEx 在网站主页的设计方面也特别注重本地化特色,对于不同国家,不仅是页面中的国名、国旗不同,连递送员形象也不同。如在中国主页中选择了电视广告中主流的模特形象作为递送员形象,清纯靓丽,笑容可掬;而在美国主页中递送员则是位短发干练、身体结实,夹着大包裹风风火火闯天下的姑娘。FedEx 网站设计的立意重在本地化、人性化服务,力争给人以亲切感、可信赖感。

FedEx 网站共 3 000 多页,功能强大。其页面大致分为两类:一类是业务页面,以国别为页簇平行组织;一类是宣传页面,按企业介绍及业务进程组织。两类页面互相链接,便于切换。其所有页面的风格均清新简洁,页面间脉络清楚,链接关系简单。这些都是面向作业、面向流程的服务性网站所应具备的特征。若活动区杂乱,链接关系复杂,不能按业务进程组织的页面,则必然给顾客造成许多麻烦。

课堂讨论:网站能够提供哪些服务?请分析联邦快递网站的商业竞争力。

11.2.4 核心竞争力

1. 航空运输能力

FedEx 拥有 672 架自有货机,是全球阵容最庞大的专用货机群,其航空运输能力相当强大,再加上 FedEx 积极扩展运营范围、争取航权,其航空运输网络几乎覆盖全球。举例来说,FedEx 在 1989 年借由并购飞虎航空(Flying Tigers)增加了亚洲 21 个国家的航权,这对于以航空货运为主力的 FedEx 来说,是其最主要的核心竞争力。另外,由于 FedEx 拥有自有机队,可以让结关时间延后,大幅提升 FedEx 自身的优势,因此 FedEx 的清关能力与效率也是 FedEx 的核心竞争力之一。

2. 创新服务

FedEx 始终秉持着开放的态度,持续不断地创新着,并且在挫败中快速学习与改进,总是充满了活力与朝气,FedEx 的创办人 Fred Smith 在创业初期即设计了一套轮辐状的全国空运服务网络,并且以曼菲斯(Memphis, Tennessee)为该轮辐的轮轴,将其作为所有包裹的中央处理中心。借由该网络,FedEx 率先开展了"隔夜送达"和"全球准时送达"两项服务,颠覆了快递业长期以来的惯例，也因此让 FedEx 成为快递业的领先者。

3. 信息科技的研发能力

FedEx 的资讯工程能力相当强大，拥有 6 000 多名 IT 工程师，不仅提供货运服务，还提供信息相关服务，常推出许多创新技术来提升 FedEx 自身能力，包括 1979 年所提出的 COSMOS 系统以及后续推出的货件实时查询系统等，显示出了强大的信息科技能力。此外，FedEx 的 IT 工程师还可以替顾客写软件，例如，顾客的 ERP 系统通常相当昂贵，而 FedEx 的 IT 工程师能够研发出一个接口，使其顾客 ERP 系统与 FedEx 的计算机系统相连接，这样用户就可以直接通过网络进行下单和查询；另外，若有顾客需要从事电子商务，FedEx 亦能够帮助顾客规划与建置，只要将物流运输部分交由 FedEx 负责即可，如此一来，顾客不但节省了人力、物力、财力，同时也能提升服务质量，创造更高的价值。

课后思考题

1. 从本案例的分析中，你能得到哪些关于快递公司管理与营销方面的启示？
2. 现代快递业不再仅仅是交通运输业，请你谈谈在新形势下，快递行业应如何发展？
3. 国际快递企业在发展中会遇到哪些问题？

案例来源

电子商务案例云服务平台，网址为 http://www.ceccase.com。

参考文献

［1］ 柴莹辉.联邦快递内部重组 高成本低价格艰难权衡［N/OL］.中国经营报，2009-04-18［2019-04-30］. http://finance.sina.com.cn/roll/20090418/14066119636.shtml.

［2］ 方方.联邦快递全面提升国内限时服务业务服务水平［N/OL］.南方网财经频道，2007-09-13［2019-04-30］. http://www.southcn.com/finance/financenews/meiti/content/2007-09/03/content_4239611.htm.

11.3　四方物流市场——宁波国际物流发展股份有限公司

案例标签：四方物流；信息平台；营销模式

案例网址：www.4plmarket.com

案例导读：

目前全国各地纷纷通过构筑物流服务大网络，提高物流信息快速响应的能力，突破物流发展的瓶颈，从而促进本区域经济的大发展。伴随着全国物流信息平台的广泛建设，宁波市作为全国性物流节点城市，逐渐由注重硬件服务向注重硬件软件服务并重转变，为建设一个具有开放型、服务型、标准化特征的物流公共信息平台，提出了发展第四方物流市场的战略。宁波四方物流信息平台应运而生，它是提供国际海运、空运、内陆运输及信息化电子商务服务的综合物流服务商，设有一套先进的物流管理软件，能够整合实体物流企业与货主企业的需求，运用网络信息与电子商务相结合的方式为客户提供低成本、全方位的物流服务产品。在全球信息化的今天，物流信息平台比比皆是，要想在行业中立于不败之地，就必须规划整合自身的资源优势，突出核心竞争力，推出更符合用户心意的个性化服务。对于宁波四方物流信息平台来说,其自身运营模式存在服务单一、辐射面小、用户类型涵盖少等问题,大大制约了平台的发展,使其在全国数量庞大的物流公共信息平台中无法脱颖而出;品牌形象的缺失导致平台营销策略缺少影响力;盈利模式单一使平台无法脱离公司的资金支持,独立运行。对宁波四方物流信息平台的整体优化有利于提高平台的核心竞争力,使其拥有良好的运营模式、营销模式和盈利模式,在根本上实现平台用户量的增加、交易率的提升和利润率的扩大,确保平台在全国物流公共信息平台中处于领先地位。构筑物流服务网络、提升物流信息交流、发展网上物流是宁波四方物流信息平台提升物流发展水平的必然选择。

11.3.1 宁波四方物流信息平台简介

宁波市建设的第四方物流市场运营之初的短短几个月就吸纳了1 900多家注册会员,目前,第四方物流市场已被定位为浙江省交通物流交易中心,这意味着这一"宁波模式"有望在全国推广。公司通过与埃森哲长达半年的合作,建立了科学的业务发展体系,并请IBM对公司进行整体IT架构设计、综合设计和详细设计,掌握了先进的互联网应用开发技术,具备强大的信息化项目设计与实施能力。公司拥有一流的IBM、EMC、Cisco等硬件基础设备,以及独立的IDC机房。公司包括.Net、Java、Delphi等专业软件技术开发团队以及经验丰富的系统运维、系统集成技术团队。公司团队结构稳定、技术研发能力强,物流信息化运营水平在全国领先。

11.3.2 宁波四方物流信息平台的运作态势

1. 市场需求

目前,浙江省第四方物流尚处于初期阶段,提供给第三方物流服务企业整合的平台尚未完善,而物流网络设计、订存货管理等服务只有少数企业才能提供,因此发展空间非常大。早在几年前,浙江省60%的工商企业就将所有的综合物流业务外包给新型的物流企业。我国第四方物流需求快速增长,我国物流市场需求和现代物流业均已进入快速增长的时期。2010年是我国第四方物流迅速发展的一年,70%的物流服务提供商年均业务增幅都高达30%,物流市场规模达到3 400亿元,比2009年增长26%左右。纵观浙江省物流业的发展,虽然经济发达、交通便利,但是与空运、海运、铁路运输相比,公路物流由于信息化发展缓慢已经成为短板,而物流信息化不对称,导致成本一直居高不下。宁波四方物流信息平台通过构筑物流服务网络,促进物流信息的交流,发展网上物流成为提升物流发展水平的必然趋势。

2. 客户定位

四方物流市场板块中主要有找物流商、找运价、找运力、找货盘、找服务等模块,宁波第四方物流市场从服务企业,结合企业创造价值的理念出发,运用现代信息技术,将物流信息集中到统一、安全、高效的平台上,实现政府、企业、园区、市场之间的信息交换和共享,并通过整合和管理,为客户提供一站式物流电子商务服务和供应链解决方案,是整个物流行业信息化的基础支撑。根据分析,四方市场上的目标客户群体主要可以分为货主和物流服务企业。

3. 平台优势

目前大多数企业为集中资源、节省管理费用、增强核心竞争力,将其物流业务外包出去。物流外包业务的发展为宁波四方物流信息平台奠定了广阔的发展前景和发展契机,宁波四方物流信息平台的目标客户和潜在客户群数量十分庞大。为培育第四方物流市场,加快经济发展方式的转变,宁波市政府《关于印发宁波市人民政府培育第四方物流市场试行办法的通知》(甬政发〔2008〕41号)中明确提出了对于第四方物流市场实施主体的扶持政策和相应的金融机构支持政策。

课堂讨论:第四方物流的品牌优势有哪些?

4. 平台劣势

(1) 物流信息平台运营模式尚未健全。物流信息平台运营模式不健全表现在很多方面。第一,目前大背景下公告信息平台虽然蓬勃发展,但是平台的诚信环境并不尽如人意,宁波四方物流信息平台尚处于起步阶段,其自身的诚信度还不够。第二,网站信息发布模式单一,虽然在网页中把货主和专线的物流公司分为两块,显示得十分清晰,但是缺乏客户之间的互动机制,造成了客户各自为政、联系不密切的现象,导致客户严重流失。第三,平台各种盈利方式和模式还处于待发展的状态,广告费、会员费以及各种服务费的收取还有待进一步的细化和完善。

课堂讨论:物流信息平台在运营的过程中存在哪些问题?

(2) 客户没有消费习惯。宁波四方物流信息平台的客户从查找信息到确定沟通,再从完成交易到最后的评价,这个过程是没有显示进度的,而且缺少评价体系进行动态的跟踪,也无法给货主和物流服务企业提供评判标准和衡量比重。各个环节不紧密,无法环环相扣,不利于培养客户的消费习惯,从而无法留住客户,造成货主和物流服务企业的流失。

(3) 平台营销水平低,影响力和覆盖力度弱。宁波四方物流信息平台的营销能力主要取决于客户与平台之间的互动体系是否成熟,是否能吸引客户、留住客户,并形成稳定的客户群。虽然在成立之初,平台注册用户就达到了1 900多家,但是对于广大的市场来说,这其实是一个很微小的数字。这是由很多原因造成的。其一,宁波四方物流信息平台竞争力在大区域内不强,只限于以宁波为中心的小辐射范围。地方运力总量偏小,服务功能比较单一,宁波四方还没有形成大型的、竞争实力较强的、跨地区的物流骨干企业和龙头企业。其二,物流公共信息平台是一个新兴的服务业,许多客户并不熟悉如何操作、购买和使用,这是平台营销水平低,影响力和覆盖力度弱的又一主要因素。

(4) 平台信息的不对称性。根据市场调研,宁波四方物流信息平台的注册用户中货主与物流服务企业的比例是1∶3,货主少于物流服务企业,这种数量上的不平衡造成了物流服务行业供大于求,从而造成了平台的畸形发展。而反向拍卖技术的推广可以改变这种局面,因为在这种模式下货主的利益得到了最大限度的保障,货主可以通过发布货物信息的页面来开辟竞标区。在一定时间内,物流服务企业对货主货品进行竞价,最后基于对物流服务企业资信度的把握,结合竞价结果达成交易。这样一来提高了货主企业的效率,降低了成本,同时使货主与物流服务企业形成了良好的互动。物流服务企业也利用平台扩展了自己的销售渠道,扩大了自己的业务范围,使自身销售额提升,实现了三方的共赢。

5. 相关竞争

目前,随着互联网的普及,物流平台越来越多,据不完全统计,全国已建和在建的物流公共信息平台至少有上千个。同种功能类型的物流信息平台不断增多,如全国物流信息网一点通、长江物流公共信息平台、北京物流门户、华人物流网等。尤其像全国物流信息网一点通这种在国内处于领先地位的物流信息平台,其凭借辐射城市多,信息质量高,每天更新物流车源、货源信息达500万条,信息覆盖全国所有省份的优势,一直稳居全国第一。

课堂讨论:你还知道其他的同类型的物流信息平台吗?试举出几个例子。

宁波四方目前虽然拥有省内外注册会员 6 000 多家,但是信息更新量少,辐射城市范围小,信息覆盖率较低。信息量、交易量、知名度的不够,让客户对宁波四方物流平台的关注度和忠诚度降低,并且使得宁波四方物流平台的发展长期处于困境之中,直接给宁波四方物流平台造成了严重的威胁。表 11-1 所示为宁波四方物流信息平台与全国物流信息网一点通的客户量与信息量的对比。

表 11-1 客户量与信息量对比表

	客户量/家	信息量/条
宁波四方物流信息平台	6 000	<50
全国物流信息网一点通	>10 万,并呈几何级增长	500 万

与此同时,各物流信息平台为了争夺市场,推出的服务逐渐转向个性化、专业化,将更加导致行业竞争愈演愈烈。那么,如何留住客户并维持好平台与客户之间长期稳定的合作关系,如何打造宁波四方物流信息平台的核心竞争力,也是平台在激烈的行业竞争中最迫切、最关心的实际问题。

此外,物流信息平台是我国物流信息化基础设施建设的主要内容。随着第三方物流企业的崛起,物流信息化需求被有效放大,企业在政策的指引下,面对自身的服务转型和升级,对物流信息平台的需求不断增加,同时,互联网产业的持续发展,促使客户在网上购买服务的需求越来越大。发展物流信息平台,一方面结合网络的普及性,推动了电子物流的发展,满足了客户需求;另一方面日益显示出作为一个新的交易渠道所特有的巨大市场和优势。这些特性既构成了促使宁波四方物流有限公司进入物流信息平台领域的强大吸引力,但同样也催生了大量物流信息平台的潜在进入者。宁波国际物流发展股份有限公司的发展尚处于起步阶段,运营系统和营销渠道尚未成熟,巨大的潜力也未得到充分挖掘,如何应对潜在的竞争威胁,构建起自身的核心竞争力,是四方物流平台所要面对的问题之一。

课后思考题

1. 四方物流在当前发展中的主要问题及可以采用的营销方法有哪些?
2. 面对众多的竞争对手,企业应如何增强市场竞争力?

案例来源

孙建红,宁波大学,2016 年中国电子商务案例高峰论坛暨全国百佳电子商务案例精选,中国义乌。

第12章 信息服务类

12.1 从位置到云端——Google

  案例标签:搜索;位置服务;云计算
  案例网站:www.google.com
  案例导读:
  Google是美国一家上市公司,是由创始人拉里·佩奇(Larry Page)和塞吉·布林(Sergey Brin)在斯坦福大学的学生宿舍内共同完成开发的全新的在线搜索引擎,并迅速传播给全球的信息搜索者。Google目前被公认为是全球规模最大的搜索引擎之一,主要的搜索服务有网页搜索、图片搜索、地图搜索、博客搜索、论坛搜索等。

  Google的成功从搜索开始,经过不断的努力,Google推出了一系列新服务,目前它依然处在布局的阶段,正在为下一步发展做准备。通过Gmail、工具栏、Orkut等服务对用户隐私和使用习惯等海量数据进行搜集,凭着优质的搜索和位置服务,伴随着正如火如荼开展着的云计算,Google已为将来做了充分准备。

  本案例介绍了全球著名互联网龙头企业Google的概况、主要产品和服务,分析了Google的优势和发展趋势,为我国大型综合型互联网企业的发展提供案例分析。

12.1.1 Google概况

  Google于1998年9月7日以私有股份公司的形式创立,Google公司的总部称作"Googleplex",位于加利福尼亚山景城。Google在2006年"世界品牌500强"排行榜中名列第一,目前其业务覆盖了世界250个国家与地区,界面语言使用达到100多种,拥有国际域名100多个,Google的索引目录中已经储存有81亿个网页,被公认为是全球规模最大的搜索引擎。

  Google一直致力开发可改善现有经营方式的技术,为各种规模的广告客户和发布商提供各种服务和工具,小至简单的文字广告大到展示广告和移动广告,一应俱全。从2000年推出首个广告计划AdWords以来,Google的目标始终是为用户展示极具实用性和相关性的广告。Google 2011年第三季度财报显示利润为27亿美元,去年同期利润为22亿美金。此外,Google在付费点击方面的收入,即通过互联网用户点击公司广告赚取的收入上涨了28%,全年Google在线广告的收入上涨了5%。截至2012年3月31日,第一季度财报显示,谷歌营收为106.5亿美元,同比增长24%。Google正在以前所未有的速度高速成长着。

12.1.2 Google 公司产品

1. Google 搜索

Google 搜索引擎根据用户的查询请求,按照一定的算法从索引数据库中查找相应的信息并返回给用户。为了保证用户查找信息的精度和新鲜度,搜索引擎需要建立并维护一个庞大的索引数据库。Google 的搜索体系结构主要包括爬行器、索引器、搜索器等,如图 12-1 所示,爬行器用于定期收集信息。

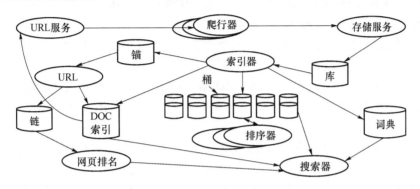

图 12-1 Google 的搜索体系结构

Google 可同时运行多个爬行器,当服务器把 URL 列表提供给爬行器后,每个爬行器可同时保持大约 300 个网络连接,高峰时,Google 通过爬行器每秒钟可获取大约 100 个网页。影响爬行器速度的一个重要因素是 DNS 查询,为此,每个爬行器都要维护一个自己的 DNS 缓冲。这样,每个连接都处于不同的状态,包括 DNS 查询、连接主机、发送请求、得到响应。

Google 有如下几种特色搜索。

(1) Google Scholar

Google Scholar 翻译成中文为"谷歌学术",也有不少地方翻译为"谷歌学者"。它是 Google 的一项新搜索功能,专门用于搜索世界范围内的技术报告、论文及摘要等学术文献。Google Scholar 不仅从 Google 收集到的上百亿个网页中筛选出具有学术价值的内容,它还通过与传统资源出版商的合作来获取足够有学术价值的文献资源。目前,Google 公司与许多科学和学术出版商如 ACM、Nature、IEEE 等进行了合作。这种合作使用户能够检索特定的学术文献,包括来自所有研究领域的同级评审论文、学位论文、图书、预印本、摘要和技术报告等,内容涵盖了医学、物理学、经济学、计算机科学等。

(2) Google Print

2004 年,Google 启动了"Google Print"项目。Google Print 的目标是使目前不存在于互联网上的图书资料出现在 Google 的搜索结果中,使用户以最容易的方式看到书本上的内容。该项目的目标是打造出一座全球最大的网上图书馆。

(3) Google News

2004 年 9 月,Google 公司推出了 Google 新闻简体中文版。通过简洁明了的界面,用户可方便地浏览各类新闻。现在,Google News 已是全球排名第 14 位的新闻网站,每天有超过 700 万人次在上面查询新闻信息,比 CBS、BBC 等专业新闻网站的浏览人次还要多。

(4) Google Answers

2002年4月,Google启动名为"Google Answers"的新服务。Google Answers是传统搜索功能的扩展,用户不用自己搜索内容,他们提出问题,并为问题提供一个相应的价格,然后请专家们回答他们的问题。问题的价格从2美元到200美元不等,Google从中收取25%的回扣,剩下的归专家们所有,专家们还要支付0.50美元的列出费,一旦一个问题被回答了,它的答案即可对所有人免费展示。Google Answers的推出,使Google的作用不再只是单纯地查询信息,用户可以通过问答的方式向Google寻求答案,赢得了用户的广泛赞誉。

课堂讨论:谷歌有哪些特色搜索?试结合案例谈谈这些特色搜索。

2. Google 浏览器——Chrome

紧随着微软 IE8 在全球的公开亮相,一个此前鲜为人知的英文单词几乎在一夜之间变得家喻户晓,它的名字就是 Chrome。

如同乔布斯的"黑盒子"一般,Chrome 浏览器可谓 Google 当时最大的秘密,是20多个程序天才和开源爱好者,以及潜伏在全球100多个国家秘密支持其本地化的技术人员智慧的结晶。

在这个神秘而有组织的开发团队的精确运作之下,Chrome 浏览器将为信息世界带来什么?20多人开发的软件,能对一个成熟的产业带来多大影响?面对这个问题,Google 给出了一个令人瞠目结舌的答案:2008年9月3日,Google 在全球100多个国家(包括中国)推出 Chrome 浏览器,消息的突然发布震撼了整个业界,Chrome 亮相不到9个小时,就超越了昔日的浏览器霸主 Netscape Navigator,一举蚕食了全球浏览器1%的市场份额,而就在当日,这个数字惊人地扩张到了2%!

3. Gmail

Gmail 是 Google 的免费网络邮件服务。它内置 Google 搜索技术并提供7 312 MB以上的存储空间(仍在不断增加中),可以永久保留重要的邮件、文件和图片,使用搜索可以快速、轻松地查找需要的内容。

Gmail 中没有弹出式窗口和无针对性的横幅广告,只有小幅的"文字广告",通常位于页面右侧。广告通常与用户的邮件有关,有时它们对用户来说很有帮助。根据 Google 的隐私政策,它不会泄露用户的隐私。Gmail 还将即时消息整合到电子邮件中,用户在线时,可以更好地与好友联系,使用过程简单、高效甚至充满乐趣。这是 Google 提供电子邮件服务的全新思维方式。

12.1.3 Google 位置服务

Google Earth(谷歌地球)是 Google 公司开发的一款虚拟的球仪软件,于2005年正式向全球推出。它把卫星照片、航空照相和 GIS(地理信息系统)布置在一个三维的地球模型上。其使用了公共领域的图片、受许可的航空照片、KeyHole 间谍卫星的图片和很多其他卫星拍摄的城镇照片,甚至提供了 Google Maps 所没有的图片。2005年,它被 *PC World* 评为全球100种最佳新产品之一。用户们可以通过自己电脑上的软件客户端,免费浏览全球各地的高清卫星图片。

Google 街景,是谷歌地图的一项特色服务,是由专用街景车进行拍摄的,然后把360°实景拍摄的照片放在谷歌地图里供用户使用。2007年5月30日,谷歌正式推出了街景功能,用户能够浏览美国旧金山、纽约等城市的街景。该范围已经扩展到了美国、法国、西班牙、意大利、荷兰、英国、澳大利亚、新西兰和日本等 9 个国家的 135 个城市。

课堂讨论：为什么说 Google 街景是谷歌地图的一项特色服务？试结合案例分析。

12.1.4　Android 平台服务

2007 年 11 月，由 Google 牵头的 30 多家移动技术和无线应用领域的领先企业组成了开放手机联盟（Open Handset Alliance），共同发布了智能手机平台——Android。Android 是一个开放、自由的移动终端平台，它由操作系统、中间件、用户界面、应用软件组成，其开放性保证了该平台不会阻碍移动产业的创新。开发人员使用 Java 语言在该平台编写应用程序，并在 Dalvik 虚拟机上运行。Android 的底层以开放性的 Linux Kernel 为其架构，我们可以理解为它是 Google 推出的手机操作系统和相关软件的总称。

课堂讨论：Android 为什么选择 SQLite 作为移动终端的嵌入式数据库？

在应用框架层，Android 开发人员可以跟那些核心应用一样拥有访问框架 API 的全部权限。应用的结构化设计简化了各组件之间的重用，使任何应用都可以分发自己的组件，任何应用也可以使用这些分发的组件（应用的使用方法需遵循框架的安全性约束）。在应用程序层，Android 本身会附带一些核心的应用程序，包括 E-mail 客户端、短信程序、日历、地图、浏览器、通讯录等，目前所有的应用程序都是由 Java 语言开发的。

Google 的成功从搜索开始，Google 的搜索引擎已然如同微软的操作系统一样占领着绝对的地位。经过这么多年的发展，Google 一直致力创新，决不会停留在这一步，而是会不断地布局未来。

Google 从推出 Google Earth、Google Maps 就已经为接下来基于位置的服务做好了准备，融合推出的各项位置服务技术，依靠定位精确、速度快等优势迅速占据位置服务的主导地位。

现在的云计算领域可谓是如火如荼，各大 IT 厂商都认为未来是云计算的天下。而 Google 拥有世界上最多的服务器，它所提供的网上办公、网上地图、网上图片等，已经是云计算的最初形态，其推出的 Chrome 浏览器紧紧抓住因特网的入口。Google 在云计算领域的布局已经基本完备。

Google 在前进的过程中不断推出一系列新的服务，并购一些很有潜力的公司，为接下来的整体发展做准备。

课后思考题

1. 你认为 Google 什么服务最有价值，为什么？
2. 你现今经常使用 Google 的哪些服务？感觉如何？
3. 你认为 Google 退出中国市场的根本原因是什么？
4. Google 退出中国对我国搜索引擎行业有什么影响？

案例来源

电子商务案例云服务平台，网址为 http://www.ceccase.com。

参考文献

[1]　佚名. Google[EB/OL]. (2016-10-03)[2019-04-18]. http://baike.baidu.com/view/105.html.

[2] 佚名.谷歌的成功之道[EB/OL].(2012-04-14)[2019-04-18].http://wenku.baidu.com/view/180b4495daef5ef7ba0d3cfb.html.

[3] 袁娟.阿里巴巴聚划算网络团购商业模式创新研究[D].长沙:湖南大学,2015.

[4] 王德峰,李东.搜索引擎Google的体系结构及其核心技术研究[J].哈尔滨商业大学学报(自然科学版),2006(1):84-87.

12.2 神奇网站助力现代美好生活——58同城

案例标签:信息发布;58同城;分类信息网站

案例网站:www.58.com

案例导读:

58同城于2005年12月12日在北京创立,并于2013年10月31日,正式在纽交所挂牌上市。58同城已发展成为覆盖全领域的生活服务平台,总市值近75亿美元。其业务覆盖招聘、房产、汽车、金融、二手交易及本地生活服务等各个领域。在用户服务层面,它不仅是一个信息交互的平台,更是一站式的生活服务平台,同时也在逐步为商家建立全方位的市场营销解决方案。

本案例介绍了58同城的概况、服务和产品以及特点,分析了58同城的现状和未来发展的主要方向,为我国分类信息生活服务类型网站的发展提供案例分析。

12.2.1 58同城概况

58同城网站的定位是向人们提供本地社区及免费的分类信息服务,帮助人们解决生活和工作中遇到的难题。2015年,58同城先后完成安居客、中华英才网的并购,同年11月与赶集网正式合并。2016年5月8日,58同城更新商标,并完成品牌升级,58同城成为58集团旗下的子品牌。2016年9月20日,58同城在《2016年胡润排行榜》中位居生活服务类新上榜品牌第三位。

12.2.2 58同城的服务与产品

58同城在国内布局了可以全面地与本地商家直接接触的服务网络,网站内容覆盖全国400多个城市,分公司数量为30家,业务布局特征呈现出本地化、专业化、覆盖广的特征。

58同城的主要产品如下。

(1) 招才猫直聘

招才猫直聘是一款针对小微商家的商业招聘App,解决了商家对销售、客服、服务员等热门职位的迫切需求。

(2) 58车商通

58车商通是一款专业的二手车买卖软件,是58同城倾力打造的车辆交易平台,提供快速收车、免费电话、便捷推广等功能。

(3) 微站通

58同城微站通是58同城提供的一站式个性化移动营销工具,为商户搭建移动网站,提供微信公众号管理后台,并帮助商户在58推广营销。

(4) 58帮帮

58帮帮是58同城为广大用户提供的即时通信工具。通过帮帮,客户和商户可以直接发送消息进行沟通。帮帮分为客户端和网页版两种形式。网页版主要是为了满足普通访客的即时沟通需求,用户无须下载、登录,可直接在网页上进行会话。而帮帮客户端的存在是为了方便广大信息发布者以及商户,客户端提供保存聊天记录、好友分组、一键直达用户中心等功能。

(5) 58同城品牌公寓馆

58同城品牌公寓馆是58同城房产针对年轻白领租客群体而推出的一款升级版的租房产品,它结合各大公寓品牌,整合市场好房,并提供了一个检索、预约房源的入口,使广大租客可享受简单、便捷的一站式公寓租房体验。

(6) 58同城先行赔付保障计划

先行赔付服务的目的在于为用户营造一个安全、可信的生活服务网络环境,让用户放心地使用58同城。若用户在登录状态下单击了"58同城付费推广链接"或"58同城二手担保交易",而后又因"58同城付费推广链接"或"58同城二手担保交易"的信息发布方采取了欺诈、假冒行为,导致用户与之交易或接受其服务时受到了直接的实际经济损失,则用户可以依据本保障计划的有关规则、细则和赔付流程向58同城申请先行赔付。

12.2.3 58同城做好平台建设,填补自身短板

58同城以简单的方式发布信息,得到了广大用户的青睐。简单的几句文字描述、一张照片和一个手机号码就构成了一条买卖信息的基本要素。iResearch与百度指数的数据显示,58同城的网站访问流量已达到日均1 000万人次,加上移动互联网的数据,每天约有1 500万人次登录访问58同城。巨大的访问量带来了海量的买卖信息,那么如何杜绝虚假信息呢?

58同城的信息审核可以分为3个层次:一是技术层面的审核;二是安排上百人的团队24小时巡检,建立用户黑名单;三是通过与第三方合作来审核信息,确保信息的可靠性。姚劲波创办58同城的起因是自己曾是"北漂",在租房过程中被中介骗了钱,所以想创建一个大家可以自由、真实交换信息的平台。如今,对那些冒充个人房源的中介信息,58同城不仅能从技术上锁定发布信息的中介电脑,还能通过用户举报和工作人员核查等方式标注出中介信息,以防用户上当受骗。58同城有大量的安全提示,提示用户交易时遇到不合法的情况及时投诉。网站的定位决定了58同城是一个开放的平台,任何人都可以发布、查阅信息,这也难免导致有一些虚假信息掺杂在里面,这是58同城的天然短板。未来,58同城将逐渐向一个交易平台发展。

课堂讨论:58同城是通过哪些方式来确保信息的可靠性的?

12.2.4 生活服务电商化尚有难度

58同城有两大问题:一是用户黏性低,客户只有在有需求时才登录;二是信息质量参差不齐。姚劲波透露,58同城近期将有一个大的举动,希望能够变成一个类似于京东商城的平台,让交易在58同城上完成。以往在58同城上卖闲置的物品,需要在58同城发布信息,然后买卖双方在线下完成交易。未来,在买卖双方达成协议后,可以由58同城的合作快递方去卖方家里取货,然后送货给买家。58同城也会有类似升级版"支付宝"的产品,买家把钱先支付给第三方平台,收到货物且满意后,平台再支付给卖家。58同城将打造一个一站式平台和一个

可监控的标准过程,与京东、淘宝等一手商品交易平台不同,58同城生活服务电商化的难度远远高于商品的电商化,难以给本地服务类商品制定标准,这将是大平台面临的挑战,但58同城会坚决走下去,只要有用户需求,就有机会。温州合纵连横品牌企划有限公司董事总经理潘浪表示:"用58同城招聘基层员工,效果非常好且成本非常低,发布招聘广告是免费的,发送面试通知只要0.2元。""定位低端"也是58同城遭人诟病的话题之一,但58同城并不认为定位低端有什么不好,为有需求的大多数普通人服务是58同城的初衷。况且,用58同城招聘中层管理者也是不错的选择,与其合作的企业都是付费会员。

课堂讨论:58同城存在哪些问题?试结合案例讨论。

12.2.5　58同城未来的发展方向

2017年,58集团的发展方向主要在以下4个方面。

(1) 聚焦主业务;(2) 全连接＋服务;(3) 全新的商业3.0模式;(4) 实行内容战略。

其中,(1)与(2)都是对于过去原有业务的加强,强调了58同城在不断拓展新业务的同时,也要聚焦于原有业务的发展,只有打好根基才能更有利地占据市场。而过去58同城的这种线上洽谈的模式,导致很多用户被私下劫走,2017年,58同城将重点加强与客户的连接,保证业务的顺利成交。

(3)主要指的是业务的创新,如果说过去我们的会员是1.0,"会员＋增值"是2.0,那么如今的3.0就包括了更多内容,更多地通过连接来计费产品,更多地让商户自助完成消费,更多地利用大数据和人工智能,以及更多的客户数。

(4)是对于未来新业务的布局,如今很多国际巨头都在布局内容领域,如苹果、亚马逊、谷歌开始创作原创影视。58同城未来也将更加注重内容方面。

课堂讨论:和过去的原有业务相比,58同城的未来发展方向有哪些创新?58同城未来的发展方向是什么?

课后思考题

1. 你认为58同城哪项服务最有价值,为什么?
2. 你曾经使用过58同城的哪些服务?感觉如何?
3. 你认为58同城应该向哪个方向发展?
4. 58同城与其他提供分类信息的网站最大的不同在哪些方面?

案例来源

于宝琴,天津财经大学,2016年中国电子商务案例高峰论坛暨全国百佳电子商务案例精选,中国义乌。

参考文献

[1] 贾敬华.58同城:迷失在并购的大道上[J].电商,2015(4):55-56.
[2] 佚名.58同城:贴近生活找机会[J].时代经贸,2013(1):69-71.

12.3 开拓积分新时代——分散积分集中化

案例标签:礼享科技;积分通用;顾客忠诚度

案例导读:

礼享科技发展有限公司是在通达礼品有限公司的基础上发展起来的。普通的积分过于分散,对消费者吸引力不够,商家想通过赠送积分的方式来提高顾客忠诚度,但往往不能实现。采购、仓储、发放、售后服务和受礼者对礼品的满意度等,是困扰企业的普遍问题。

该公司是以通用积分为主线,将桌面互联网和移动互联网相结合,专注于会员营销和客户忠诚度管理的网络平台,合作客户覆盖餐饮、娱乐、休闲、生活、商超零售等诸多行业。

本案例介绍了分散积分的集中化处理模式和方法,分析了该项目的发展和效益等,有助于改善传统营销中会员积分的实际应用状况,为我国正在使用和潜在采用会员积分营销方法的企业的发展提供案例分析。

12.3.1 项目发展

该积分管理产品于 2013 年开始研发,在边招聘、边培训、边拓展业务的情况下,完成了与 70 家商家的签约,意向合作商家达 361 家,可以预见在产品研发完成后,合作商家将呈现井喷的态势。

12.3.2 项目效益

1. 节约服务器资源

在基于 SaaS(software as a service)技术而开发的通用积分顾客忠诚度管理系统中,所有企业用户共用一个管理平台,企业不需要再自己购置服务器,这样一来大大减少了社会企业用于会员管理和积分管理的服务器数量,大大降低了碳排放。

课堂讨论:所有企业共用一个管理平台,是否会存在一些问题?

2. 低碳的积分换礼管理

传统的积分管理系统赠送的是各个商家自己的积分,而通用积分顾客管理平台赠送给顾客的是可以在联盟内使用的通用积分,并以非常低的价格供顾客做积分兑换,省去了企业自己做积分管理系统时要的礼品采购、仓储、发放和售后服务等环节,将原本分散仓储于各地的礼品集中存储、集中采购和集中发放,节省了大量的土地仓储资源,也减少了大量的水电消耗、运输消耗等。

传统的积分模式中,顾客积分分散,有的顾客积分少,兑换的礼品价值低,也就是说他换取积分的成本比礼品本身的价值还高,从而导致他放弃积分换礼。企业在自己做积分兑换礼品时,经常因为预估数量的不准确,导致很多礼品发放不出去,而通用积分平台能大幅度降低库存,使社会物资得到充分的有效利用,减少资源的浪费。

课堂讨论:低碳的积分管理较传统的积分管理有哪些改进的地方?

3. 节约企业营销成本

通过通用积分顾客管理系统,可以有效实现精准营销,这样就为企业节约了大量的传统营销资源,为企业节省了营销成本。

4. 和谐的消费关系，繁荣消费，扩大内需市场

通用积分顾客忠诚度管理系统致力促进企业和顾客的有效沟通与快乐交流，这样能促使企业更加关注顾客的消费体验，有效提高社会消费行为的和谐度，繁荣整个社会的消费行为，扩大市场内需，和谐的消费关系可以称为现代商业社会的一滴润滑油。

课堂讨论：试结合案例分析，如何实现和谐的消费？集中化分散积分为企业带来了什么？

课后思考题

1. 你认为通用积分顾客管理平台吸引顾客的地方在哪里？为什么？
2. 你有会员卡并积分吗？感觉如何？
3. 你认为分散积分集中化以及通用积分顾客管理平台面向社会推广的困难有哪些？
4. 分散积分集中化为商业领域发展带来的优缺点分别是哪些？
5. "低碳积分换礼"的方式是否可以认为是"零库存"？
6. 通用积分的使用，怎样减少礼品的牛鞭效应？

案例来源

于宝琴、崔林林，天津财经大学，2016年中国电子商务案例高峰论坛暨全国百佳电子商务案例精选，中国义乌。

参考文献

[1] 于宝琴. 中小电子商务和物流企业案例集：未来一年58同城的发展方向如何？[M]. 北京：中国财富出版社，2014.

[2] 景春风. 探索会员积分制在医院志愿者管理中的应用[J]. 现代医院管理，2014(1)：35-37.

[3] 程云翔. 家电零售企业会员积分计划策略探讨[J]. 黄河水利职业技术学院学报，2013(2)：99-101.

第13章 运营管理类

13.1 电子商务代运营案例分析——宝尊电商

案例标签:电商代运营;盈利模式;发展建议

案例导读:

随着互联网的迅速发展,电子商务市场呈现出了快速崛起的发展态势,电子商务产业已经成为国民经济中的重要力量。电子商务在自身发展的同时,也对其他产业产生了巨大的影响,为其他产业的生产、流通和消费环节带来了变化,推动了相关传统产业投身于电子商务应用,实现了更有效的资源配置和利用,进而实现了产业的转型升级,但绝大多数的中小型传统企业存在缺乏相关电子商务经验以及资金短缺等各方面的问题。

电商代运营商的出现,为传统企业解决了这一系列的问题。其凭借着成熟的团队和丰富的经验,为传统企业提供电子商务运营方案。电商代运营商能为传统企业提供全套电子商务网站运营的解决方案,使传统企业能专注于自身的核心业务。

宝尊电商作为国内领先的为国内外传统品牌商提供电子商务整体运营解决方案的供应商及伙伴,自2007年成立以来,提供以品牌电子商务为核心的全链路一站式商业解决方案,涉及店站运营、数字营销、IT解决方案、仓储配送、客户服务等五大内容。2010年,宝尊电商获得阿里巴巴集团控股有限公司的首轮风险投资后迅速发展,并于2015年成功在美国纳斯达克上市。

13.1.1 宝尊电商简介

宝尊电商成立于2007年年初,是一家为品牌企业和零售商提供营销服务、IT服务、客户服务和物流服务等服务的专业整合式电子商务服务商。宝尊电商始终坚持以品牌为中心,根据品牌的需求来提供有效的电子商务服务方案。目前已经成功为微软、飞利浦、三星、耐克、哈根达斯、美标、多乐士等超过140个知名品牌提供了高品质的电子商务整合服务。截至2018年,公司分支遍及中国杭州、北京、香港以及台湾,在日本、韩国及美国皆设有海外办公室。

自2007年成立到2015年在纳斯达克上市,宝尊电商的诞生和发展离不开中国电子商务近年来的迅速崛起。电子商务的繁荣催生了大量网上商店的建设和运营需求。大多数品牌商都想要入驻淘宝平台,开设店铺,更大的品牌商还想要搭建官方网站商城,特别是一些国际品牌希望在中国有更好的网上零售业绩,在这种情况下,宝尊电商应运而生。

宝尊电子商务依托多年来对电商行业的探索,有着相对成熟的经验和专业的技术,能解决众多传统企业在电商化转型中遇到的问题,实现线上线下同时进行的全新销售模式。

13.1.2 宝尊电商的运营特色

(1) 围绕品牌电商,提供多种电商服务

在运营服务上,宝尊电商通过应用数据分析、商业智能、人工智能等手段,以及店铺基础信息维护、视觉设计、商品上下架、活动管理、订单管理、报表分析、退款处理等运营工具,为品牌商提供涵盖全线的渠道运营服务,整合品牌官网、微信商城、线上线下的不同渠道,以及天猫、京东、小红书、亚马逊等平台店铺,帮助品牌商提高运营效率。

在IT技术服务上,宝尊电商以全渠道为核心,在官方商城系统、商业智能等领域提供相应的IT技术服务,例如,提供线上集市、品牌官方商城、移动网站和应用,以及线下门店中的各种服务端,并支持市场营销、IT实施、集成和服务、销售运营、客户服务及仓储物流等多个环节。

在客户服务上,宝尊电商在满足客户咨询、售后服务需求和投诉处理的基础上,通过两方面措施提供实时客户服务:一是宝尊电商为品牌商提供专属的客服团队,服务于品牌官方商城和天猫、京东等平台店铺,为消费者提供商品导购、信息咨询、订单跟踪、售后支持等服务,确保服务团队对每一个品牌的属性、产品特点及相关流程的专业性,保障消费者的消费体验,传递品牌信息,保护品牌形象;二是宝尊电商对客服团队进行集中化管理,通过统一的管理制度、系统化的绩效管理以及标准化的培训、服务质检跟踪监控和客诉升级管理机制,使得客服管理更简便、公平、有效,有助于整体线上运营的优化。

(2) 全渠道运营,整合全链路营销

品牌商们将全渠道开放作为企业的首要战略实施规划,面对这个发展现状,宝尊电商以全渠道的营销服务为核心,建立个性化的服务体系,通过整合消费者数据,建立新的消费者行为分析模型,构建自身的整合营销策略。

在数据整合上,宝尊电商推出数据营销中心"ShopCat驻店猫",整合全渠道与全链路的消费者数据,其中包括广告投放、内容营销、线上线下活动、媒体数据等。ShopCat驻店猫数据营销中心设有前台、中台、后台,实现数据整合、数据管理、数据营销。一方面,Shopcat驻店猫从底层整合的数据出发,通过分析机制进行数据的管理与洞察,从而支持全链路的营销;另一方面,ShopCat驻店猫记录消费者的行为数据并与原有数据进行整合与沉淀。通过ShopCat驻店猫服务,品牌商可以实现线上会员和线下会员的权益共享、积分共享。

在消费者行为分析模型上,宝尊电商基于对数据的理解提出"X-RFM"四维消费者分析模型。传统的RFM模型记录消费者最近一次购买的时间、购买的频率和金额,而X-RFM在RFM模型的基础上增加了一个维度"X","X"通过追踪消费者在整个营销中的行为数据来获得。例如,消费者在线下看了哪一则广告,喜欢什么样的内容,站在哪个货架前对产品产生了兴趣,或是在线上看到了哪条横幅,对哪个产品产生了好感并前来购买,X-RFM能把消费者从认知到产生兴趣,再到购买,全链路的数据都记录下来。通过分析,宝尊电商把营销的环境与销售的环境相结合,指导品牌商的前端营销活动。

在宝尊电商的整合营销策略中,后台打破多方壁垒整合底层专属于品牌的"大数据"中心,中心通过X-RFM分析模型进行数据管理,以实现对消费者行为的分析与洞察,实现营销数据的可视化、全渠道销售的诊断与CRM维护,帮助品牌提炼数据价值,最终以数据为导向将销售和营销有机结合在一起,并契合消费者的消费周期,形成有力的营销。

课堂讨论：X-RFM 的优势体现在哪里？谈谈你的看法。

13.1.3 宝尊电商的盈利模式

宝尊电商建立了两大类不同的盈利模式。

1) 盈利模式一——基于销售产生盈利

（1）经销模式。在这种模式下，宝尊电商与品牌商之间的关系是一种贸易关系，即宝尊电商作为品牌的在线分销商，为品牌的在线销售提供全方位的服务。宝尊从品牌商或经销商处购买产品，并承担库存风险，在销售时，按照品牌商提供的价格指导，销售商品。购买价格和销售价格之间的差额是宝尊电商的利润收入。这种模式为宝尊电商贡献了近 30% 的年销售收入。

（2）结算经销模式。在这种模式下，宝尊电商与品牌商之间的关系是一种伙伴关系。品牌商或者经销商拥有产品的所有权并为其进行定价，有关产品的使用权归宝尊电商所有，所卖产品收款及发票服务均由宝尊电商负责。以此模式合作的宝尊电商的收入来自固定的销售费用和提成。该模式全年为宝尊电商带来近 60% 的销售收入。

（3）代销模式。代销模式最为简单直接。也就是说，宝尊电商与品牌的关系是一种渠道分销关系，宝尊电商只能作为销售终端，与消费者对接。而关于产品的使用权，货款以及发票方面都由品牌商负责。该模式下宝尊电商的收入来源于每月收取的固定服务费。该模式为宝尊电商贡献了约 10% 的年销售收入。

2) 盈利模式二——基于服务产生盈利

（1）基于人力服务的收入。宝尊电商为品牌商提供单项服务或多项服务，服务收取的费用按实际项目中参与人数的多少来计费，且不与产品的销售结果相关联，销售结果的好坏不会对服务费产生影响。

（2）基于系统服务的收入。宝尊电商为品牌商提供系统或产品的开发，其发展成果是基于需求和时间的。其销售收入为固定的服务费，结算方式根据实际项目中的开发时间来计算。

课堂讨论：宝尊电商的定位是什么？其盈利模式与定位有什么联系？

13.1.4 宝尊电商存在的问题

（1）过分依赖品牌供应商投入的资源，很容易忽视基本运营带来的稳定增长。宝尊电商为所有中高端国际品牌服务，他们不仅带来了宝尊电商本身的利润，还带来了丰富的预算、优质的产品、优惠的价格和其他优质资源。这些资源帮助宝尊电商在运营过程中得到淘宝等平台和其他合作伙伴的青睐，在业务拓展方面领先，但随着消费者个性化需求和跨平台营销需求的增长，广泛的单纯依靠资源投入促进增长的模式已不足以受用。

（2）多行业整体运营解决方案的服务方式使运营前沿不断发展壮大，整合六大产业和五大服务体系后，整个前端业务已形成近 30 个服务节点。公司基本业务中要考虑的财务、法律、人事和行政问题，使得宝尊电商有 50 多个服务节点需要同时处理，因此只有在没有标准和规范的操作程序时，才能选择拥有更多或更好的人才，以便分阶段减少问题对其发展的制约。这导致的潜在问题是公司的营业利润将随着企业人力成本的增加而成比例地下降，企业的边际效应始终无法呈现。

（3）双重竞争对手施加压力。竞争对手来自两方面：一方面，是在单一行业或服务领域具有差异化竞争优势的同行公司;另一方面,是在资金、技术和平台方面具有优势的企业。虽然在短期内从销售规模、品牌服务数量、品牌服务质量和成功运营案例数量来看,这两类企业与宝尊电商都有一定距离,但未来它们的发展势头及趋势难以估量。对于宝尊电商来说,除了保持优势外,还应继续拓展新产业、新品牌、新平台,实现当前服务行业或品牌运营能力的细化、标准化、系统化和定制化,充分利用资本的力量提升其运营服务在技术、流程和规格方面的效率和效益,同时加强淘宝等主要平台战场的业务创新,从而可以在单个平台、单个行业或单一服务中控制竞争对手对自身的影响。

13.1.5 发展建议及规划

品牌商希望自营核心业务,而将低附加值的基础业务和高风险的创新业务交由电子商务代运营商完成,因此,宝尊电商除了需要通过建立起标准、规范、高效的业务流程来提升运营的性价比之外,还需要在核心业务能力上提升竞争力,塑造技术壁垒。当该业务的效果可以在除天猫以外的全网平台都得到体现时,品牌商选择宝尊电商并保持持续合作的可能性将大大提升。

未来,宝尊电商将继续深耕电商服务,拓展价值链上下游和国际化市场,并招募和培养更多的人才为自身经营做储备。在价值链拓展上,一方面宝尊将与品牌建立更为紧密的合作关系,包括长期合约、战略合作、合资和投资等;另一方面,宝尊将进一步强化与平台的合作关系,发展消费者以洞察相关解决方案。在国际化拓展上,宝尊电商将积极进行国际化市场的开发和人才培养,不断满足品牌需求,帮助品牌在全球电商市场中获得成功。在人才培养上,宝尊将优化激励机制、深化内部培训,开展管理培训生计划,并不断地从传统零售业吸纳人才,持续完善人才机制,保障人才储备,从而实现可预期、可持续的业务效果。

课后思考题

1. 你认为宝尊电商能在众多电商代运营商中脱颖而出的原因是什么?
2. 你认为宝尊电商应该如何应对它所面临的问题?
3. 谈谈你对未来电商代运营行业发展的看法。

参考文献

[1] 马小红.电子商务代运营企业可持续发展策略研究[J].现代商业,2016(1):47-48.
[2] 许仲生.我国电子商务代运营发展探析[J].宜春学院报,2012(1):50-52.
[3] 王旋.企业电子商务代运营实施及要点分析[J].湖南农机,2013(11):202-203.
[4] 黄灿,鲍婕.电商代运营商发展方向探析[J].知识经济,2012(16):119.
[5] 许仲生.电子商务代运营与电子商务交易平台共生机理初探[J].长春理工大学学报(社会科学版),2013(12):91-93.

13.2 智慧零售——苏宁易购

案例标签:苏宁易购;变革;新零售

案例网站：www.suning.com
案例导读：
1990年成立之初，苏宁电器只是南京宁海路的一个小家电商，而2004年7月，苏宁电器于深圳证券交易所挂牌上市，成为中国家电行业第一品牌，在逐渐稳步立足于家电零售行业的同时，苏宁公司也在积极探索经营模式的变革。2009年8月，苏宁易购网购平台上线试运营，正式启动对互联网化转型的探索。2013年2月，苏宁电器更名为苏宁云商，"去电器化""全品类销售""线上线下融合发展"成为企业转型发展的新主题。此后，苏宁线上联合阿里巴巴，线下联合万达，深化改革零售、物流、金融三大业务单元，布局智慧新零售。2018年2月，苏宁公司将智慧新零售的渠道品牌名称"苏宁易购"升级为公司名称。在新零售的变局下，苏宁线上线下融合加速形成闭环，依托线上线下融合发展的智慧零售，在线下已形成了"两大、两小、多专"的智慧零售业态群。截至2019年第一季度，苏宁易购各类门店已超过12 000家。

13.2.1 苏宁的变革历程

(1) O2O模式转型阶段

2004年上市以后，苏宁公司围绕传统家电连锁零售的商业模式，大力扶持与扩张实体店面，建立了属于自己的品牌。2009年，苏宁结合自身特点，在保持现有品牌与实体门店优势的同时提出"营销变革"口号，并于行业内率先尝试实体店与互联网业务共举的战略。2009年8月，苏宁易购平台开始上线试运营，公司逐步开始对互联网化转型的探索。电商的发展使人们的消费方式发生了改变，大多数消费者热衷于网上购物，并在购物时对实体店与网店的商品进行比价。苏宁电商化意味着它面临更巨大的消费者市场，消费者呈多样化。苏宁对此提出去电器化战略，实现全品类扩展，致力全品类经营、全渠道拓展。苏宁不再局限于销售电器，商品品类覆盖了生活的方方面面。同年6月，全国苏宁门店所有商品与苏宁易购线上平台实现同品同价，苏宁公司成为全国首家全面推行线上线下同价策略的大型零售商，这些举措标志着其O2O模式全面落地运行。至此，苏宁实现了双线渠道的融合。

课堂讨论：苏宁实施O2O变革的原因有哪些？

(2) 全公司互联网化转型阶段

在上线苏宁易购网上平台、改造线下实体商店，并初步实现线上线下协同发展的目标之后，苏宁着眼于产业生态布局，继续推进全面的互联网化转型。2013年2月，苏宁电器正式更名为苏宁云商，"全公司互联网化转型"成为苏宁新的转型策略。2013年10月，继收购红孩子公司在国内的母婴和化妆品品牌、销售业务与相关资产后，苏宁公司收购了PPTV，在拓宽自身业务领域的同时，利用PPTV的线上用户资源，实现对公司其他业务模块的引流，提高公司总体互联网化转型的布局水平。2014年，苏宁公司在全渠道运营体系的融合、商品供应链体系的变革、物流与IT平台的升级，以及企业创新机制建设与管理体系简化等方面，进行了一系列深刻的变革，全面推进O2O转型升级之后各项工作的实践。

经过一系列努力，苏宁实现了门店端、PC端、移动端、TV端的全覆盖，消费者购物需求得到进一步满足。平台商户持续增多、商品类目全面拓展，苏宁全品类经营者的形象逐步凸显。

(3) 智慧新零售转型阶段

随着互联网化零售转型的深入推进，苏宁零售、物流、金融三大业务单元的核心能力凸显，零售业务规模效应显现，经营效益有效改善。金融、物流业务在零售主业的带动下，呈现规模快速扩大、利润稳步增长的良性发展势头。苏宁继续对零售、物流、金融三大业务单元进行深化改革，形成"两大、两小、多专"的业态产品族群，"两大"是指苏宁广场和苏宁易购生活广场，

"两小"是指苏宁小店与苏宁零售云店,"多专"是指专注于垂直类目经营,如家电、母婴、家居生活等。

一方面,苏宁全力打造全方位、虚实融合的数字化全渠道,通过全面构建起数字化的人、货、场,搭建起能够快速连接各类人群、各式场景、各个时间点、各种商品的互联网渠道,最大限度满足用户对空间多样性和时间即时性的需求。苏宁在虚拟端打造面向用户的全时服务,不断深耕门户购物、垂直购物、本地购物以及社交购物的发展;在实体端实现面向用户的全景环绕,基于"两大、两小、多专"的店面布局策略,推动零售场景的重塑和业态的细分,实现面向全层级市场的场景化覆盖。

另一方面,苏宁十分注重覆盖消费服务生态的智能供应链体系的建设,大力推动从商品端到用户端全流程的数字化建设,建立智能采购、智能营销、智能服务等一系列智慧化的经营体系,利用大数据、人工智能、物联网等一系列新技术,提高整个供应链决策的科学性,使整个经营管理流程更加透明。

课堂讨论:苏宁易购的三次转型、两次易名带来了怎样的效果?

13.2.2 苏宁易购的优势分析

(1) 迎合消费者的价值需求

从商品种类上来说,苏宁易购的产品既有家电、生鲜等商品,又有图书等内容产品,既可以满足消费者物质方面的需求,又能满足消费者精神方面的追求。

从销售渠道上来说,苏宁易购的线上线下双平台可以满足消费者不同的消费习惯,加上两种平台的商品在价格、质量等方面都一致,消费者可以根据自己当时的实际情况来选择线上或线下消费,提高购物效率。

从售后服务上来说,会员在线上有专门的客服优先为其服务,线下有大量的苏宁易购服务站为消费者解决售前、售中、售后问题,不论是咨询、报修,还是退换货等都可以在服务站得到帮助。

从体验服务上来说,苏宁易购的商品展示整体观感好,加上利用虚拟技术,让消费者可以看到模拟景象,对商品有更加直观的认识。

(2) 资产资源丰富

第一,"苏宁易购"这个平台的名称成为整个企业的品牌代名词,增加了"苏宁易购"的品牌价值,使公司的商誉价值增加。第二,苏宁易购规模不等的多样化店面数量庞大、遍布范围广,不论在城市、还是农村,甚至在国外都能见到苏宁店面的身影。第三,苏宁易购有家电、汽车、母婴等多品类商品,商品资源丰富。第四,苏宁易购先进的技术,包括从别的公司购买的技术,以及自行研发或是正在研发的技术,它们都是苏宁的无形资产。第五,苏宁易购还拥有PPTV、阿里巴巴以及天天快递等公司的股权。第六,苏宁易购还拥有大面积的仓库、多型号的运输车和强大的物流体系。

13.2.3 苏宁易购的劣势分析

(1) 投资期长,短期成效不显著

苏宁易购的发展扩张之路需要不断投入大量资金。苏宁易购每年都要投入大量的资金用来推广商品、扩充商品、建设物流、研发技术、建设实体门面等,由此产生大量的流动负债。苏宁易购多元化的盈利模式,决定了它要不断地充实自身的资产,向外寻求新的利润点。苏宁易购追求规模化采购、规模化销售、规模化运输,而要取得规模效应,则需要达到一个边际临界点,在此之前,各种投资、建设活动都要持续进行。

苏宁易购的盈利模式是着眼于未来利益的,是一种长期的战略,但过度扩张容易失去发展的中心,导致利润来源广而不精。

(2) 线上线下平台存在冲突

苏宁易购主张线上线下双线融合发展,但要做到真正的融合并不容易,所以在发展的过程中必然存在一些矛盾。首先,在商品价格及种类方面,虽然苏宁易购主张线上和线下采用相同的价格、相同的包装和规格等,但两种渠道的成本费用不一致,相同的价格会迫使成本费用多的一方利润偏低。

另外,线下店铺对陈设、外观设计、选址等方面都有要求,而线上店铺只需要通过图片或视频进行展示,更加注重商品的排列、分类等,这会使两者的形象产生一定的差异,导致品牌发展不统一。真正的融合要在资金的使用上惠及两个平台,但目前苏宁线上和线下的投入难以找到连接点,造成资源的重复与浪费。此外,业绩驱动线上与线下之间进行恶性竞争,例如,降低商品价格,提高返现比例,改变促销政策等。

课堂讨论:针对苏宁易购的劣势,你有什么建议?

课后思考题

1. 苏宁的变革对其他企业有什么启示?
2. 针对苏宁的优势分析,其他企业有哪些值得借鉴的地方?
3. 谈谈你对苏宁未来发展的看法。

参考文献

[1] 张慧霞.苏宁营销模式的变革分析:基于互联网思维的新视角[J].知识经济,2015(23):65-66.

[2] 荆梦阳.从苏宁电器到苏宁云商:企业商业模式的转型[J].中国集体经济,2019(16):81-82.

[3] 吴超云,余昌彬.苏宁"新零售"模式的落地研究[J].福建商学院学报,2019(2):64-69.

[4] 殷长超.苏宁易购集团O2O渠道整合策略研究[D].济南:山东大学,2018.

[5] 祝俊.智慧零售:苏宁,变局中实现弯道超车[J].中国品牌,2019(6):54-55.

第3篇 电子商务衍生服务篇

第14章 营销与推广服务类

14.1 爆红的社交电商——拼多多

案例标签:C2B;社交流量

案例网站:www.pinduoduo.com

案例导读:

自21世纪初以来,中国的快速发展使得内地巨大的消费需求形成了电子商务发展的蓝海,中国电子商务从起步到腾飞仅仅用了十余年的时间。截至目前,很多报道和文章中都有提到一个观点,那就是中国的电子商务市场已经很难出现新的电商巨头,因为广大的电子商务流量都汇集于诸如淘宝、京东等庞大的平台型企业中。这些平台型企业所推出的业务和其所提供的服务已经覆盖了普通人日常生活的很多方面,小平台和新兴企业很难在资金短缺的情况下短时间内获得大量的流量。

14.1.1 电子商务的流量困境

人们的使用习惯和平台所提供的大量优质服务,使得这些电子商务平台汇集了大量的交易流量,无论从营销还是推广的角度来看,这些交易流量都支撑起了从销售者到消费者的精准对接。无论是在B2C、C2C还是在O2O模式中,如何进行交易双方的精准对接都一直是一个难以解决的问题。近年来,大部分的平台都采用流量资源分配的机制来解决这个问题,通过比较公平的流量分配方式,将消费者与商家进行对接,但是,这种分配机制引发了另外一个问题——如何获得更多的流量?从目前的态势来看,大部分的电子商务平台的策略是"优化存量,引入增量",将现存的流量通过一系列筛选之后,将优质流量引入优质商家,同时通过宣传、营销等手段引入新增流量。这种策略所需的费用是比较高昂的,除了对存量的筛选需要耗费资金之外,对引入增量所做的宣传更是让很多电商小平台望而却步。

除了引入流量增量需要的宣传费用以外,在对原有流量的保存与分配上也存在很多问题,刷单、刷好评、打折换取好评等一系列的让人深恶痛绝的引流方式让流量的合理分配变得更加困难,目前销售量与好评率常常作为评判商家质量的关键指标。虽然目前国内的电子商务蓬勃发展,但是电子商务流量仍然让大企业难以处理,让小企业望而却步。那么在国内的电子商务案例中,有谁可以另辟蹊径呢?

课堂讨论:电子商务的流量困境中的关键点在哪里?

14.1.2 爆红的电商平台——拼多多

拼多多作为新兴的电子商务平台,依靠高流量的社交软件,成功地将庞大的社交流量转变为电子商务流量,借助其独特的"社交电商"运营模式,成功地在短短几年时间内坐稳了中国电子商务行业第三名的位置,其规模至今仍然在继续扩大。

那么,在电子商务流量越来越难获得的情况下,拼多多是如何吸引到如此之多的消费者的?它抓住了消费者的哪些心理诉求,或者是发现了哪些还没有被涉足的领域?接下来,我们将对拼多多这个电子商务行业中的后起之秀展开分析。

拼多多隶属于上海寻梦信息技术有限公司,是一个以 C2B 模式开展拼团活动的第三方社交电商平台,以低价模式让用户自发地在社交平台上发起拼团,利用社交关系促进网购。拼多多自成立以来发展迅速,2015 年 11 月,公司刚成立 2 个月,在未投放广告的情况下,用户突破 1 200 万人。2016 年 9 月,注册用户超 1 亿人,单月 GMV(网站成交金额)超 1 亿元,同月,公司与"拼好货"合并,双方均为低价团购模式下的社交电商,拼好货自营水果生鲜品类,与拼多多的食品、个护、美妆和服饰等形成有效互补。2016 年 11 月,拼多多单月 GMV 超 20 亿元,日均订单突破 200 万单。2017 年 3 月,拼多多单月 GMV 超 40 亿元,该年年底用户规模超 2 亿人。拼多多 App 活跃度居电商前三。据易观统计,拼多多 App 月度活跃用户在 2018 年 1 月已达 1.14 亿人,环比增长 13.85%,居电商 App 第 3 位,仅低于淘宝(4.25 亿人)和京东(1.45 亿人),约为第 4 名唯品会(5 447 万人)的 2 倍。

14.1.3 用社交推广赚取流量的 C2B 电商

拼多多最初给自身的定位是一个低价团购模式的电子商务平台,它采用的电子商务模式为 C2B 模式,国内定位于低价团购模式的电子商务平台并不在少数,那么为什么拼多多获取流量的速度如此之快呢?我们将拼多多与传统团购平台进行对比。

相信大部分人都使用过美团进行团购,也能够通过它获得比原价更为低廉的商品或服务,但是在使用美团进行团购的过程中,无论消费人数如何变化,单价都不会发生改变,也就相当于美团通过一定数量的买入获取某个商家的折扣后,再将产品转手卖给消费者。由于此类折扣过于简单,相当于直接进行消费打折,再加上有些商家的流量其实并不高,因此大部分商家都将团购平台看作一个辅助宣传的渠道,同时愿意为此承担一部分费用。

而拼多多的拼团模式则是在买家人数达到一定数量之后,买家可以享受更大的优惠,商家给出的价格对消费者有绝对的吸引力,消费者所带来的流量对商家来说也非常重要,因此两方很容易达成一致。由于需要一定数量的消费者进行拼团,在凑足人数之前,除了系统自动进行消费者的匹配之外,消费者还可以将此商品的团购链接通过社交媒体分享给亲戚朋友等,从而邀请更多的人参与拼团。在此过程中,消费者则是主动帮助商家进行了营销推广。拼多多的拼团模式如图 14-1 所示。

拼团模式的成功主要由两方面因素构成:一是价格吸引顾客;二是借助了足够大的社交平台进行分享。拼多多将微信作为主要依附的社交媒体,精准地将消费者和其所处的消费环境与商家进行匹配,同时借助微信获得了大量的转发与分享,快速形成了规模效应。产品庞大的拼团数量使得消费者群体对商家有着较强议价能力,而低廉的价格反过来又能吸引更多的消费者购买,如此一来,形成了良性循环。

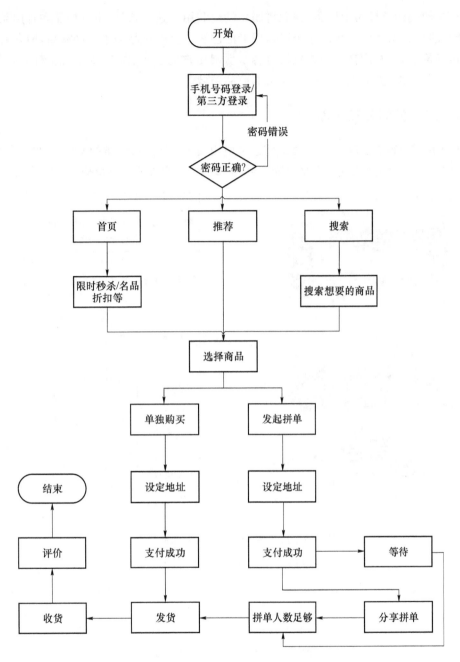

图 14-1 拼多多的拼团模式

拼多多自 2015 年上线至今,发展如此迅速,其独具特色的社交电商思维功不可没。区别于淘宝的 C2C 模式、京东和天猫自营的 B2C 模式,它采用 C2B 拼团的方式将用户的社交关系巧妙地转化为电子商务流量。除了社交电商思维之外,后文中我们将继续对拼多多的其他巧妙的营销方式进行探讨。

"农村包围城市"原本是土地革命时期的战略方针,但是用于评价目前国内的社会消费层次也十分贴切,目前中国仍存在一定的贫富差距,社会消费层次十分多元,对中低端消费的市场需求仍然十分巨大。2016 年第 3 季度的数据表明拼多多的用户 70% 左右来自三、四线城市,这个比例远远超过同作为电子商务平台的淘宝与京东相应的比例。对于这部分用户来说,价格往往是他们的首要考虑因素,因此拼团巧妙地利用了这一点,以生鲜果品和日用品为切入点,以低价的生鲜果品和日用品来吸引消费者的注意。生鲜果品为生活必需品,消费者更熟悉它们的市场价位,大幅度低于正常价格更容易引起用户的注意,拼多多由此逐渐扩大市场,扩大自己的经营范围,直至现在几乎涉及全部商品领域。

14.1.4 拼多多的社交策略

在拼团模式取得成功后,拼多多继续将这种电商模式进行了进一步的发展,拓展了各类业务,将现有用户的社交流量转化为自己的电商流量,拼多多 App 的主页面和部分业务如图 14-2 所示。

助力享免单	邀请好友助力,达到助力人数,即可享免单权利,每个新用户仅可助力一次
天天领现金	获得红包后,需分享给好友,请好友帮忙拆开,每位好友可获得随机金额,全部拆开即可提现
签到拿现金	签到拿现金。用户分享给好友,请好友扫码签到或下载可获得现金奖励
转盘领现金	抽到现金后,必须分享给好友,返回拼多多可领取
帮帮免费团	邀请好友帮忙支付,自己可以免费获得商品
砍价免费拿	邀请好友一起砍价,在 24 小时内砍到 0 元即可免费领取商品

图 14-2 拼多多 App 的主页面和部分业务

由此可见拼多多在将社交流量转化为电商流量的过程中所做的努力,从某种程度上来说,拼多多更多的是采用去中心化的传播渠道,将不同的人在相同场景下的相同需求汇聚起来,使整个电商进入了"人以群分"的年代。这与过去线下的销售很类似,例如,在高端的商场中,顾客往往是中高产阶级,拼多多从根本上改变了整个电商体系中销售前端的模式,在前端发生变化的同时,供应链也会随之发生变化,最终引起了整个电商生态的变化。

课后思考题

1. 为何拼多多可以在短时间内席卷中国电商市场?
2. 拼多多的案例对传统电商的未来发展有什么意义?
3. 以社交形态进行的电子商务对我们有什么启示?

案例来源

王昕天、汪向东,《社群化、流量分配与电商趋势:对"拼多多"现象的解读》,中国软科学。

参考文献

[1] 王昕天,汪向东.社群化、流量分配与电商趋势:对"拼多多"现象的解读[J].中国软科学,2019(7):47-59.

[2] 冼桐,阮传扬,张越,等.基于消费者行为理论的社会化营销策略研究:以电商平台拼多多为例[J].中国商论,2019(12):82-83.

[3] 李晶晶.拼多多经营实践经历助力市场营销教学研究[J].现代营销(信息版),2019(8):98.

[4] 蔡文浩,尚欣,吴金山,等.浅谈拼多多带来的思考[J].经济研究导刊,2019(19):171-173.

14.2 萌文化下的猛营销——三只松鼠

案例标签:三只松鼠;B2C;品牌营销;文化营销

案例网站:www.3songshu.com

案例导读:

2012年,三只松鼠股份有限公司正式成立,这是中国电子商务发展历史上第一家将业务完全定位于电子商务的企业。它以互联网为基础,利用各大电子商务网站进行线上销售,改变了传统的坚果类零食的销售模式,摒弃了传统的零售店,采用网销的方式,在较短时间内获得了一定的成绩,同时也获得了大量的关注。

三只松鼠在创业之初,仅仅拥有5名成员,在短短的两年时间内,就已经发展成了拥有近千名员工的小型企业。2015年年底,三只松鼠的估值已经达到了40亿元,成为国内最大的纯电子商务品牌。

作为一个电子商务品牌,成交量和成交额的增长速度是衡量它的重要指标,三只松鼠成立的最初四年里每年双十一的成交额如下。

2012年天猫双十一活动期间,三只松鼠旗舰店当日成交额达到了766万元,订单数量超过了所有的坚果零售品牌,而此时的三只松鼠,仅仅成立不到4个月。2013年天猫双十一活动期间,三只松鼠的当日成交额达到了3 562万元,蝉联了天猫双十一活动中食品销售行业的冠军。2014年天猫双十一活动期间,三只松鼠1.02亿元的成交额刷新了天猫双十一活动中食品销售行业的纪录。2015年,三只松鼠的成交额达到2.66亿元。2016年,三只松鼠的成交额达到5.08亿元。

课堂讨论:在销售量突飞猛进的过程中,作为食品电商企业的三只松鼠是如何进行营销的?

14.2.1 三只松鼠的品牌营销

三只松鼠作为以互联网为依托的电子商务企业,需要很强的影响力和很高的知名度,在前期发展的过程中,它以各类电子商务平台作为主要的销售渠道,急需提高自身的可见度。三只松鼠选择了与各类电子商务平台和搜索引擎进行合作的方式,通过消费者的相关搜索,将品牌推送给有潜在购买需求的消费者们。如今,不管是在各个电子商务平台中,还是在各类搜索引擎上,只要搜索与坚果、干果、松鼠等有关的词,都会出现三只松鼠店铺的链接广告,或者三只松鼠旗下的某些产品。这样的营销方式给三只松鼠带来了大量的潜在顾客,将信息流在电子商务中的作用体现得淋漓尽致。

另外,品牌是一个企业产品区别于其他企业产品的重要标志,也是影响消费者购买意愿的重要因素。三只松鼠对自身产品的定位非常明确,将坚果、干果和花茶作为自己的主营业务,一方面使得自身经营的产品与品牌名称紧密相关,"松鼠"让消费者在看到品牌的时候自然而然地联想到松果,进一步联想到坚果、干果等产品,使得品牌容易进入消费者的视野,也更容易被消费者记住,从而提升了消费者黏性,另一方面,三只松鼠的产品品类简洁,没有过多的复杂产品业务,对消费者群体的针对性很强,对品牌和口碑产生了潜移默化的影响。当今人们在提到坚果、干果类产品的时候,三只松鼠总能出现在人们的脑海中,品牌效应十分明显。

其次,卓越的业务质量使得三只松鼠在市场中拥有强悍的竞争力,严格完善的供应链使得三只松鼠的大部分产品都有着较好的质量。在产品的新鲜程度方面,三只松鼠采用温仓来存储原料和产品,在物流效率方面,三只松鼠采用DPS发货系统,在全国各地主要城市都建立了产品仓库,以保证在全国大部分城市都可以进行产品的本地配送。

除了产品本身之外,良好的消费者体验也是三只松鼠这个品牌成功的关键因素。三只松鼠的产品力求在每个环节都能完美地服务消费者,从购买到食用,每个细节中都透露出对消费者的关心与重视。例如,在三只松鼠的坚果产品中,基本所有的硬壳坚果都会在包装袋中附赠开果壳的工具。某些产品中还会附赠用于盛装果皮弃物的纸袋,以及用于清洁的湿巾等,这些对消费者无微不至的关怀使得三只松鼠的口碑始终居高不下。

课堂讨论:除了品牌营销外,三只松鼠还做出了哪些营销方式的改变或创新?

14.2.2 三只松鼠的"萌"文化

1. 品牌中渗透的"三只松鼠"文化

三只松鼠的品牌形象,是由三只萌系卡通松鼠构成的,分别是鼠小美、鼠小酷、鼠小贱。鼠小美张开双手,寓意着拥抱和爱戴每一位顾客;鼠小酷紧握拳头,象征着拥有强大的团队和力量;鼠小贱则象征着青春活力和永不止步、勇往直前的态度。这三只萌系松鼠出现在了三只松鼠旗下所有的产品上,大至快递箱,小到清洁纸巾,每一件物品中都包含了三只松鼠的品牌文化。消费者们在购买三只松鼠的产品后,能收到高辨识度的专用快递箱"鼠小箱"和专用开箱工具"鼠小器",此外,还会有密封防潮工具"鼠小夹"、盛放垃圾的小纸包"鼠小袋"、清洁纸巾"鼠小巾"等,三只松鼠将品牌旗下几乎所有的产品与用具都赋予了卡通名称,如此周到、有趣而人性化的设计,为消费者提供了新奇的消费体验。

2. 服务中渗透的"三只松鼠"文化

三只松鼠除了将自身品牌形象进行了卡通虚拟化,还将客服形象以及各类销售渠道同时进行了卡通虚拟化,这使用户体验得到了很大的改善,三只松鼠的客服化身为各种各样的卡通松鼠,大部分消费者在接触到三只松鼠的客服时都会有眼前一亮的感觉。相较于传统客服,三只松鼠旗舰店客户服务的背景界面选择了卡通松鼠形象,而非传统的白色界面。极快的回复速度、俏皮可爱的语气,也使得客服和消费者的沟通过程更为轻松,这种萌系的交流方式也给消费者留下了深刻的印象。

另外,三只松鼠的各类销售渠道也都进行了卡通虚拟化,其旗下比较重要的销售渠道,如天猫旗舰店,京东商城,壹号商城,以及各类团购网站中的店铺,都将自身店铺形象进行了卡通虚拟化。店铺内部各种功能的名称也进行了卡通化,例如、松鼠之家、美食仓库、松鼠星球、松鼠王国等,三只松鼠将企业文化的宣传做到了极致,其中美食仓库是对整个产品系列的总称,在传统功能的分类中,它承担了主页面的功能。三只松鼠仓储设置合理、物流速度快、售后服务完善等优势,使其各个销售渠道的店铺评分都远远高于同行。

课堂讨论:三只松鼠的品牌文化起到了什么作用呢?

14.2.3 三只松鼠的文化推广营销

自2016年起,一方面为了使消费者体验到更优质的服务,另一方面为了进一步通过宣扬"三只松鼠"文化来拉近企业与消费者的距离,进一步提高消费者的忠诚度,三只松鼠设立了线下实体店。线下实体店开业当天客流量就达到了一万五千余人次,随着实体店的陆续开业,松鼠投食店、松鼠粮仓、松鼠世界、怪鼠书等一系列松鼠服务文化又将三只松鼠的线下实体店与传统的坚果类线下分销店区别开来,将吃、看、玩巧妙地结合起来,将松鼠投食店定义为"城市歇脚地"。三只松鼠用以文化传播为主的推广功能,代替传统实体店的分销盈利功能,其目的在于宣扬品牌文化,进一步提高品牌的可见度,吸引更多线上与线下的消费者,以便拥有更强的竞争力,占据更多的行业市场。

除了在消费市场中宣传品牌文化外,三只松鼠还在企业内部将自身的品牌文化烘托得淋漓尽致,松鼠窝里有神农试吃堂、松鼠洗脑院、森林氧吧、旋转滑梯等特色区域,员工代号均与"鼠"字相关,甚至连企业内部的规章制度等,也都采用与"松鼠"相关的名称命名,例如,《松鼠廉政5P令》《松鼠十一条家规》等,为消费者展示了一个重文化、和谐团结的企业形象。

在营销推广方面,三只松鼠可谓是做到了极致,三只松鼠与综艺影视合作,不仅赞助了《微微一笑很倾城》《欢乐颂》《好先生》《小别离》等热播好剧,还推出了IP合作款产品,如微微一笑很坚果、小团圆月饼礼盒等。这种软广告的优势在于能以较低的成本有效触及电视端和网络端的观众,且开发跨界合作系列的产品可以从个性化的角度满足不同消费者的需求。三只松鼠并不满足于植入广告等营销方式,2017年之后,三只松鼠陆续推出了《贱萌三国》《松鼠磕壳课》等都市动画,依托自身产品,将三只松鼠的品牌文化进一步推广给消费者们,不断借热播影视剧与动画片来进一步提高品牌的可见度,同时也为消费者带来了娱乐化的体验和快乐,进一步提高了消费者的忠诚程度。

课后思考题

1. 三只松鼠的营销策略中,品牌文化扮演了什么样的角色?
2. 品牌文化营销的优势体现在哪里?
3. 三只松鼠的优质服务对品牌营销起到了什么样的帮助?

案例来源

曹瑞哲,《互联网思维下的电商品牌营销分析——以"三只松鼠"为例》,新闻传播。

参考文献

[1] 曹瑞哲.互联网思维下的电商品牌营销分析:以"三只松鼠"为例[J].新闻传播,2018(16):36-37.

[2] 柳冰芬,柳素芬.三只松鼠:萌文化下的体验营销[J].戏剧之家,2019(15):225-226.

[3] 曹钰青.电商"三只松鼠"的品牌营销策略[J].品牌研究,2019(1):17.

[4] 张晓霞,郭立文.新零售背景下淘品牌企业的创新发展探讨[J].商业经济研究,2019(9):62-64.

[5] 郭文月,王庆敏.基于大学生群体调查的电商品牌传播效果分析:以"三只松鼠"为例[J].电子商务,2019(5):42-43.

14.3 线下向线上转型——打造潜江小龙虾的网络公共品牌

案例标签:传统行业转型;潜江小龙虾;公共品牌

案例导读:

潜江小龙虾从无到有、从小到大,具有极强的可塑性和创造性,一直备受关注和好评。小龙虾由生鲜升级为熟食,并通过举办首届潜江网上龙虾节,带动了当地生产加工、仓储、物流等产业的发展,小龙虾成了潜江的"金名片"。2015年首届淘宝国际龙虾节,湖北潜江近6万斤(1斤=0.5 kg)小龙虾被消费者抢购一空,小龙虾已经成为互联网销售的热门类目,呈现爆发式增长态势。

14.3.1 小龙虾成"金名片"

当前,特色美食的消费正由产品认知阶段逐渐发展至品牌认知阶段,以品牌为核心已成为企业发展和资源重新配置的重要机制。

14.3.2 湖北潜江有望成为"小龙虾淘宝县"

潜江小龙虾每年的总产值达100亿元以上,占全国总出口的30%。让潜江小龙虾走出家门,借由网络平台被更多的消费者所认知是当地商人的愿望。网购小龙虾节火热开启后,4天的销量达到了1.6万余单,且结束后每天的复购率仍在200~300单之间。

课堂讨论:龙虾作为传统热销商品,为何直到2015年才在淘宝大卖?

14.3.3 线下转线上,用户是关键

小龙虾菜品是一种低技术门槛的熟食半成品,过分强调口味或者性价比势必会在品牌基础价值上陷入瓶颈。潜江小龙虾线下的主要顾客群为省内消费者,而电商平台则可以面向所有的淘宝用户。要在品牌塑造中以需求为导向,开发出定制菜品,与线下餐饮区分开来,就要根据顾客的消费场景以及南北口味做出适当区分。只有强化差异化优势,才能更好地满足不同消费者的需求,培养消费者的品牌意识,提高潜江小龙虾的经济效益。

1. 以供应链标准化管控为核心

小龙虾冷链物流需要在仓储、运输、终端配送过程中采取低温保鲜的措施来保障其新鲜度。周转不及时造成的后果比较严重,交付消费者的时间越晚质量越差,容易引发消费者的不满甚至退货,一旦退货回库就基本上无法进行二次销售。潜江小龙虾使用了5层包装的工艺,同时还使用冰袋来保持产品的新鲜度,在产品售后上承诺48小时到货,出现任何质量问题,照单赔付。如此一来,增强了消费者对产品的信心,打消了消费者对网上食品安全、卫生以及质量的顾虑。

课堂讨论:物流的发展是如何影响电商的发展的?

2. 以政府协同发展区域品牌

分散的小龙虾养殖以个体销售为主要生产方式,要独自创立品牌是不现实的。在潜江小龙虾产业发展的过程中,尤其是品牌创立的初期,政府承担了品牌建设主体的职能。然而,政府不是市场主体,在品牌建设中,作为建设主体的政府应积极促使潜江小龙虾区域品牌的发展从政府行为向市场行为过渡,鼓励和帮助潜江小龙虾的发展。

课堂讨论:政府在网络公共品牌塑造中的作用是什么?

14.3.4 发展前景

随着潜江小龙虾公共品牌影响力的扩大,单个企业打造品牌的风险和成本将极大地降低,这使得潜江小龙虾可以在一个更高的起点上发展子品牌,在较低风险的基础上打造更具特色的企业品牌。无论是线下还是线上,潜江小龙虾整个产业链都会在市场渠道体系培养中注入强大的能量。

课后思考题

1. 分析传统电商营销到新型营销模式的演化及其产生的效益。
2. 公共品牌建设怎样与个体分散经营的小龙虾产业联合起来保证产品质量,提升品牌价值?
3. 对比盱眙龙虾,潜江龙虾下一步应如何发展网络品牌?
4. 如何营销公共品牌?营销公共品牌和营销企业品牌的做法有何不同?

案例来源

胡柳波,武汉东湖学院,2016年中国电子商务案例高峰论坛暨全国百佳电子商务案例精选,中国义乌。

参考文献

[1] 何雪融,徐罡一,经纶.产业集群与区域经济的发展模式探究:以盱眙小龙虾产业集群为例[J].当代经济,2011(18):110-112.

[2] 农业农村部渔业渔政管理局调研组.江汉稻田作出大文章 潜江龙虾造就大产业:湖北省潜江市小龙虾产业发展情况调研报告[J].中国水产,2015(7):110-112.

第15章 社区与生活服务类

15.1 生活服务类电商O2O平台——利安社区电超市

案例标签:生活服务;电商O2O平台;社区超市

15.1.1 利安社区电超市介绍

电超市即电子服务超市,是电子商务综合服务平台的简称。利安社区电超市(如图15-1所示)是一个集代收电话费、公用事业费、行政事业费、保险费,订购电子机票、火车票、汽车票、彩票、景点门票,购物、买药,家政服务,发布社区服务信息、房产信息等各类服务于一体的综合服务平台。利安社区电超市是利安集团旗下陕西利安电子商务有限公司的业务之一,成立于2010年,注册资金为一亿元。利安集团(中国)控股有限公司是信息产业领域的企业集团,是全国首家综合电子服务运营商。该集团公司总部位于陕西省西安市高新区,旗下有12个以"利安"命名的省级分公司。利安集团的业务涉及电子服务、电子商务、通信、数据加密等多个领域。作为电子政务、社区服务等解决方案的提供商,利安集团于2002年成功研发了"数字化城市社区服务平台",基于社区服务平台建立的利安社区电超市,是国家信息化试点示范工程和国家科技支撑计划的重点推广项目。从2004年在西安开设第一家门店开始,经过十多年时间的发展,利安社区电超市已在四川、山西、新疆、安徽、山东等多个省份推广,在全国拥有近万家门店。2015年,利安社区电超市日交易额已高达8000万元,月交易额达到24亿元,每月服务近800万人次。

15.1.2 利安社区电超市的优势

利安社区电超市是利安集团通过线上网站(利安社区电超市网站首页见图15-2)、手机客户端结合线下门店,推出的全新电子商务服务模式,采取"线上+线下"的模式,旨在打造生活服务类电商O2O平台。它的成功主要源于以下方面。

(1)利安社区电超市门店如今遍布西安的大街小巷,利安旗下1016家门店,实现了西安市三环以内的无隙覆盖,服务于西安市900多万名市民。

(2)利安社区从2004年诞生之日起,已经陪伴西安市民走过了十多年的时间。

(3)线上线下相结合的模式,依托多年打造的庞大线下实体门店体系,可以满足各个年龄阶段的购物需求。

(4)利安社区在为消费者提供正品商品、发票和售后服务的同时还提供一站式服务。

图 15-1 利安社区电超市标准实体店

图 15-2 利安社区电超市网站首页

课堂讨论：利安社区电超市相对于传统的超市有哪些优势？

15.1.3 利安社区电超市盈利模式分析

1. B2B2C 商业模式

该模式主要涉及企业经营的基本盈利方式、服务对象和服务内容,第一个"B"主要指产品提供商,涉及政府、银行、通信运营商、保险公司、商场、铁路、旅游公司票务等多个方面。利安电超市提供的便民业务主要分为以下五大类:

(1) 公共事业及通信费用缴纳,利安的门店提货方式轻松解决了物流配送中的"最后一公里";

(2) 机票、火车票、各类旅游门票的销售;

(3) 药品、蔬菜、书籍等的在线购物;

(4) 保险代理、续缴保费等功能;

(5) 公共信息、银行等查询功能。

第二个"B"是指利安自主研发的"数字化城市社区服务平台"所建立的实体经营户联盟网络,该实体店联盟网将产品与服务提供商、开户银行、第三方物流企业以及最终的消费者密切地联系在一起。"C"既包括通过现金或银行卡直接在利安社区电超市门店进行消费的线下消费者,也包括通过在线平台订购商品,然后到店取货完成交易的线上消费者。

2. 技术与盈利模式

从技术角度上讲,利安所有业务主要依靠其自主开发的"数字化城市社区服务平台",结合 C/S 与 B/S 模式,将不同行业标准统一到利安平台的电子商务规范中。为保证交易的安全进行,还对信用借用模式和银行结算认证中心模式进行了创新。在盈利模式上,利安的利润主要来源于产品与服务提供商的返利。以话费缴纳为例,消费者在利安电超市缴纳 50 元费用,即刻就会有 50 元的话费到账,而利安门店会从运营商的返点中获取利润,消费者不用承担任何服务费用,因此利安电超市业务深受广大消费者的欢迎,并得以迅速扩展。

课堂讨论:请查阅资料,试比较 C/S 模式与 B/S 模式有什么区别?在现实生活中都有哪些典型的应用?

3. 渠道模式

在西安城区内,其通过加盟模式扩大了渠道范围,基本上每隔 500 米,就能见到一家利安电超市,"5 分钟步行圈"的服务方式给消费者提供了极大的便利,同时,在这种完善、稳定的渠道布局下,利安门店的提货方式轻松解决了物流配送中"最后一公里"的难题。消费者可以通过利安电子商务网站在线订购商品,然后到附近的利安门店付款和提货。例如,顾客利用上班午休时间登录利安电子商务网站,订购商品,可自由选择在线支付或到门店支付等多种付款方式,下班回家的途中可在事先指定的离家最近的利安电超市提货。另外,不同时间订购了多件商品,也可一次集中提货。这样有效避免了因货物质量不合格而造成的反复退换货等情况,并且极大地优化了物流配送时间。

4. 在线销售

除了缴费、购票等传统的电子服务业务,利安集团还与政府"放心工程"合作,为老百姓提供生活必需品。西安自 2011 年起开展"放心食品"工程,将规模化生产、统一运输监管、统一定价的"放心食品"提供给老百姓。通过利安电超市门店形成的网络销售渠道为市民提供政府的"放心食品",使广大消费者不出社区就能购买到质量有保障、价格低廉的生活必需品。

利安集团创立的利安社区电超市,立足于自主开发的电子商务平台,以社区消费者为服务对象开展社区化的电子商务,具有技术成熟、渠道密集、货源独特等特点,不仅为消费者提供了极大的便利,同时积极响应政府的便民政策,并新增许多就业岗位,产生了良好的社会效益和经济效益,是社区电子商务发展的有益参考。

课后思考题

1. 在现实生活中找到类似于利安社区电超市的商业模式,并通过对比,谈谈这种商业模式未来的发展趋势。

2. 结合电子商务知识,谈谈利安社区电超市在商业模式上是否还可以更进一步拓展,以及拓展的方向。

案例来源

秦效宏,西京学院,2016年中国电子商务案例高峰论坛暨全国百佳电子商务案例精选,中国义乌。

参考文献

侯珂,李国英."利安"社区电子商务模式案例分析[J].商务外贸,2013(1):40-46.

15.2 空中城市服务玩转O2O——"金华行"助力金华智慧公交

案例标签:金华行;O2O;民生服务

案例导读:

近年来,随着移动商务的发展,通过科技改变生活成为整个社会的主题,深入结合互联网思维,注重民生服务,紧密联系人民生活中的点点滴滴成为互联网行业发展的又一重要方向。

15.2.1 金华行游走大街小巷

2015年3月12日,伴随着国内首条采用纯电池驱动的快速公交线路的开通,金华市公交服务平台"金华行"微信公众服务号正式上线,鼓励市民回归公交出行,倡导绿色环保。金华行在历经一年多的建设过程中,从一开始简单的信息查询、新闻推送,发展到现在的综合民生服务,功能不断丰富和创新,受到市民的广泛好评。2016年,金华行微信公众号已获得了超过50万人的关注,每天流量达30万人次。

1. 公交信息发布服务

通过金华行,市民可以实现掌上查询公交线路,即时掌握公交位置,从此告别苦等公交的烦恼。平台还涵盖了查高铁、查公共自行车、查违章等功能。

2. 个人IC卡管理服务

金华行提供了公交IC卡的在线申请、充值等服务,实现了公交卡的空中服务。

3. 其他服务

金华行还提供了一系列商务服务,如租车、旅游、购物商城、企业推广等,尤其是在购物商城中,金华行与公交车无缝对接,开通秒杀提醒服务,玩转"互联网+公交+商业"的模式,充分开发了公众号的增值服务。

15.2.2 金华行的发展优势

金华行能够在金华受到市民的欢迎,主要原因有以下几点。

(1) 切实贴近市民的生活。公交车是市民出行的重要交通工具,一个能够解决市民出行问题的公众号必然会受到热捧。金华行提供的功能还可以促使市民围绕治理城市拥堵、发展快速公交等民生问题给有关部门献计献策,架起一座政府与市民之间的桥梁。

(2) 技术的支撑。暂且不说移动网络的普及和智能手机应用的普及,仅仅是微信在人们生活中的重要程度,就足以让一个公众号开辟出一片自己的天地。此外,金华主要的公交线路均有 WiFi 覆盖,市民可以在乘公交时随时查看和使用公众号。

(3) 宣传渠道广泛。金华的所有公交车、公交站点均有金华行的二维码,所有的公交车司机、服务人员均参与到金华行的宣传推广中,且金华行在上线初期,开展了一系列线上线下的活动,如免费体验 BRT、扫码抽奖等,这些活动大大提升了金华行的人气。

(4) 不断创新。金华行不断推出新服务、新玩法,让用户能够时时刻刻保持新鲜感,从而锁定用户并能够吸引新的用户。

课堂讨论:金华行在金华受到市民欢迎的原因有哪些?请做出简要的分析。

15.2.3 金华行发展所面临的挑战

随着金华行的不断改进,用户不断增多,而"互联网+"概念的提出为金华行这种"互联网+公共服务"的模式提供了广阔的空间,但是,金华行仍然面临着一些不可避免的挑战。

(1) 打车软件风靡,私家车遍地,公交车备受冷落。以"滴滴出行"为代表的打车软件逐渐融入人们的生活中,并以其优惠的价格深受广大用户的喜爱,因此,公交出行逐渐被人们冷落,尤其是追求生活品质和效率的年轻一代,对公交的需求量更是呈现出下降趋势。

(2) 零门槛模式的改变,将使商家严重受伤。目前在金华行的商城中,商家是以零成本入驻的,一旦金华行开始收费,中小企业商家会不会放弃宣传和渠道,从此一拍两散,这是值得考虑的问题。

课堂讨论:(1) 金华行在发展的过程中遇到了哪些问题?应该怎样解决?
(2) 你是如何理解"零门槛模式"的?当从"零门槛"变成"有门槛"的时候,又会存在哪些问题?

尽管会遇到困难,但是,金华行的初试成功,依然标志着"智慧公交"时代的来临,而平台为金华人民所带来的便利,也预示着互联网将进一步融入人们的生活中,潜移默化地改变人们的生活方式。目前对于金华行来说,坚持创新和开放思维,以为市民创造便利、优质的生活为主要目标,切实为市民考虑,在维持现有关注度的基础上,以更成熟的技术改进服务,进一步提升自身的关注度,才能获取更大的利润。

课后思考题

1. 从社会环境的角度来分析,金华行能够获得成功有哪些原因?
2. 根据管理学的相关知识,为金华行进一步开拓市场提供意见。

案例来源

王宸圆、芮廷先、曹倩雯,上海财经大学浙江学院,2016 年中国电子商务案例高峰论坛暨全国百佳电子商务案例精选,中国义乌。

参考文献

奚金燕.浙江"金华行"微信公众平台上线,手机即可定位公交[EB/OL].(2015-03-12)[2019-03-28].http://www.chinanews.com/sh/2015/03-12/7125017.shtml.

15.3 新零售模式开端,未来生鲜电商的发展方向——盒马鲜生

案例标签:新零售;B2C;融合发展
案例网站:www.freshhema.com

15.3.1 新零售是什么

新零售,通俗地来说,是指个人或企业以互联网为依托,通过先进的数据技术手段,对商品的生产、流通、销售、配送过程进行升级,从而重塑业务结构和生态圈,将线上与线下通过现代物流进行融合的销售新模式。

2016年10月,阿里巴巴集团董事局主席马云在杭州云栖大会上提出"新零售"概念,他认为纯电商时代已经过去,未来十年是新零售的时代。自此,新零售开始受到业界学界的广泛关注,且迅速成为行业发展的焦点。2017年被称为中国新零售元年,阿里巴巴等核心企业开始积极对新零售进行布局。

15.3.2 传统电商的天花板逐渐显现

一方面,经过近年来的全速前行,由互联网和移动互联网终端大范围普及所带来的用户增长以及流量红利正逐渐萎缩,传统电商所面临的增长瓶颈开始显现。国家统计局的数据显示,全国网上零售额的增速已经连续3年下滑,2014年1月至9月,全国网上零售额为18 238亿元,同比增长达到49.9%,2015年1月至9月,全国网上零售额为25 914亿元,同比增长降至36.2%,而在2016年的1月至9月,全国网上零售额是34 651亿元,增速仅为26.1%。此外,从2016年天猫、淘宝的双十一总成交额1 207亿元来看,GMV增速也从2013年的百分之六十几下降到了2016年的24%。根据艾瑞咨询的预测:国内网购增速仍将以每年八到十个百分点的趋势下降。传统电商发展的"天花板"已经依稀可见,对于电商企业而言,唯有变革才有出路。盒马鲜生打破了传统电商的固有模式,让新零售渐渐进入了大家的视野。新零售能快速地得到消费者和广大业内人士的认可,有如下几点关键的原因。

1. 传统电商的天花板

传统的线上电商与线下物流的模式,在一定时期内,收到了良好的效果,但是随着电商的饱和度渐渐增加,单纯的线上电子商务的发展逐渐遇到了"天花板",熟悉微观经济学的读者们一定知道在发展到一定规模的情况下,边际利润为零,因此随着传统电商市场的发展,线上所获的边际利润在不断降低。与此同时,近年来线下的发展速度远远不及线上,线上的边际收益渐渐接近线下的边际收益,因此,线下渠道的价值值得人们进一步挖掘。

2. 移动支付技术的迅速发展

移动支付等新技术开拓并普及了线下场景智能终端,并由此带来了移动支付、大数据、虚

拟现实等技术的革新，进一步开拓了线下场景和消费社交，让消费不再受时间和空间的制约。

3. 价格不敏感的人群逐渐增多

随着我国经济的不断发展，中国已经步入了小康社会，这使得中等收入人群的数量在不断增加，这部分人群比较追求产品质量与服务，他们追求产品的性价比而不仅仅是低价。随着具有这种消费观念的群体人数的增加，如何去解决其线上消费和线下体验不匹配的问题成了关键。

15.3.3 盒马鲜生——阿里巴巴新零售的大胆尝试

盒马鲜生最初由原京东物流负责人侯毅在上海创立，当时的盒马鲜生仅仅是一家生鲜超市。2015年3月，盒马鲜生正式加入阿里家族，从此，盒马鲜生的"品质""价格""自建物流""全链路自营""无现金支付概念"等标签脱颖而出。虽然仍包含在电子商务的范畴之中，但是盒马鲜生与传统电子商务的最大区别在于盒马鲜生的线下门店。作为生鲜电商，目前的盒马鲜生对于消费者来说，更像是餐饮、超市和网店的综合体，其线下门店可以作为线上生鲜的体验店，也可以作为线下的零售店，同时部分门店还可以作为线下的餐饮店。消费者可以到店购买、品尝，也可以在线上直接下单，在距盒马鲜生门店3km范围内的区域内都可以享受半小时内送达的服务。

生鲜电商专家、澄兴蟹业董事长罗浩元认为，盒马鲜生最大的价值体现在"30 min 到货"，他说："盒马鲜生有别于传统商业之处，在于它是以电商思维来经营的实体门店，用实体门店弥补了此前生鲜电商无法解决的生鲜类电商冷链物流配送的短板，在最佳的配送能力范围内，保障了物流的品质和用户满意度。"盒马鲜生创始人侯毅说："盒马鲜生所有线上订单从仓库拣货到经配送履带送到配送员手中只需10 min，剩下的20 min用来配送到客户手中。"

经营生鲜电商的企业中，目前亏损的比例占了88%，目前盒马鲜生不仅没有盈利压力，而且其大胆有效的尝试、线下与线上的融合、门店售卖和门店配送相结合的方式，使得盒马鲜生大大减小了原有生鲜电商的仓储压力，同时为冷链物流减少了成本。这使得其突破了原有生鲜电商发展的最大难题。

在首家门店实现盈利后，盒马鲜生充分展开了自己的加速布局，在中国的三十多个城市当中，盒马鲜生将开设两千多家门店，并宣布要同时在生鲜领域外拓展其他类型的业务，除了食品之外，盒马鲜生还将在其他领域推动零售业与电子商务的变革。

2017年9月28日，盒马鲜生在上海、北京、深圳、杭州和贵阳五大城市的10家门店同时开业，在这10家店中，有7家是新开店，3家由原有门店升级、改造而成。其中深圳益田店是华南地区的第一家店，贵阳荔星店是西南地区的第一家店，拱墅店是杭州的第一家店。至此，盒马鲜生在全国开设门店数量达到20家，其中有3家与区域零售商联营，这表明盒马鲜生线上线下一体化的新零售模式已经完全成熟，并开始通过赋能区域零售商，将阿里新零售带入全国。

在实体商业萧条、电商生鲜行业屡屡亏损的情况下，盒马鲜生在上海浦东开了第一家实体门店，通过"线上重交易，线下重体验"的模式，对传统零售业的人、货、场进行了重构。其通过生鲜领域独有的线上线下一体化模式，利用大数据和信息化等技术优势，建立物流体系，使得客户在距门店3km范围内都可以享受到30 min送达的冷链物流，很快便受到了业内人士的认可，逐渐成了阿里巴巴集团非常重视的新零售平台。如今的盒马鲜生，几乎已经成了新零售的代名词。

15.3.4 未来的新零售

1. 线上线下融合

随着新零售理念的提出到试验,再到现在的逐渐成形,电子商务的表现形式也在逐渐发生改变,线上和线下原本对立的两面逐渐走向结合,线下零售店可以通过线上电商平台进行宣传与销售,而线上的电子商务也会在线下成立自己的体验店、配送店等,实现线下实体商务与线上电子商务的紧密融合。

2. 强化用户体验

随着我国经济的不断发展,人们开始注重消费体验,因此,推进消费模式的转变,用新零售引领全新的消费生态格局,当是目前新零售发展的重要目标。

3. 结合新兴技术

随着科技的进步,云计算、大数据、人工智能等新兴技术不断地从起步走向成熟,借由这些新兴技术,电子商务实现了消费者精准匹配、高速物流,以及精准的库存控制技术等,这些新技术无一例外在电子商务领域起到了降本增效的作用,所以,新零售想要得到广泛的发展与应用,必须要由新兴技术来协助推进发展。

新零售通过线上线下的不断融合,可以将线上流量转到线下店铺,增加用户的活跃度,给线下店铺提供新的发展动力,消费者也将得到更加专业的服务和更加优质的产品。企业需要借助互联网时代的传播能力、数据力量、社交化特征等营造出一个全新的零售业态。总之,新零售会给整个零售行业带来一次革命性的改变。

课后思考题

1. 新零售在未来的电商发展中会扮演什么样的角色?
2. 新零售为何能在很短的时间内获得大家的认可?
3. 新零售为传统电商带来了什么冲击?
4. 新零售的出现给了我们什么启示?

案例来源

陈雨茹、曾玲玲,《盒马鲜生:"智慧"新零售》,中国外资。

参考文献

[1] 曹瑞哲.互联网思维下的电商品牌营销分析:以"三只松鼠"为例[J].新闻传播,2018(16):36-37.

[2] 田野.生鲜电商面临减速挑战[J].知识经济,2019(20):52-55.

[3] 单良.盒马鲜生"新零售"商业模式创新及对策建议:基于 Osterwalder 模型[J].商业经济研究,2019(13):104-106.

第 4 篇　电子商务特色服务篇

第16章 跨境电子商务服务类

16.1 外贸模式升级版——天津市广卓科技公司电子商务

案例标签：广卓科技；电子商务；模式升级

案例导读：

随着全球物流体系特别是我国外贸物流体系的逐渐完善，以及跨境支付方式的逐渐完善，我国企业利用跨境电子商务进行外贸出口的各项条件已经成熟。目前中国每天通过各种邮政渠道发往世界各地的包裹都是通过行邮模式出口的，出口电商企业无法正常结汇，无法退税。天津广卓科技公司坐落于天津市空港经济开发区华宇货运站，是一家整合中国跨境电子商务企业供应链业务的电子商务销售商，依托分布在世界各地的仓储中心，通过跨境电子商务平台eBay、Amazon和苏通等第三方平台面向全球市场进行销售。它为国内各大有实力的企业提供合法正规的报关和退税服务。

16.1.1 承接业务，保持良好的合作关系

天津广卓科技公司注册资金为1 010万元，拥有员工五十余人。

该公司承接了凡客诚品、奔腾、爱依瑞斯、四海商舟、天伦之乐集团、古今内衣、江南布衣、中兴手机、小米手机等多家知名企业的跨境运营服务，并与中国邮政、比利时邮政、英国皇家邮政、美国邮政、CEVA等企业保持着良好的跨境物流合作伙伴关系。在终端配送方面，除了与当地的邮政合作以外，也与DHL、TNT、UK Mail、DPD等公司有着良好的合作关系。

16.1.2 促进传统企业的外贸模式升级

传统企业的外贸模式效率低、利润低、成本高，不利于外贸事业的发展。广卓科技公司的总体目标是：首先，促进本市乃至全国传统企业外贸模式的升级，充分利用中国制造产业的优势，努力将传统低效率、低利润、高成本的外贸模式依托跨境电子商务平台转变为高效率、高利润、低成本的外贸模式，使我国众多中小企业能够在国际经济形势低迷的大环境下得以生存并发展壮大；其次，对天津本地的优势行业（如自行车、地毯、汽车配件等）及本地知名的外贸企业给予优先支持，这对于吸引全国优秀企业在天津落户并进行对外贸易有极大的促进作用；最后，利用天津的地理优势、人才储备优势等打造全国的跨境电子商务服务平台，形成产业集群。

课堂讨论：传统企业的外贸模式有哪些局限性？促进其升级的因素有哪些？

公司的未来发展计划具体如下。

第一阶段:进行天津海关监管仓库的建设,以及设备和流程的调试;从现有的英国、法国、德国、美国市场拓展至加拿大、澳大利亚市场;企业用户由目前的 20 多家增至 150 家以上;年订单数达 1 460 万单以上,年销售额达 5 亿美元。

第二阶段:海外物流拓展到俄罗斯、新西兰、南美等市场;企业用户增加到 300 家以上;年订单数达 3 000 万单以上,年销售额达 10 亿美元以上。

第三阶段:海外物流仓储拓展至中东和印度市场;跨境贸易合作商增至 500 家以上;年订单数达 6 000 万单以上,年销售额达 20 亿美元以上。

16.1.3 经营管理模式

广卓科技公司确定了客户商城的整体风格,并根据品牌理念做好各个区域的美术工作,定制出符合品牌理念、迎合海外市场需求的店铺模板。根据品牌定位,找准目标客户群体,并对海外目标市场进行调研,确定海外消费群体的特性及需求。通过对产品和关键词的优化以及对活动的推广来增加流量、提高成交率,为国内各大有实力的企业提供合法正规的报关及退税的电子商务服务。迄今为止,该公司已完成跨境电子商务平台的建设,拥有完善的跨境电商运营团队、多语言 24 小时的客服体系和跨境支付的解决方案,以及包括全球七大海外仓储、多样化的终端物流解决方案、专业的海外电子商务营销体系等在内的完整的电子商务生态体系。电子商务服务业是基础产业,可以顺利地为企业提供优质的跨境电子商务运营解决方案及服务。

该公司在管理方面具有一支核心管理团队,为公司的发展提供坚实的管理支持。

课堂讨论:结合案例谈谈广卓科技公司的经营管理模式有什么特点?

16.1.4 先进的技术模式与存在的问题

广卓科技公司先后与全球知名第三方平台 eBay、Amazon 形成战略合作伙伴关系,并在合作过程中,成了 eBay 在中国大陆地区制定服务的供应商。该公司还与世界最大的搜索引擎 Google、世界知名网络零售解决方案服务商 Channel Advi 以及世界知名 EDM 推广服务商 e-Dialog 形成战略合作伙伴关系。技术团队的骨干人员大多来自当当网、京东商城、亚马逊等著名电商企业,有着丰富的电子商务开发以及大数据处理的经验,但该公司在发展中仍存在如下问题:

(1) 初期选品定位是否符合海外消费者的需求,并需要判断海外同类产品的价格区间;

(2) 一旦出现产品定位不精确,对客户缺少长期吸引力,将使页面流量自然下降,导致交易额下降;

(3) 初期平均单品定价过高,无法适应海外主流市场的需求,也会导致浏览量及交易额的下降;

(4) 鼓励支持第三方及第四方快递企业,集中中小跨境电子商务企业的需求,形成群体议价能力,降低成本,提高配送效率,保障消费者购物体验;

(5) 充分发挥出口监管仓"关外境内"的政策优势,将海外分拨仓的职能移到国内,降低企业物流仓储的成本,减少资金占压和海外市场滞销的风险;

(6) 鼓励当地大型外贸和跨境电子商务企业新建或扩建海外仓储设施,开展第三方海外仓储服务,实现优势资源的集中和共享。

课堂讨论:广卓科技公司在发展的过程中遇到了哪些问题?

以上的这些问题主要是对广卓科技公司电子商务营销项目管理的要求,需要管理团队更具有灵活性和适应性。在整个电子商务项目的管理中,随时会面临要解决问题,甚至是处理危机的情况,领导者除了以上的工作,还要花费相当多的时间和精力来给出决策。

课后思考题

1. 什么是"跨境电商"?"跨境电商"的优势、劣势在何处?
2. 和传统电子商务购销相比,广卓科技公司电子商务的优势表现在哪些方面?
3. 广卓科技公司电子商务怎样才能促进传统企业外贸模式的升级?

案例来源

于宝琴,天津财经大学,2016年中国电子商务案例高峰论坛暨全国百佳电子商务案例精选,中国义乌。

16.2 综合性服务的在线外贸交易平台——敦煌网

案例标签:B2B;跨境电商
案例网站:www.DHgate.com

16.2.1 国际 B2B 跨境电商的创新者——敦煌网

敦煌网(如图 16-1 所示)成立于 2004 年,是第一家整合了在线交易和供应链服务,并面向国内外中小供应商与采购商的网上批发交易平台,是一家致力打造完整的网上在线供应链的企业,能使跨境贸易在线化、跨境资金和贸易透明化、跨境交易便捷化。敦煌网的命名来源于中国古代丝绸之路上的重镇——位于河西走廊最西端的敦煌郡,敦煌网旨在为国内的中小企业打开跨境贸易的"丝绸之路",为中小企业的跨境贸易提供渠道和便利。

说到主要面向国内企业的 B2B 跨境电商平台,最有名的当然是早期的阿里巴巴,而敦煌网的创建时间,正好是阿里巴巴在 B2B 领域大有作为的时候,那么敦煌网为什么能在阿里巴巴占据大量市场份额的情况下,获得 B2B 的一席之地呢?这要从早期阿里巴巴的业务说起,那么,我们来看一看早期阿里巴巴的主要业务。

阿里巴巴最早启用了两个域名,一个是 Alibaba.com.cn,一个是 Alibaba.com。前者习惯上被称为"中文站",后者则被称为"国际站"。中文站的收入主要来自"诚信通",它主要做第三方诚信认证的业务,用于核验企业的营业执照和信用评级,它贡献了网站 20% 以上的营业收入,在现在看来,这样的业务主要是起到了黄页的作用。而另一部分主要收入来源于"中国供应商",这是一个大型 B2B 商务网站,主要为企业提供寻求产品信息、求购信息、公司信息等,其服务费从最早的每年一万余元开始,到 2005 年,也就是敦煌网成立不到一年的时候,涨到了每年 6 万元到 8 万元,且拥有了一万余名用户。

课堂讨论:阿里巴巴早期的业务可以在哪些方面进行创新呢?

作为国际贸易领域的 B2B 跨境电商，敦煌网在创立之初就充分考虑了国际贸易的特殊性以及当前 B2B 跨境电商未能解决的问题。第一，所谓的 B2B 跨境电商，在十余年前，多数情况下只能承担起黄页的作用，即作为信息的提供者或信息的中转者，除此之外几乎再也没有其他服务项目。第二，费用问题，由于企业盈利的需要，大部分的 B2B 跨境电商采取了对每个客户都征收一笔服务费的方式，这种固定成本的支出，虽然对大企业并无多大影响，但是中小企业很难去承担这笔费用，因此，在早期的 B2B 跨境电商中，阿里巴巴大部分的客户都是规模较大的企业。敦煌网看到了这些早期 B2B 跨境电商的缺陷，将自身定位为服务于中小企业的跨境平台，打造了网上跨境的完整供应链，最终收获了大量用户。

16.2.2 敦煌网的经营模式

敦煌网是以在线交易为主的平台，它收取的费用来自买家，国内外中小企业和采购商都可以通过这个平台进行企业注册、信息发布、采购和销售。阿里巴巴对使用平台的每个客户都收取一笔固定的服务费，而敦煌网对此作出了相应的改变，卖方可以免费在平台上发布销售信息，但如果希望将产品推送给更多的采购商，则需要额外支付推广费用，买方是主要的付费群体，在发布产品招商信息或交易成功时，都需要向敦煌网支付费用。买方支付的交易佣金，根据成交额和产品类型的不同，有着不同的佣金比例，通常占交易额的 2.5%～4.5%。同时，敦煌网还向用户提供了包含但不限于物流、支付、翻译的一系列服务，几乎涵盖了跨境贸易的全部流程，实现了对跨境贸易产业链的整合，使得敦煌网的用户可以顺利享受到完整的跨境在线贸易。

课堂讨论：敦煌网在传统 B2B 跨境电商模式中做了什么改变？

16.2.3 敦煌网的核心竞争力

敦煌网之所以能在竞争激烈的 B2B 市场上迅速占有一席之地，离不开其极具竞争力的服务与费用。

1. 独特的盈利模式

将原有的固定服务费收取模式变更为按交易额收取佣金，使之成为最能吸引用户的交易方式，承受不起阿里巴巴高昂的单笔服务费的中小企业，将会选择在敦煌网进行信息的发布，这样一来，供应商和采购商们可以在确保实际订单能够完成的情况下支付相应的服务费用。

另外，敦煌网还向广大的卖家提供了推荐位服务，在有卖家急需将产品售出时，可以选择此服务，在短时间内将产品优先展示，以快速提升自身产品的关注度，获取产品竞争中的优势地位，同时向敦煌网支付相关费用。敦煌网在大部分 B2B 跨境电商仅仅提供黄页功能时，就可以提供我们今日所谓的增值业务，这在当时可以说是巨大的商业创新。

2. 优秀的物流合作

敦煌网与 PayPal 等多个国际成熟的支付平台合作，在买家验货满意之后，再由敦煌网将货款转至卖家账户，保证交易安全。为了加快物流速度，敦煌网不仅整合了 USP、DHL 这些大型物流公司，甚至还将一些专做欧洲或美国市场的小型物流公司整合在敦煌网的平台上，交易周期最快能达到 3 天，最多不超过两周，大大提高了买卖双方的周转率，同时，敦煌网通过与物流公司的合作，为卖家提供了自定义运费的功能，卖家可以自主选择物流方式，使得敦煌网上出售的产品在运费上更加具有竞争力。

图 16-1　敦煌网主页界面

3. 低廉的拼单价位

对于卖方,敦煌网有优质的服务和极具吸引力的价格。对于买方,敦煌网将大量的需求汇集起来和供应商进行价格谈判,订单数量的庞大让敦煌网有了很强的议价能力,同时在物流公司提供的标准服务上也拥有强大的议价能力,使不同采购商的货品装进同一个集装箱里成为现实,这样一来,大大节约了买方的采购成本,这也是敦煌网用户保持着很大黏性的关键因素。

16.2.4　B2B 还是 B2C？敦煌网的未来

近几年来,B2C 的浪潮不断地推动着电子商务的发展,新零售等名词也渐渐出现在了人们的视野里,人们似乎更看好 B2C。其中的主要转折点发生在阿里巴巴 B2B 的退市,传统 B2B 形态下的供应链,是由工厂→外贸公司→进口商→零售商→消费者的过程。随着淘宝、天猫、京东等一系列 C2C 或 B2C 平台的兴起,跨境电商似乎也会渐渐被 B2C 取代,在电子商务迅速发展的时代,产品本身已经不再是人们关注的要点,由于生产技术和质量检验的逐渐发展,产品之间的差距渐渐变得不那么明显,取而代之的是与产品相关的服务,也就是产生了交易服务化的趋势。

交易服务化就是大家常说的有 B2C 化的趋势。和过去相比,只提供信息黄页的 B2B 是难以适应市场需求的。B2B 由 1.0 向 2.0 迈进,聚焦交易平台建设,并围绕这个交易平台提供各种供应链服务,如会计、翻译、客户管理、订单管理、物流管理等。

那么,跨境 B2B 电商会不会向 B2C 妥协呢？笔者认为是不会的,或者说在较长的一段时间内不会,由于跨境贸易的特殊性,单单从物流费用上来看,传统的 B2B 模式已经在从碎片化需求到集中订单,再从集中生产到分散销售的过程中实现了效率的最优化。传统销售模式不是一无是处、需要刻意革命和颠覆的,而是要按照社会实际情况,进行合理的分工协作,因此,跨境 B2B 电商不容易被 B2C 取代。举一个更直观的例子,在跨境贸易中,B2C 贸易金额的比例仍然不到 B2B 跨境贸易的 5%。

虽说跨境 B2B 电商不会被 B2C 取代,但是就敦煌网的案例来看,只提供信息黄页的传统 B2B 跨境电商是难以适应市场需求的,因此,敦煌网的未来以及 B2B 跨境电商的未来,仍然需要适应时代的发展,在电子商务的发展中不断完善自己。

1. 跨境电商移动化

近年来,移动端的电子商务已经成为主流,智能手机和移动电子产品的销售量在不断增加,移动端的电商已经成为绝大部分人生活中的关键一环。如今,移动商务规模正扩大到可以对一个企业或品牌产生本质上的影响,因此,移动端的电子商务开始需要被纳入企业的发展战略。不仅是 B2C,B2B 也同样如此。2011 年敦煌网率先联手 PayPal 开启跨境移动商务,同时在安卓和 iOS 系统上开发了自己的 App,2014 年,移动端的业务成交额已经占总成交额的 15% 以上,我们相信,跨境移动商务在未来几年将持续保持高速增长,并最终成为跨境电商的主流模式。

2. 电子商务社交化

数据显示,如今在买家购买商品或服务后,超过 42% 的买家会在第三方网站或媒体上评价供应商,超过 32% 的买家会在社交媒体上发表评论或分享给自己的好友,因此对于企业来讲,社交化电子商务的重要性早就不言而喻了。B2B 平台社交化自然成为企业社会化商务不可分割的一部分。而对于平台来说,积极引入社会化媒体,加强社会化商务在平台中的权重,才能适应电子商务未来社会化这一基本趋势。

3. B2B 与 B2C 电商一体化

从行业纵向发展来看,B2B 与 B2C 渐渐融合,贯通了电子商务产业链。B2B 平台与 B2C 企业进行整合与对接,使得 B2B 可以借助互联网完成向渠道和最终消费者的布局,互联网的渠道价值实现了最大化,B2B 平台也因此有了新的价值,为 B2C 或 C2C 提供信息互换平台,深度挖掘 B2B 的潜力将成为电子商务大产业生态链的重要一环。

课后思考题

1. 跨境电商社交化的意义在哪里?
2. 敦煌网的案例对跨境电商的未来发展有什么意义?
3. 敦煌网对目标用户的精准定位给了我们什么启示?

案例来源

翟虎林、谭蓉,《敦煌网跨境电子商务经营模式研究》,中国集体经济。

参考文献

[1] 翟虎林,谭蓉.敦煌网跨境电子商务经营模式研究[J].中国集体经济,2019(4):107-108.

[2] 吴子骏.海关监管改革背景下敦煌网跨境电商发展研究[D].南昌:南昌大学,2019.

[3] 马德清,刘建刚.跨境电商平台在电子商务专业实践课程教学中的实施:以"敦煌网"的实践平台为例[J].西部素质教育,2019(13):163-164.

16.3 阿里巴巴国际化的重要战略产品——速卖通

案例标签:B2C;跨境电商;跨境物流
案例网站:sell.aliexpress.com
案例导读:

全球速卖通(AliExpress)是阿里巴巴旗下面向国际市场打造的 B2C 在线交易平台,于 2010 年 4 月正式上线,距今已有十几年的时间。在成立之初,由于阿里巴巴旗下的国际站已经在经营 B2B 的国际贸易,因此全球速卖通最初的定位与淘宝类似,是一个 C2C 的跨境电商平台,被广大的卖家和买家称作国际版淘宝。卖家可以将商品信息等发布在平台上,在买家购买物品后,通过国际快递,以类似于国内的发货流程,将商品寄送给买家。在这个平台上,用户可以与多达 220 多个地区的卖家和买家达成交易。

16.3.1 从 C2C 到 B2C

2015 年 12 月 7 日,阿里巴巴旗下跨境出口电商平台速卖通对外宣布,全面从跨境 C2C 平台转型为跨境 B2C 平台,同时公布的还有平台入驻门槛新规,平台将整体提升商家入驻的门槛。一方面按照经营大类设置年费,提高准入门槛;另一方面通过"年费返还"等有效激励措施,提升中国制造商开拓全球市场的信心。那么,为什么速卖通要从 C2C 模式的电商平台转型成为 B2C 平台呢?

课堂讨论:全球速卖通为何要从 C2C 平台转型成为 B2C 平台呢?

我国的跨境电子商务模式主要有 B2B 和 B2C 两种模式,在传统 B2B 模式下,企业通过平台发布销售或者求购信息,达成交易后,其余流程基本在线下进行,本质上与传统跨境贸易无二。在 16.2 节我们所学习的敦煌网的案例中,敦煌网成功地将原先大部分在线下处理的业务重新放回了线上。而在跨境 B2C 模式下,我国企业主要面对的是国外的消费者,以销售自身品牌旗下的个人消费用品为主,在买家购买物品后,采用航空包裹、跨境快递等方式将物品寄送到买家手中。与 C2C 跨境电商相比,我们可以发现,B2C 模式的关键在于销售给国外消费者的物品是由厂商提供的,这也意味着这部分物品中包含一个很关键的元素——品牌,在中国制造业转型的背景之下,中小企业迫切地需要将自身产品转型成为品牌。在这个理念下,C2C 模式更偏向各自为战,以优质廉价的产品作为主要卖点,消费者重点关注产品本身,而对产品品牌的认识不足,这显然不利于树立品牌效应,因此,速卖通快速地转型成了 B2C 跨境电商平台。

16.3.2 优势中的隐患——从菜鸟到无忧

作为跨境 B2C 领域的电子商务平台,速卖通在跨境电商领域目前仍处于优势地位,与其他跨境 B2C 电商平台相比,速卖通的优势主要体现在以下几点。

1. 较大规模的货物交易

速卖通作为阿里巴巴旗下的电商平台,具有得天独厚的流量优势,无论是从宣传的角度,还是从流量的角度来看,速卖通发展新用户都会比其他电商平台略容易。拥有较大流量的优势在于,流量的规模越大,其平台总货物的交易规模也会越大,而大规模的货物交易有利于跨境物流规模化运输网络的建设和发展。速卖通平台可以充分利用规模经济优势,在国内交易量大的重点地区建立专业的跨境物流运营中心,根据不同卖家发货产品的特点和配送目的地将货物进行分类整理,之后再交由物流公司进行货物的配送。这种方式一方面可以增强物流上的议价能力,获取更低廉的物流渠道,降低成本,另一方面可以提高物流的资源配置能力和运作效率。

2. 逐渐健全的配送体系——菜鸟与无忧物流

为了健全全球物流配送体系,阿里巴巴旗下的菜鸟网络积极与燕文、递四方、新加坡邮政、英国邮政、中通、圆通、EMS、斑马等跨境物流企业合作,力求搭建具备全球配送能力的跨境物流骨干网。全球速卖通平台还联合菜鸟网络推出官方物流体系——AliExpress 无忧物流智能物流平台,并与全球物流查询平台 17TRACK 开展合作,为速卖通平台的用户提供包含国内外揽收配送、物流信息查询、售后服务在内的一系列物流服务,为货物的顺利运达提供保障。目前,速卖通的无忧物流体系支持超过 30 个国家的语言,可以提供 200 多个国家的运输与快递服务。

3. 缓解物流压力——速卖通的海外仓储

一方面为了缓解物流时长所造成的用户满意度的损耗,另一方面为了减轻物流压力,速卖通从 2013 年开始在俄罗斯、美国等多个国家与第三方跨境电子商务平台及国际物流公司合作设立海外仓库,用来为买家提供本地发货服务。卖家提前备货后,买家可以享受由当地仓储进行的短时间的配送服务,极大降低了国内发货所带来的物流成本和时间成本。

相对于一般的 B2C 电商平台而言,速卖通的优势虽然较为明显,但是对于电子商务快速发展的今天来说,速卖通仍然在很多地方有待改进。

首先,无忧物流的服务体系不够完善。由于无忧物流成立时间较短,再加上部分地区的物流成本高昂,导致其目前的揽收范围仅覆盖了我国 23 个城市和地区,这些城市和地区主要集中在我国的东部,以长三角为主。不在揽收区域内的卖家,如果需要享受无忧物流的服务,则需要将货物自行运送至邻近具有揽收能力的仓库,因此,在无忧物流无法覆盖到的区域,卖家都会选择第三方物流来进行货物的邮寄,例如 UPS 等。另外,是否使用无忧物流服务并不是由卖家决定的,只有买家在下单过程中注明使用无忧物流进行快递时,卖家才可以使用,这也在很大程度上限制了无忧物流的使用范围,导致其覆盖面更加狭窄。

其次,速卖通海外仓的覆盖范围较小。速卖通的海外仓库均是与第三方跨境电子商务平台或国际物流公司合作设立的,它没有自己的海外官方仓库。即便如此,速卖通的海外仓储覆盖面依然较窄,截至 2017 年,速卖通仅与不到 30 个国家合作建立了海外仓储,同时,由于是合作搭建的海外仓储,因此相比于官方仓储来说,不易于管理。而亚马逊早在 2015 年就在一百二十多个国家建立了官方海外仓储,因此速卖通的海外仓布局仍需时日。

16.3.3 搭上发展的便车——速卖通的未来

在"互联网+"政策的支持下,海外仓的建设、"一带一路"倡议的实施,对我国物流基础设施建设,构建互联互通的物流基础设施网络,实现物流平台的网络化联合,打通全球物流的关键性环节来说具有重要的积极影响。速卖通平台可以充分利用国家政策在物流基础设施建设方面的有利条件,通过合作或自建的模式,编织覆盖全球的跨境物流网络,为速卖通平台的货物配送提供更安全、快捷的保障。速卖通的未来发展,需要在当前的基础上继续做出更多的努力,才能真正地实现"让中国的品牌走向世界"的壮举。

首先,需要进一步完善官方物流。作为官方物流的无忧物流,需要进一步扩大其物流覆盖范围,以便更好地提升服务质量,提高用户黏度。我国中部和西部地区在无忧物流服务的提供上有难度,这部分地区对无忧物流的使用率较低,需要进一步完善,通过菜鸟强大的物流网络,实现无忧物流对全国较大城市的覆盖,在各大城市中建立仓储,减少物流时间,降低物流费用,增加物流使用率,从而逐步占领市场。

其次,海外仓储建设仍需加强。近年来,大部分跨境电商平台都在进行第三方海外仓储的搭建。在海外仓储的建设方面,速卖通的海外仓储覆盖率并不高,自建仓储与第三方仓储相结合的模式能尽快地完成海外仓储的布局。由于很多物流公司,如乐宝物流等,开始提供代运营业务，因此速卖通平台应积极与这些运作模式成熟的企业合作，尽快完善海外仓储的布局，增强自身竞争力。

最后，近年来，跨境电商正在逐渐从混乱的状态走向程序化、正规化的状态。只有愿意建立自身品牌的跨境电商从业者才能慢慢从幕后走到台前。商品正在不断地走向正规化和品牌化，而原来被边缘化的跨境电商也在不断地被完善。无论是从商品质量、服务标准，还是从物流领域来看，跨境电商都在不断接受着正规化和品牌化的洗礼。速卖通需要进一步对卖家进行严格的把控，进一步提高商家的品牌意识，争取打造我国跨境电商的黄金时代。

课后思考题

1. 为什么在跨境电商中，物流具有如此大的重要性？
2. 全球速卖通的案例对跨境电商未来的发展有什么意义？
3. 为什么大部分跨境电商企业的海外仓储都不再使用自建仓库了？

案例来源

闫晨晖，河南大学，《基于SWOT分析的跨境电商物流研究》。

参考文献

[1] 闫晨晖. 基于SWOT分析的跨境电商物流研究[J]. Marketing Management Review, 2018(5):144-145.

[2] 白杨,李宏畅. 速卖通跨境电商平台运营现状和发展建议[J]. 改革与开放, 2018(13):15-17.

[3] 谢昕彤. 新媒体时代下我国跨境电子商务的发展趋势探讨：以阿里巴巴速卖通为例[J]. 商业现代化, 2018(18):10-11.

第17章 农村电子商务服务类

17.1 一颗核桃引发的电商扶贫大戏——成县模式

案例标签：农产品电商；成县模式；微媒体营销

案例导读：

随着"互联网+"的推动，电商扶贫也成为精准扶贫的重要内容。全国各地政府推动农村电商已经成为一种"运动"。农业农村部、商务部等更是推出了"示范县"工程，全国各地都热火朝天地开展了"互联网+农业""互联网+精准扶贫"的运动。那么政府如何参与推动才更有效？现在全国各地也出现了很多"模式"，甘肃成县模式就是这几年涌现出来的较具代表性的模式之一。

成县隶属于甘肃省陇南市，是一个传统的农业县，也是"国家集中连片特殊困难地区秦巴山片区扶贫县"，实现脱贫的压力大、任务重。良好的气候条件和生长环境，使成县绿色无污染的农特产品种类多样、品质优良，但是长期以来，由于交通不便、信息不畅、销路单一等因素，丰富的农特产品卖不出好价钱甚至卖不掉，农民增产不增收。成县模式是"一个核桃的逆袭"，它充分体现了人才缺乏、交通和信息闭塞的西部地区要想做好"互联网+"，就必须要有强有力的创新模式。

17.1.1 成县简介

成县位于甘肃省南部、陇南市东北部，古称成州，西魏置成州，明朝降州为县。成县下辖14镇、3乡，有15个居民委员会、245个村民委员会，总面积占1 676.54平方千米，总人口达26.98万人，常住人口为24.68万人，其中城镇人口为12.02万人，城镇化率为48.7%（2018年数据）。成县地处西秦岭余脉，地势呈西北高、东南低，海拔在750～2 377米之间，属暖温带半湿润气候，四季分明，冷暖适度，被誉为"陇右小江南""陇右粮仓"。成县自然资源丰富，有矿产资源、水资源、生物资源等，是全国第二大铅锌矿带。成县被评为"千年古县"，是"中国核桃之乡""中国最佳旅居度假名县""中国最美生态宜居旅游名县"。名优特产有成县核桃、红川酒、天麻等。风景名胜有西狭颂风景名胜区、鸡峰山国家森林公园、杜少陵祠等。

这里拥有较多的山地，属于不利于大力发展工业的地貌类型，但是林业产品丰富，拥有超过3万公顷的核桃林，并且拥有较高的产品质量，然而整个地区一直处于贫困状态，且一直未能得到妥善的解决，政府的扶助也没有起到良好的效果。让人意外的是，截至2014年，成县有网店627家，实现销售收入1.05亿元。在短短的几年之内，成县从贫困到彻底脱贫，究竟经历了什么呢？

课堂讨论：成县拥有丰富的林产资源，为什么一直处在贫困状态？

17.1.2 成县区域贫困的原因

1. 对销售的重视程度不够

长期以来，成县的农户一直处在只负责种植与生产的状态下，农户们与外界联系较少，且由于传统农林思想的作用，农户们大部分对如何进行产品销售的认识不足。这导致产品与市场需求联系不紧密，产品流通不畅，常常滞销。

2. 缺乏有效的宣传途径

除了对销售的重视程度不够外，如何将产品有效地推广给更多的潜在消费者，也是处在大山之中的成县农户们遇到的重大难题之一，在成县开展电子商务脱贫之前，成县的农户们不知道互联网在产品宣传中可以起到的作用，他们通常采用传统手段进行产品的宣传。

3. 缺乏物流基础设施

由于交通和物流基础设施条件的匮乏，产品的运输也成为困扰成县电子商务发展的重要问题。产品无法快速高效地运送到消费者的手中，一方面会导致在订单数达到一定数量时，无法将所有订单都按时按量完成，另一方面会严重影响完成订单的时长，从而导致消费者黏性降低，潜在消费者的数量减少。

17.1.3 一场核桃大戏——"农户＋网商"的成县模式

1. 微媒体营销电子商务

2013年6月，成县县委书记开始尝试在微博上对成县核桃进行宣传，试图为成县的核桃寻找更多的买家，结果得到了良好的效果，第一批成县核桃作为零售产品发往了北上广等一线城市。这无形中解决了农村产品销售的关键问题——卖给谁。于是，在政府的号召之下，成县大大小小的政务微博、公众号，都卷入了这场微媒体营销之中，它们将产品信息、产品预订、产品销售合并，将成县核桃一举推出了大山，打响了成县脱贫的第一枪。

2. "农户＋电商"和"园区＋基地"模式

在经历了微媒体营销之后，成县政府和农民们都渐渐认识到了电子商务在解决销售问题的过程中发挥的作用，随后，成县的电商大戏在2014年正式开幕。成县通过创建交流合作平台，让农户们可以通过电子商务平台进行产品的销售，同时成立了各类产品的产业园区，并吸引阿里巴巴农村淘宝、京东帮、苏宁易购等电商企业入驻园区，创建了"阿里巴巴农村淘宝成县服务中心"。成县作为西北地区首个试点县与阿里巴巴集团签署了农村淘宝"千县万村"计划合作协议，协助构建成县农村市场电商、物流、金融互联网模式，开展电商成长体系、物流配送体系的搭建与运营管理，扩展、维护村级服务网点市场，培养合作农户的运营能力与销售能力，并借助菜鸟平台逐步整合优化县内物流配送机构，完成县村两级物流收发，打通了乡村物流配送的"最后一公里"，让成县的各类商品可以快速有效地抵达消费者的手中。

建立产业园区则是成县模式的另一个重要举措，搭建出的产业园区将各类产品的生产、加工、物流、推广等进行集成，重点引进电子商务交易平台协助经营，形成了地方产业集群，以统一指挥、统一管理的形式优化产业供应链，各生产部门、辅助部门协同工作，降低生产成本，提高产品质量，优化信息交流，打造自身品牌。以打造产业园区的形式，提高了成县电子商务发展的质量与效率，缩短了可能出现的贫富差距，变相降低了扶贫的难度，同时便于政府管理、企业扶持和招揽人才,在形成产业集群的过程中产生凝聚力,以最终形成电子商务生态。

3. 农村电子商务生态的形成

自 2015 年起,成县的农村电子商务平台已经基本搭建完成,成县的电子商务生态也基本形成,物流、资金流、信息流均已形成了体系,基础设施的建设基本到位,电子商务已经成为带动当地产业升级、农林业发展、县区脱贫致富的重要手段。全县 17 个乡镇都有自己的特色产品,成县电商以核桃为主,蜂蜜、柿饼、土鸡、樱桃、草莓、油桃、金银花、油牡丹等各种土特产品百花齐放的局面基本形成。

课堂讨论: 农村发展电子商务,需要解决哪些关键问题?

17.1.4 成县模式的成功经验

成县的成功脱贫,让人们看到了电子商务在扶贫中的巨大作用,从中我们也看到了,要想通过电子商务实现脱贫,需要解决的几个关键问题。

1. 基础设施问题

正所谓"兵马未动,粮草先行",目前农村贫困区的发展遇到的瓶颈主要体现在网络不畅通、交通不便利、城镇基础设施落后、贸易物流渠道狭窄等方面。交通设施和物流设施的缺乏会导致内部和外部的产品流通不畅,基站不足会导致网络不畅通,这些都会使物流、资金流、信息流受到严重的制约,如果无法流畅地和外部进行价值交换,那么是无法改变片区县等地贫困的现状的。

2. 人才需求问题

在基础设施得到解决之后,对人才的需求便凸显了出来。对于信息化发展远远落后的贫困村镇来说,电子商务在农村的开展缺乏人才的支撑,很多农民对网络仍然处于不了解、不会用的状态,他们对网络和电子商务反应迟钝,甚至有很多人对这种看不见摸不着的东西持有抵触情绪。人才的缺乏也大大限制了电子商务在扶贫大潮中的发挥。要解决此类问题,需要做到引培并举,依靠乡镇企业的带动和外来电子商务公司的参与,引入外来人才,同时培养本地人才。

3. 政府扶持问题

不论是在基础设施建设方面,还是在人才培养与引进方面,政府要发挥的一定是引领的作用。可以说,如果不是国家出面引领着扶贫运动,那么很多地区也不会有如今的富饶生活。农民一旦在电子商务方面遇到了困难,遭受了损失,就可能不再愿意在这个方面继续努力。如果政府的引导方向不够明确,扶贫意志不够坚定,推行举措不够合理,那么这种情况将难以避免,因此,政府需要起到绝对的支持作用。

4. 电商管理问题

从经济学的角度来说,完全竞争市场中容易出现"囚徒困境",随着时代的发展,网络消除了电子商务中的绝大部分地理因素,各大电子商务平台之间的激烈竞争大家有目共睹。虽说电子商务可以让贫困地区的生产者们以较低的价格购得所需的生产材料,但是这也意味着贫困地区的产品可能需要以较低的价格在网络上出售,这对于目前农村"各自为战"情势下的农民们来说显然是不利的。另外,在发展电商的过程中,很难保证单打独斗的个人商户不出现内部竞争的情况,一旦出现内部竞争,造成的可能是更为恶劣的影响,所以,在农村发展电子商的过程中,必须重视管理问题,将分散的农户转化为集群,使他们形成属于自身的电子商务产业。

课堂讨论:你觉得"电商扶贫"是双赢的吗?试结合案例做出分析。

课后思考题

1. 试用竞争与合作的相关理论,分析阿里巴巴与成县政府的合作对特色农产品销售的格局会有哪些影响。
2. 从管理学角度分析阿里巴巴与成县政府携手建立农产品电商的行业标准。

案例来源

唐端、邹益民,陇南市电商办、浙江师范大学,2016年中国电子商务案例高峰论坛暨全国百佳电子商务案例精选,中国义乌。

参考文献

[1] 史雯霞.成县探索发展农林产品电子商务模式[J].甘肃林业,2016(5):13-14.
[2] 田园.甘肃省电商扶贫路径探析:以成县为例[D].兰州:甘肃农业大学,2018.

17.2 电子商务综合服务商+网商+传统产业——遂昌模式

案例标签:电商服务;B2C;电商生态

案例导读:

遂昌县位于浙江省西南部,隶属丽水市,位于钱塘江、瓯江上游,仙霞岭山脉横贯全境,全县总面积为2 539平方千米,山地占总面积的88.83%,总人口数为23万。

由于遂昌县独特的自然条件,这一区域的农产品品质非常好,竹炭、烤薯、山茶油等均属于当地的特产。在电子商务刚刚起步的21世纪初期,就有当地人将这些特产放在网上售卖,随着时间的推移,除了农副特产之外,遂昌人也渐渐开始拓展其他产品,例如衣服,家具等。

17.2.1 案例背景

从2005年遂昌的电子商务起步开始,到2010年遂昌网店协会的成立,再到2013年淘宝遂昌馆的上线,遂昌已经形成了以农产品为特色,多品类商品协同发展的地县级电子商务模式——"遂昌模式"。

目前,遂昌以本地化电子商务服务商为驱动,带动整个区域电子商务的发展,促进传统产业的发展与转型,将"电子商务综合服务商+网商+传统产业"作为支持遂昌本地电子商务发展的核心思想,拓展信息化时代的县区经济发展道路,使本地农副产业和传统加工产业成功转型,并实现了电子商务化,以电子商务服务商本地化为核心,结合传统产业转型需求和政府政策,成功实现了县区经济由贫转富。

课堂讨论:传统农副产品与传统加工业面临哪些困境?

17.2.2 传统产业的新发展

首先,农产品电子商务成特色,传统产业加快电商化进程。

随着信息化社会的不断发展,信息作为重要的生产要素,其重要性渐渐超过了土地、劳动力、资本等。现代生产技术的发展、消费者对食品越来越高的要求,以及不断创新的管理理念为传统农业和加工业带来了巨大的压力,急需对各个方面做出调整。

传统农业生产与加工需要融入现代化理论,进行对生产、加工、销售等结构的重组,信息作为重要的生产力为传统农业和加工业的转型提供了前进的动力,推动着传统生产和加工业的再次升级,因此,传统产业的电商化渐渐水到渠成。

课堂讨论:与其他的农村电子商务服务类案例相比,遂昌模式的特点是什么?

与江苏睢宁沙集镇、浙江义乌青岩刘村等地以家具、小商品为交易物的农村电子商务相比,"遂昌"现象最大的不同在于其交易物以农产品为主,属于典型的农产品电子商务。

2012年,淘宝网(含天猫)上农产品的交易额为198.61亿元,其中,传统滋补营养品、粮油米面/干货/调味品、茶叶是淘宝网2012年交易额最大的农产品类目,分别为61.41亿元、34.53亿元和34.16亿元 。

与一些县域农产品电子商务发展主打一两种产品不同,在遂昌,上网交易的农产品种类从2010年起日渐丰富,从零食坚果到茶叶干货,再到生鲜蔬果,均占据相当的比例,并且从2013年开始,生鲜蔬果产品呈增强趋势,逐渐成为当地电子商务交易的主打产品(见图17-1)。

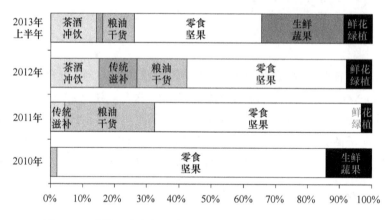

图17-1 遂昌网销农产品分布比较(图片来自阿里研究中心)

2010年,遂昌网店协会的成立标志着遂昌的电子商务真正地进入了快速发展的时期。遂昌网店协会建立的农产品分销平台,实现了电子商务服务商的本地化,极大地加快了遂昌的电子商务化进程。对于不熟悉电子商务的农民和传统企业来说,只要对接农产品分销平台就可以实现网络销售,电子商务在遂昌变得简单易行,加大了电子商务网销在遂昌整个县区的销售占比。例如,遂昌的九龙岳食品已经将销售全部放在了分销平台上,有才菊米、羽峰笋制品、求美木业等在分销平台上的销售占比也达到了40%~66.7%。

其次,网商集群式发展,促进了县域电子商务生态的初步完备。

前文中提到,遂昌网店协会的出现标志着遂昌的电子商务进入了快速发展的时期,除了对遂昌电子商务的发展速度产生积极影响外,遂昌网店协会还使得遂昌的电子商务网商形成了集群,在后续的发展中,渐渐形成了属于自己的电子商务生态系统。

2010年3月26日,遂昌网店协会由县团委、县工商局、县经贸局、碧岩竹炭、维康竹炭、纵横遂昌网等多家机构共同发起成立,从上海回来的潘东明成为首任会长。作为非营利组织,其按社会团体法人依法登记注册。协会的原则是服务性、互助性、自律性,是实现网店会员与供应商"信息共享、资源互补"的服务性公共联合平台。其主要工作包括:帮扶网商成长、整合供应商资源、规范电子商务的服务市场与价格等。

截至2013年6月底,遂昌网店协会共有会员1 473个,其中网商会员1 268个,供应商会员164个,服务商会员(包括物流、快递、银行、运营商,以及摄影、网页设计等服务商)41个。在1 268个网商会员中,城镇户口人员占647个,农村户口人员占621个,大学生占432人。在遂昌逐渐形成了较完备的电子商务生态体系,为城乡青年群体提供了近5 000个就业岗位。

2013年1月8日,由遂昌网店协会运营的淘宝遂昌馆正式上线,作为淘宝"特色中国"的第一个县级馆,其汇聚了包括烤薯、菊米在内的本土美食,以及包括南尖岩、神龙谷等在内的当地景点旅游信息,是遂昌整体营销的又一巨大创举,大大提升了遂昌这个小县城在互联网上的知名度。

课堂讨论:什么是整体营销?

最后,政府积极营造电子商务软硬件环境。

1. 基础设施的投入

交通方面,遂昌县政府积极完善交通建设,一方面狠抓项目,规划道路建设,开通了多条连接偏远农村和县城的交通支线,另一方面加强管理,强化科技在交通管理中的运用,进一步改善县域交通环境。2006年龙丽高速的开通,为其电子商务的快速发展奠定了基础。

宽带方面,遂昌加快发展以宽带为核心的通信基础设施建设。截至2012年,遂昌户均手机数为2.87部,户均宽带速率为0.4 MB/s,在全国县级区域中处领先地位。

园区方面,遂昌县已经规划出专门的电商产业园,并开始投入建设。建成后,将实现网商聚合、协同发展。2013年1月,淘宝遂昌馆上线,为保证遂昌馆的运营,遂昌县政府配套资金与政策支持遂昌网店协会建设了3 000平方米的配送中心。

2. 规则和政策的支持

2011年遂昌县政府出台《全民创业支持计划》及配套政策,每年给出300万元财政支持,其中不低于200万元的财政补助用于遂昌电子商务的发展。遂昌县政府承诺将在人才、空间、财政、政策等方面加大对遂昌电子商务的支持。

食品安全方面,遂昌县投资300万元开始建设遂昌农产品检测中心,并被列入"2013年十件实事"。而在遂昌馆上线时,一套"政府+农户+合作社+网店协会+淘宝网"的多方负责的品控机制已经开始实行。政府为遂昌馆产品做出背书,实行多方负责的监管机制:

(1) 政府指导下的地方土特产行业生产和加工标准;

(2) 基地核查,实名认证,全程抽检和备案,源头可追溯;

(3) 联网联保,品质担保金。

通过政府、农户、合作社、网店协会、淘宝网的几方联动,遂昌实现了农产品在售前、售中和售后3个环节的全方位品质控制(见图17-2)。

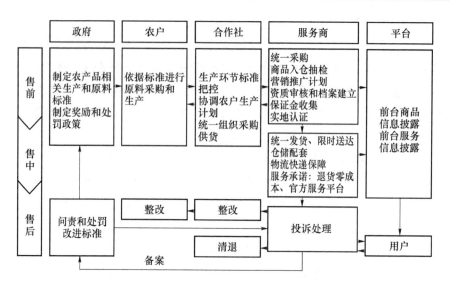

图 17-2　遂昌的全方位品质控制（图片来自阿里研究中心）

17.2.3　遂昌模式的成功经验

1. 电子商务生态系统建设方面

遂昌馆的上线所带来的全国范围内的第一次县级整体营销，为农村网商们解决"如何系统地发展电子商务""如何整体发展"等问题提供了新的思路。遂昌网店协会通过对网商的帮扶和整合，使得当地电子商务生态形态初步完备，使我们看到了有组织、有系统的农村电子商务对于农村经济发展与建设的重要作用，也使我们看到了组织化程度对于县区电子商务生态发展的影响，使得本地化的电子商务服务商可以更好地对接综合市场，并制定出更好的市场策略。

2. 在传统产业升级方面

遂昌通过对多类型农产品和加工产品的网销，为生鲜产品的生产与网络销售方式，以及如何拓展农副产品品类等提供了新的解决思路。通过电子商务和旅游业、服务业的结合，使得原本非常困难的推广过程变得容易。通过为农民搭建分销平台，解决了传统的农产品难以对接电子商务的问题，有效推动了农村电子商务服务业的建设。

3. 政策环境

遂昌政府为电子商务发展营造了软硬件环境，为网销产品建立起政府介入的多方责任监管体制，并积极解决农产品安全质量如何把控，传统流通监管体制如何适应信息经济的要求等问题。

此外，以本地化电子商务综合服务商作为驱动，带动县域电子商务生态的发展，促进地方传统产业，尤其是农业及农产品加工业实现电子商务化，电子商务综合服务商、网商及传统产业三者相互作用，在政策环境的催化下，终将形成信息时代的县域经济发展道路。

课后思考题

1. 农村建设电子商务生态系统的意义是什么？
2. 为什么说农村的电子商务发展必须要有政府的政策助力？

案例来源

隋青等,《"遂昌模式"对山东省农产品电商和生鲜电商发展的启示》,物流技术与应用。

参考文献

[1] 隋青,张长峰,于怀智,等."遂昌模式"对山东省农产品电商和生鲜电商发展的启示[J].物流技术与应用,2019(5):163-165.

[2] 巫如娟.农产品电子商务的特征、形势与突破:以遂昌县为例[J].江西农业,2018(2):73.

17.3 新农村包围城市——山东博兴的电商发展战略

案例标签:制造业升级;农村电商
案例网站:www.mcmore.com/news-3810.html

17.3.1 博兴电商的发展概况

在前两节中,我们介绍了电子商务在农村的发展案例,即成县模式和遂昌模式,并总结了农村电子商务发展以及扶贫的经验。那么,在依靠电子商务脱贫之后,农村的经济发展是不是一帆风顺呢?

课堂讨论:在前两节中介绍的农村电子商务模式在未来的发展中可能遇到哪些问题?

隶属于山东省滨州市的博兴县,地处黄河下游南岸,位于济南省会城市群经济圈、山东半岛城市群和环渤海经济圈三大经济区的结合部,是中国厨都、中国金属板材之乡、中国编织工艺品之都。全县总面积为 900.7 平方千米,共有 49.6 万人,辖九镇三办,并拥有一个省级经济开发区。

近年来,博兴县先后荣获"中国产业百强县""中国县域产业集群竞争力 100 强"等荣誉称号。淘宝村对当地农村经济的拉动十分明显,2016 年,博兴县已经拥有 1 个淘宝镇、16 个淘宝村,淘宝商户突破 1 万户,直接从业人员达 3 万人,间接带动了周边 10.3 万人就业。2015 年,博兴的电商交易额达到 320 亿元,其中农村电商交易额突破 10 亿元,从业农民年均增收 5 600 元,带动了 4 100 户低收入户增收,使 680 个贫困人口实现了脱贫。

电子商务在博兴脱贫的过程中起到了重要的作用。2013 年,在全国只有 20 个淘宝村的时候,山东博兴一个县就有两个淘宝村,这是个耐人寻味的现象。2013 年这两个村的电商交易额达 4.17 亿元,一个村主营草编,另一个村主营土布。博兴县将传统艺术和实体经营与电子商务销售平台对接,为草柳编、老粗布等特色富民产业插上互联网的翅膀,实现了农民在淘宝网上的二次创业。作为全国草柳编工艺品的出口基地,博兴淘宝村的形成可谓水到渠成,不仅货源充足,而且质量和口碑一直不错,再加上其电子商务模式并不复杂,这使得博兴在脱贫的过程中取得了不错的成就。淘宝村的成功推动了该县传统企业的网上转型,目前全县拥有 3 000 多家电商,从业人员超过 2 万人,80% 的工业企业都开展了网上贸易。

17.3.2 繁荣背后的发展隐患

虽然与其他县域的淘宝村相比,博兴县拥有雄厚的产业基础,县域内网商自主能动性强,政府也积极出台相关政策并安排专项资金对电商产业进行帮扶,但是,博兴的电子商务发展之路远远没有那么一帆风顺。博兴县的农村电商产业目前存在着服务滞后、专业人才匮乏、产品同质化严重这三大难题。

1. 服务问题

电子商务想要高效运转,越来越离不开仓储、物流、培训、运营等电子商务服务体系的协同发展。现阶段,博兴在这方面还存在着一定的不足。以物流为例,博兴的服务费用高,仅快递费用就占到网上销售额的20%。其中草柳编占比高达33%以上,也就是说每销售100元的草柳编产品,就有33元需要支付给物流快递。此外,商品的物流服务效率低,单件货物省内运输天数平均为4天,这远远不能满足产品运输的需求。这种物流状况明显无法满足电子商务快速发展的需求,农村物流服务"最后一公里"的问题仍然是待解决的重要问题。

为此,博兴也将进一步加大对农村电子商务基础设施和物流布局建设的支持力度。利用现有的邮政、供销社系统在农村的网点资源加强与知名电商企业的合作,加速布局物流网络和区域仓储节点,为农村电子商务蓄势发展铺好道路。

2. 人才匮乏问题

淘宝村的兴起,在很大程度上依赖于大学生的返乡建设,从村民对电子商务一窍不通到农村家家户户都可以经营网店,返乡学生功不可没。当淘宝村的规模越来越大时,村民们各自为战已然面临着市场趋于饱和的问题,大量同质的商品涌入市场,电商的运营、产品的推广、美工的宣传等开始显现出劣势。产业越来越需要营销推广、管理咨询和技术支持。这在很大程度上限制了农村电商的进一步发展,因此,要想使已经取得的成果能继续保持下去,需要一批懂得现代电子商务理念和技术的专业人才投身于农村电子商务的建设中。阿里研究院《2015年网商发展研究报告》显示,29.8%的卖家准备在2015年重点发展品牌建设。

3. 产品同质化问题

目前,湾头村的草柳编和顾家村的老粗布产品线都比较单一,缺乏品牌建设,其大部分生产与销售的仍然是低附加值的产品。在淘宝村发展到一定规模之后,渐渐出现了恶性竞争的情况,同一个村的网店竞相降价以求多销,渐渐影响到了部分网店的经营与销售。

由于"淘宝村"模式的电子商务门槛低和可复制性强,大部分网商、网户都以家庭作坊为主,创新能力不足,产品同质化现象严重。博兴县的草柳编及老粗布产业产品附加值低,核心竞争力相对并不强。在农村电子商务发展的初期,由于经营理论的匮乏,经营随意性大,品牌意识相对淡薄,使得产品抵御市场风险的能力差。各自为战的网商之间沟通协调差,互相抄袭、恶意竞争的现象比较突出。

那么,在农村电子商务发展的过程中,该如何去克服发展隐患呢?

第一,传统制造和生产需要及时转型。互联网的存在导致低附加值的商品在缺乏品牌效应的情况下非常容易产生同质化现象,因此要打造品牌效应,或提高产品附加值。第二,最大化人才培养与人才利用,需要做到引培并举,引入外来人才,培养本地人才。第三,打造电子商务产业集群,提高运营管理效率,降低品牌风险。农村电子商务网站系统建设作为一种有效的方法,需要渗透到农村产业链的全过程中。在互联网信息化基础不断完善、农村消费水平不断提高、农产品生产销售模式加速转型的情况下,要注意避免农村电子商务发展的瓶颈。

17.3.3 农村包围城市——博兴打造农村电子商务产业集群

近几年,随着国家在战略层面上相继出台十余项"互联网+"的相关政策,博兴县也在进一步打造良好的县域生态环境,努力营造有利于淘宝村快速发展的良好氛围。博兴县政府以资源、人才、创新为抓手,本着"政府合理扶持,不缺位,不越位"的理念,快速打造适合电商发展的生态环境。

山东博兴政府为了解决目前存在的发展隐患,作出了7个方面的部署。

(1) 政策资金方面。目前博兴县对电商发展格外重视,专门制定了《加快电子商务发展的实施意见》等扶持政策,连续3年每年拨款100万元作为农村电商发展引导专项资金,人才、科技资金重点向电商倾斜,扶持重点领域、重点村镇、重点企业,特别是中小企业,为推动电子商务建设提供有力的资金保障。各金融机构结合博兴的实际情况,根据网上创业的不同需求,开发不同层次、不同类别的信贷产品,提供信贷扶持。

(2) 信息通信方面。博兴县累计投资2.8亿元,建设4G基站610个,实现村村通宽带,4G移动信号全覆盖,让淘宝店主们随时随地进行网上交易。

(3) 交通设施方面。博兴县累计投资13.2亿元,连续实施国省道的升级改造、农村公路网化及三通工程,新建改造公路1 300余千米,农村硬化公路通达到户。

(4) 物流配送方面。博兴县引进邮政、申通、中通、菜鸟等20多家知名物流快递公司,实现物流配送全覆盖,真正打通农村物流配送的"最后一公里"。

(5) 技术培训方面。博兴县规划建设县创业大学,整合人社、农业、残联等培训资源,采取政府购买服务的方式,开展点对点的技术服务,仅2015年就举办培训班25期,培训人员2 600余人次,其中贫困人口450人次。2016年,博兴县通过招募培训、农村淘宝专项培训等形式,已免费专题培训1 500余人,同时将农村电商工作列入科学发展综合考核体系,作为定量指标赋予权重分值30分,新增"千县万村"服务站及人才培训等考核指标。

(6) 品牌建设方面。博兴县建成并运行省级综合检验检测中心,县里统一制定网销产品标准,着手创建区域品牌,每年举办"厨具节""编制工艺品博览会",不断提升产品档次和产业影响力。为鼓励创业创新,博兴县规划设计了草柳编电商产业园,集会展、生产、交易、体验、创业公寓等功能于一体,该项目已列入省重点项目。

(7) 电商园区建设方面。博兴县为了推动淘宝村规模化、标准化、产业化的发展,在博兴县锦秋街道,开工建设山东博兴草柳编文化创意产业园,该园在建设投产后,与顾家老粗布电商产业园和兴福商用厨具电商产业园形成稳定的三角产业集群,将传统文化产业与互联网融合,铺展具有博兴特色的电子商务发展之路。

目前,博兴县已初步形成了政府引导、部门联动、企业主体、市场运作、科学管理、高效服务的电商工作机制,构建起了符合市场经济发展规律、具有博兴地方特色的电商发展体系,编织起了以县级为主体,镇、村、企协同发展,宽领域、广覆盖的电商组织网络。

课后思考题

1. 农村建设电子商务产业集群的优势在哪里?
2. 传统制造业为什么要面临升级?

案例来源

刘晓晨,《博兴县农村电子商务发展模式研究》,山东理工大学。

参考文献

[1] 刘晓晨.博兴县农村电子商务发展模式研究[D].淄博:山东理工大学,2018.

[2] 王新春,戚桂杰,染乙凯,等.农村电子商务创业的演进机制:以博兴湾头村为例[J].科技管理研究,2016,36(23):249-253.

第18章 区域电子商务服务类

18.1 行业整合与创新
——北京经济技术开发区国家电子商务示范基地

案例标签：电子商务；产业链；聚集；创新

案例导读：

随着信息技术应用的不断深化,电子商务通过更大范围、更高效率配置实体经济的订单流、资金流、信息流、商务流和物流,成为推动产业转型升级、创新驱动发展的战略产业。从北京市乃至全国电子商务发展的情况来看,新区电子商务应用门类齐全,产业综合配套优势突出,具备做大做强电子商务的全产业链基础。建设国家电子商务示范基地是顺应电子商务提速实体经济发展的战略谋划;是推进产业发展转型升级、促进区域国际开放的重要支撑;是电子商务技术融合发展,发挥新区云计算、物联网、移动通信技术、移动互联网等高端产业优势的时代要求;是顺应电子商务专业化、精细化发展,发挥电子商务全产业链优势,构筑有利于电子商务做大做强的战略要求;是新区助力北京市增强世界城市影响力、控制力和辐射力,强化国际交流交易的重要选择。

建设世界城市,高端产业发展不可或缺,大兴区提出打造"北京CED"——北京电子商务中心区,瞄准发展新增长点。目前,大兴区已聚集电子商务服务企业数百家,电子商务全产业链相关企业近千家,该区网上零售额占全市网上零售额比重已接近40%,居本市各区县首位。未来,这里将成为电子商务应用示范中心区、电子商务全产业链总部聚集中心区、电子商务技术创新中心区。

18.1.1 新区发展电子商务示范基地背景环境

1. 宏观环境

中国电子商务产业快速发展,交易额连创新高,电子商务在各领域的应用不断拓展和深化,相关服务业蓬勃发展,支撑体系不断健全和完善,创新的动力和能力不断增强。

中国电子商务研究中心的一组数据显示,2012年北京电子商务交易额约5 500亿元,同比增长15%,累计支持新兴电子商务服务业项目20余项,投入资金超2.4亿元,带动社会和企业投资超过50亿元。

据了解,2013年,《北京市人民政府关于促进电子商务健康发展的意见》指出,要充分发挥首都在人才、金融、科技、教育等领域的比较优势,将北京打造成为全球电子商务核心节点城市。国务院出台《关于促进信息消费扩大内需的若干意见》,进一步绘制出我国电子商务发展的宏伟蓝图。

"电子商务正成为我国经济发展的新引擎,谁掌握了这一发展新商机,谁就拥有了挖掘产业富矿的主动权,实现国际电商门户在京南的强势崛起,打造中国电子商务领军型示范区,是大兴的目标。"大兴区有关负责人告诉笔者。

课堂讨论:结合案例分析,为什么说电子商务正成为我国经济发展的"新引擎"?

2010年,北京市委市政府做出大兴区和北京经济技术开发区行政资源整合的重大战略决策。整合后的新区是首都战略性新兴产业聚集区。新区已具备了推进电子商务与实体经济一体化发展的产业基础,拥有农业、工业和服务业全方位应用电子商务的广阔平台,为电子商务的高端化、多样化应用提供了扎实基础。

大兴区有关负责人介绍说,大兴区和北京经济技术开发区作为北京市做大做强实体经济、推进产业结构升级转型的先行区,是全市实体经济基础最好、电子商务应用极具潜力的区域。这里拥有中外运敦豪、中国邮政速递物流等国际物流龙头企业,拥有中国云基地、百度云计算、中金数据等信息服务企业,拥有京南物流基地、北京亦庄保税物流中心等重要载体,首都新机场也将进一步提升新区电子商务的国际影响力。

2. 政策环境

为吸引更多电商企业的入驻,大兴新区对外发布《关于促进新区电子商务发展的若干意见》《新区促进电子商务发展的实施细则》等若干项政策,作为扶持政策。第一阶段计划安排电子商务发展专项扶持资金,企业可享受包括土地供应、房屋补贴、信息平台使用、高端人才引进等30余项优惠政策。

大兴区还组建了本市首个专门服务电子商务发展的综合协调管理部门——北京电子商务中心区建设办公室,提出集聚服务机构、开展先行先试等发展策略。下一步,该区将采取一系列"组合拳"加快构筑多元业态融合共生的电子商务生态圈,同时,与中国国际电子商务中心就"推进新区电子商务示范基地建设,打造北京电子商务中心"达成合作协议,双方将共同构建信用认证平台、电子商务B2B平台并开展跨境电子商务领域应用,为新区传统企业应用电子商务及电子商务企业的落地做好产业生态环境的建设,这标志着电子商务综合服务平台建设步伐的加快。

此外,坐落于大兴新区的"中国(北京)电子商务人才促进中心"的成立也引起了业界的广泛关注。据了解,该人才培训中心是在政府的指导和推动下,由北京电子商务协会、大兴区第二职业学校、北财教育集团、京东商城等单位共同发起成立的,并将与中国国际电子商务中心合作,共同培养电子商务专项人才,建立起"教育—就业—创业"全链条人才培训体系,这必将为电子商务的发展提供强大的人才支持,目前该中心已开始招生。至此,大兴新区倾力打造的电子商务全产业链生态圈已具雏形。

大兴区相关负责人表示,未来大兴区将建成高端资源汇聚、创新创业活跃、实体经济带动明显的国家级电子商务示范基地,将北京电子商务中心区打造成能代表首都气派、国家形象、国际门户,具有较强影响力和带动力的领军型电子商务示范区。

18.1.2 发展目标

大兴新区旨在形成竞争力强、辐射力广的电子商务全产业链发展格局,产业聚集区建设取得新突破,电子商务产业发展和应用示范再上新台阶。2015年,大兴新区电子商务交易额总量突破1 000亿元,带动云计算、物联网、物流等产业产值达1 000亿元,并在先进制造业、现代农业和商贸领域形成一批具有影响力的电子商务服务平台,在电子商务与云计算、物联网、下一代互联网技术的融合创新方面,形成一批典型示范项目,建设成为电子商务全产业链总部聚集区、电子商务技术创新创业中心区、全国实体经济供应链交易中枢区。

1. 打造北京电子商务中心区(北京CED)

"以实体经济应用为动力,带动一批电子商务总部项目落地,在北京经济技术开发区中心区形成电子商务总部聚集区,打造首都规模最大的电子商务聚集区。"在接受《北京商报》记者采访时,大兴区政府副区长喻华峰介绍说,"北京CED将以'一区六园'为基础,谋划'一区、两线、三园、多点'的CED电子商务发展空间布局。"

课堂讨论:"一区、两线、三园、多点"具体指哪些?

根据计划,大兴亦庄将依托北京经济技术开发区,推动电子商务与实体经济的融合互促,推进地铁大兴线、亦庄线商务楼宇的集中释放,促进以京东总部、电商谷、新媒体基地为载体的电商产业集聚,发挥新机场、云基地、B型保税物流的多元支撑作用,打造首都规模最大的电子商务聚集区,建立开放、融合、便捷、高效的CED服务体系,构建绿色、生态、智慧的全产业链承载平台。

2. 率先建设B2C电子商务聚集区

2015年,《北京商报》记者了解到,北京CED将打造三大电子商务聚集区,其"一区、两线、三园、多点"的电子商务发展空间布局已初具雏形,预计一年后将形成初步的企业聚集效果。

喻华峰告诉《北京商报》记者,最先建设的是地铁大兴线沿线的B2C电子商务聚集区。这个区域是大兴新城的核心地带,以国家新媒体产业基地和沿线电子商务主题楼宇为载体,建设电子商务企业的办公、结算和营运中心。目前,这里能提供50余万平方米的空间,企业可以马上进驻。沿地铁大兴线,在六环附近,以北京唯一的公铁联运物流企业——京南物流基地为载体,规划了面积为6.75平方千米的物流基地,主要用于完善电子商务企业仓储、现代化物流配送体系建设等市场服务功能。这个区域将重点引进电子商务平台企业,以及为平台运营提供数据分析、金融服务、物流配送等服务的链条企业。通过2年左右的时间,有不少于100家企业入驻,办公人员预计超过1万人。

另一个聚集区为大兴区旧宫中科电商谷,它占地800余亩,建筑总面积超过100万平方米,是承载网上交易和网下展示、体验,并集电子交易、网络购物、办公、生活于一体的电子商务产业平台。目前,该区已经与中国网库签署了战略合作协议,将共同打造B2B交易平台,以此为基础,吸引和聚集一批B2B的企业,结合实体经济的发展,形成一个以B2B为主的电子商务聚集区。

第三个聚集区则在北京亦庄经济技术开发区。2013年,京东总部已落户北京亦庄经济技术开发区,在建项目超过20万平方米。据喻华锋介绍,以京东总部为基础,吸引和聚集其上下游产业,在亦庄开发区将形成一个电子商务的总部聚集区。

3. 形成首都最大电商生态圈

大兴区具备发展基础,将把潜力转化为实力。"经过系统的研究和评估后,大兴提出了'一区、两线、三园、多点'的电子商务发展空间布局,建设以促进电子商务的全产业链发展为特色的电子商务聚集区。"大兴区相关负责人表示。

"一区"是以实体经济应用为动力,在北京经济技术开发区形成电子商务总部聚集区;"两线"是依托地铁大兴线、亦庄线的商务楼宇优先吸纳电子商务企业,打造以中小微型电子商务企业为特色的主题楼宇群;"三园"是以新媒体基地、京东总部、南海子公园为带动,打造绿色、生态、智慧的电子商务全产业链承载平台;"多点"是指发挥北京大兴国际机场、中国国际电子商务中心、云产业园、京南物流基地、B型保税物流等专业要素资源的支撑配套作用,建立开放、融合、便捷、高效的"CED"服务体系。

如今,大兴的电子商务成果已经初步显现。该区已聚集多家电子商务企业总部,中国B2C市场最大的3C网购专业平台"京东商城"总部、惠买在线以及酒仙网等行业领先的电子商务交易平台企业已经入驻新区,并投入运营。第4届中国电子商务博览会上,北京经济技术开发区荣登中国十大电商产业园榜首。

京东集团总部基地可同时满足8 000人办公,除自用部分外,还有10万平方米的面积用于吸引上下游企业。周边楼宇同步进行配套,总面积超过30万平方米。旧宫镇"中科电商谷产业园"也已全面启动,共投资40亿元开发建设,占地达800余亩,建筑面积为100万平方米。该产业园是集电子商务、现代物流、会展贸易、技术支持、人才培养等为一体的电子商务综合产业平台,已经吸引了中国网库、马可波罗网、环球经贸网、企博网、壹号店、麦包包等一批优质企业签署战略合作协议。

18.1.3 重点工作

1. 优化空间布局,强化载体建设

打造"一区、两线、三园、多点"的电子商务聚集区。以实体经济应用为动力,带动一批电子商务总部项目落地,在北京经济技术开发区中心区形成电子商务总部聚集区。推进地铁大兴线、亦庄线的商务楼宇优先吸纳电子商务企业,打造以电子商务全产业链为特色的主题楼宇群。以南海子公园、新媒体基地、京东总部为带动,打造绿色、生态、智慧的电子商务全产业链承载平台。积极发挥云产业园、京南物流基地、保税物流中心等专业园区的支撑配套作用,打造开放、融合、便捷、高效的电子商务服务体系。统筹安排电子商务产业园用地空间,优先保障重大电子商务项目用地。

2. 促进电子商务全产业链发展

加快形成多样化、多功能的电子商务服务业态,促进电商总部与金融、信息、信用、支付等服务业态共同形成电商生态圈。

(1) 做大做强电子商务服务业态

坚持引进和培育相结合,做强做优一批基础好、潜力大的电子商务第三方服务平台,着力引进国内外知名电子商务服务企业设立区域运营中心、结算中心及研发中心,发掘培育一批基础好、潜力大的电子商务企业,打造从创业孵化到企业上市,涵盖金融、技术、物流、认证、支付等方面的电子商务全产业链模式。

(2) 强化电子商务支撑服务体系建设

积极争取国家、市级资金支持,开展云计算、物联网、移动互联网等电子商务应用关键技术的研究,重点发展基于移动互联网的供应链管理等商务服务平台。优化以电子商务为导向的物流体系布局,不断完善物流基地信息基础设施建设,加快形成适应电子商务发展的物流配送体系。支持银行、保险等金融机构与电子商务交易平台的深化对接,探索新型电子商务支付模式,鼓励开发面向电子商务发展需求的信用贷款、贸易融资、租赁融资、物流保险等新型金融产品和服务。

3. 推进电子商务创新应用

(1) 推进电子商务与实体经济融合互促

积极推进电子商务与先进制造业相结合,支持总部企业深化供应链电子商务应用,鼓励龙头企业建立行业交易平台,带动上下游关联企业一体化整合。支持装备制造、电子信息等大宗供应链产品交易服务平台的建设。着力提升电子信息、装备制造、汽车制造领域电子商务的服务能力。建立健全中小企业电子商务服务体系,强化对电子商务应用的宣传,引导扶持传统企业开拓互联网市场。

(2) 推动电子商务与传统商贸对接

促进电子商务与传统商贸融合发展,培育一批大宗商品电子商务服务企业,扶持日用消费品、数字内容、旅游产品、农副产品等一批电商交易平台的建设。探索"实体市场＋网上交易"的农副产品流通新模式,发展以"农超对接"为特色的网上交易平台,构建与市场接轨的农产品现代流通体系。

课堂讨论:如何促进电子商务与传统贸易的对接,具体措施是什么?

(3) 加快民生服务领域电子商务的应用

以保障和改善民生为出发点,培育面向养老、教育、医疗、家政等领域的电子商务服务业态。支持发展社区电子商务,建立家政服务信息平台,加强社区服务网点建设,扶持培育一批便民、利民、惠民的社区服务平台。

课后思考题

1. 建立电子商务聚集区,对入驻的电商企业、北京经济技术开发区,以及我国的电商行业分别有怎样的影响?

2. 电子商务聚集区中合作共赢的模式有哪些?

案例来源

胡桃、吕廷杰,北京邮电大学,2016年中国电子商务案例高峰论坛暨全国百佳电子商务案例精选,中国义乌。

18.2 区域家电连锁商的转型之路
——从汇银家电到汇银智慧社区

案例标签:汇银家电;O2O;智慧社区
案例网站:www.hyjd.com
案例导读:

2015年6月8日早间,在香港上市的汇银家电发布一则公告,建议将公司中文名称由"汇银家电(控股)有限公司"更改为"汇银智能社区有限公司"。即使是在成熟的香港资本市场上,汇银家电的股价也受"改名"事件影响出现了持续涨停情况。

汇银家电公司的改名,正是这家位于江苏扬州的区域家电连锁进行主动变革的一种尝试。

18.2.1 汇银困局

汇银家电创始于1993年,经历20余年的发展,已成为三、四线城市家电经销零售的知名企业,部分消费者甚至将其俗称为小城市的"国美"。

近年来,随着年轻一代消费者生活、娱乐和消费方式的变化,汇银家电过去所依赖的"家电专营"批发和零售模式面临着持续不断的生存冲击。

1. 需求变化

家电零售市场的需求下降导致出货量下跌,造成了大量线下零售商的困境,区域家电连锁商的经营利润被不断挤压。

2. 对手变化

电商渠道逐渐开始抢占线下渠道的份额,从而挤压和抢夺传统区域家电连锁商的利益。

3. 用户变化

随着互联网的发展,以及年轻用户的成长,一、二线城市的用户消费模式和三、四线城市的用户消费模式几无差别,传统分层消费习惯正在迅速崩塌。

因为需求、对手和用户的变化,汇银家电面临着要么被取代、要么消失、要么转型这三条道路。

课堂讨论:汇银家电在发展的过程中遇到了哪些困难?

18.2.2 智慧社区之路

从 2013 年开始,汇银家电开始尝试利用线下资源转型为智慧社区 O2O 电商平台企业,利用自身 170 多万汇银用户的优势,通过互联网平台汇集与居民生活密切相关的产品和服务,涵盖吃、喝、游、乐、购、医、教、住、行等十大方面,能够满足家庭 90%以上的生活需求,同时将线下已有的 2 772 家网点和在建的大量 O2O 社区服务网点,作为线上产品和服务的物流提货点、配送点、高频次强需求产品直销点,以及便民服务点,让居民在家门口感受新鲜、便捷、健康的生活和服务。

汇银如此描述其最为理想化的智慧社区平台服务:"清晨,业主在 App 上预约的家政服务人员已经来敲门,他负责做早餐、搞清洁、然后送孩子上学。业主吃完早餐,又叫了一部专车去上班。中午,留守在家的太太不想做饭,通过平台买了一份热气腾腾的快餐,脏衣服、窗帘由汇银网的工作人员上门收走洗涤,家具电器的维修保养通过汇银家电的免费维修上门服务。下午,家里老人在平台预约的保健专家已经排到号,于是他出门去做检查。黄昏,蔬菜水果刚送到家门,网上请的厨师就上门了,一顿晚餐摆上餐桌。饭后,由在社交平台上预约的钢琴老师指导孩子练琴,夫人享受了上门美甲服务后,业主夫妻在 App 上预订了电影和座位,然后出门去看电影。"

在此场景中,汇银已由家电渠道供应商转变为电商平台供应商,用户的高频多类需求将吸引大量服务商的入住,汇银强大的引流和物流能力,既是服务商所看重的,也是汇银的初期价值所在。随着用户的增多,业务种类会越来越丰富,其中蕴含的大量用户数据,既能为服务商的决策提供依据,又是汇银未来价值的增长源泉。

课堂讨论:汇银由家电渠道供应商转变为电商平台的因素有哪些?

18.2.3 发展前景

汇银智慧社区所选择的新型商业模式,本质是借助于互联网对家庭生活方式的渗透,在信息获取、商品交易、服务实现、社交互动等方面呈现出全新的特征和活力,成为当前最大的时代红利,有着广阔的发展空间。

但汇银的转型之路也并非改名那么简单。首先,众多专业的互联网平台服务商早已提供相似的产品服务,怎样和它们竞争是个问题。其次,汇银要提供大量快捷的生活类商品物流,需要解决非标产品供应链效率不高的问题。再者,大量线下社区网点的建立需要更为充沛的资金。汇银目前只能说已经开始转型,但转型之路任重而道远。

在互联网时代下,传统厂商要想转型,不能仅仅只拿以往的线下优势来运营,唯有认真研究网络消费心理、用户需求等紧密影响网络消费者购物行为方式的因素后,再考虑自身产品研发、生产、推广及销售等各个环节的重新组合,才会有新的突破。

课堂讨论:面对众多的竞争对手,汇银应该怎样做才能取得转型的成功?

课后思考题

1. 试用 SWOT 模型对汇银家电转型智慧社区平台进行分析。
2. 从竞争策略角度出发,针对众多互联网平台服务商,汇银智慧社区该采用什么手段来取得竞争优势?

案例来源

柯浚,扬州大学,2016 年中国电子商务案例高峰论坛暨全国百佳电子商务案例精选,中国义乌。

参考文献

[1] 华辛.汇银家电改名折射区域家电商转型迷茫[EB/OL].(2015-06-15)[2019-05-02]. http://news.hea.cn/2015/0615/227333.shtml.

[2] 张枕河.移动互联网渗透"到家"港股汇银家电股价七日翻倍[EB/OL].(2015-06-19)[2019-05-02]. http://finance.ifeng.com/a/20150519/13714628_0.shtml.

18.3 千年运河承载现代物流
——淮海经济区现代物流服务枢纽

案例标签:宏康物流;淮海经济区;物流服务;多式联运

案例网站:www.hongkang.net/UI/Layout.aspx?m=99

案例导读:

目前徐州及其周边地区物流的整体运作情况还处于传统物流阶段,区域内无公共商用码头、海关集中监管区域、铁路快运站场。距离最近的港口连云港缺乏远洋航线,进出口货物都通过公路运输分流到青岛和上海,成本居高不下。

课堂讨论:结合案例分析,传统物流成本居高不下都有哪些原因?

由于物流业发展迟缓,徐州市在淮海经济区物流中心城市的地位正在逐渐被削弱。加速现代物流园区的建设,充分显示徐州市与周边地区的比较优势,培育徐州中心城市的"增长极"作用,打造真正意义上的淮海经济区中心城市,对实现徐州市经济的跨越式发展来说非常迫切。

2010年，宏康物流提出建设"淮海经济区现代物流服务枢纽"的设想，该计划得到了各方的大力支持。经过多年的艰辛努力，项目终于完成了所有的前期审批并付诸实施。图18-1所示是淮海经济区现代物流服务枢纽。

图18-1　淮海经济区现代物流服务枢纽效果图

项目建有徐州国家公路货运主枢纽、徐州港双楼作业区通用码头、国家铁路网徐州快速货运节点场站、徐州保税物流中心、淮海经济区大宗商品交易中心及徐州跨境电子商务服务平台，如图18-2所示。就目前国内物流服务设施而言，几乎没有同时具备上述功能的物流、商贸服务综合体，该项目为徐州及周边地区物流运输方式的多样性、环保、节能、低成本创造了条件。

图18-2　淮海经济区现代物流服务枢纽功能设置

对于徐州传统的优势产业，公路运输成本居高不下一直是工程机械厂商难以克服的问题。本项目建成后，产品从生产线下线之后，可通过甩挂运输，将产品运抵物流枢纽。外销货物可以直接在保税物流中心办理出口退税,减轻资金压力,通过滚装/集装箱班轮经京杭运河驶入长江,抵达上海外高桥码头,接驳国际航线滚装船,完成出口,也可以通过铁路快运,发往中亚、欧洲。班轮从上海回程时,带回进口的集装箱,达到徐州口岸后,可以就地办理进口通关手续,完成仓储、配送等后续服务。水路运输绿色环保,大大降低了物流成本,提高了徐州及其周边区域企业的市场竞争力。保税物流中心和进口商品展销中心也将为进出口企业及跨境电商带来便利和新的发展契机。

课堂讨论:试着从多角度分析,在物流运作过程中如何降低物流成本。

本项目集公、铁、水3种运输方式为一体,融合国家级保税物流中心、徐州水运及铁路开放口岸、跨境电子商务和公共信息平台等功能,依托国家十大物流通道之一的京杭运河长江物流通道,连接国铁干线铁路专用线和徐州观音国际机场,实现国际、国内货物的全程联运和快速流转。这是为了适应高铁时代带给徐州的发展机遇,同时也是为了响应国家"一带一路"倡议和长江经济带发展战略,为徐州作为14个综合交通物流枢纽提供重要支撑。本项目注重综合物流管理信息系统的建设与管理,旨在为客户提供高附加值的服务。

课后思考题

1. 开通徐州至上海的滚装/集装箱班轮航线,将给徐州及周边物流市场带来怎样的变革?
2. 物流企业如何依托淮海经济区现代物流服务枢纽开展行业协作,达到共赢?

案例来源

王贺朝,中国矿业大学,2016年中国电子商务案例高峰论坛暨全国百佳电子商务案例精选,中国义乌。

参考文献

天津股权交易所. 徐州市市长一行到宏康物流调研现代物流服务枢纽项目建设情况[EB/OL].(2015-11-02)[2019-04-23]. http://finance.sina.com.cn/stock/cwsc/20151102/101723650997.shtml.

第19章

电子商务服务园区类

19.1 技术推动服务——沈阳浑南电子商务产业园

案例标签:沈阳浑南国际新兴产业园区;电子商务;产业园

案例导读:

沈阳国家电子商务示范基地占地 2 500 亩(1 亩=666.67 平方米),位于沈阳浑南新区,初期其电子商务大厦分南北两座楼,总建筑面积为 2.8 万平方米。大厦配套设施完善,有多媒体电子会议室、业务洽谈室、IDC 数据中心等公共服务设施。该产业园用于扶持电子商务企业的发展、电子商务平台的建设和传统企业电子商务的应用,互利共赢、携手共进,让产业园与商户同发展。

本案例从宏观环境、浑南电子商务产业园概要、浑南新区电子商务发展优势及其发展中存在的主要问题和机遇,以及产业园规划等方面对项目做出大致的介绍,为其他地区建设、发展电子商务基地提供案例分析。

1. 电子商务的发展形势

近年来,中国电子商务发展迅速,已广泛地渗透到社会经济生活的各个领域,成为企业拓市场、降成本的新渠道,成为消费者便利消费的新选择,也成为政府拉动内需、发展经济、优化产业结构的新手段。

我国电子商务的发展主要有以下几个特点。

(1) 电子商务发展环境不断改善。一大批涉及电子商务的法律、法规、标准陆续出台,电子商务法规标准体系逐步形成。政府有关部门逐渐加强对电子商务市场的规范,加大监测力度,一个可信的电子商务交易环境将逐步形成。

(2) 电子商务交易规模迅速增长。2012 年,中国电子商务交易额继续创出新高,交易总额突破 6 万亿元,达到 6.25 万亿元,同比增长 27%。2012 年,中国网络零售市场交易规模达 1.32 万亿元,同比增长 64.7%。

(3) 电子商务应用不断普及。电子商务在我国工农业生产、商贸流通、旅游和社区服务等领域中的应用不断拓展和深化,在拉动经济增长、促进经济发展方式转变、加快中国经济增长等方面正发挥越来越重要的作用。

(4) 电子商务服务业蓬勃发展。电子商务服务业是朝阳产业,代表了未来服务业发展的一个方向。伴随着互联网的大范围普及,近两年我国电子商务服务业呈现出多元化快速发展的态势。

(5) 电子商务发展区域集中化。中国电子商务发展呈现区域化特征,其中较为发达的地带是以江浙沪为主的长三角地区,以广州、深圳为主的珠三角地区和以北京为主的京津地区,且电子商务逐渐由沿海地区向内陆地区渗透,中西部二三线城市电子商务发展迅速。

课堂讨论:我国电子商务的发展有哪些特点?

随着电子商务示范典型活动的开展,各地政府的积极性普遍高涨,各类措施纷纷出台。利用电子商务突破地理空间和自然资源的限制,加快资源整合,推进现代市场体系的建设,促进"三网融合"和"两化融合",形成新的经济增长点,已经明确成为各地政府的发展思路。我国电子商务将进入健康快速发展的新阶段。

2. 浑南电子商务产业园概要

沈阳浑南国际新兴产业园区是沈阳国家高新技术产业开发区,是国家新型工业产业示范基地,是国家首批、辽宁省首家"国家电子商务示范基地"。

浑南电子商务产业园总规划占地4 500亩(1亩=666.67平方米),一期占地2 500亩。截至2012年,一批总投资额超100亿元的重大项目相继落户;排在中国前十位的电商企业,已有6家落户,电子商务产业园初具规模。

电子商务产业园架构设计如图19-1所示。

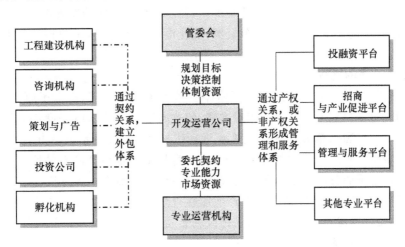

图19-1 沈阳浑南电子商务产业园架构设计

沈阳浑南国际新兴产业园区作为浑南新区的七大功能区之一,是沈阳高新区高科技成果转化及发展新兴产业的核心区,是融合产品研发、高新技术产业发展、社会城市功能协调发展的区域化、现代化多功能产业园区,是东亚经济圈和环渤海经济圈的中心,同样也是东北地区政治、经济和文化的中心。

沈阳具有东北地区最大的民用航空港、铁路编组站和最高等级的高速公路网,还有大连港、锦州港和营口新港。园区毗邻沈阳三环、四环、地铁、城际轻轨,公路网络四通八达,拥有立体的交通网络,距沈阳桃仙国际机场22千米,距沈阳高铁火车站20千米。

沈阳浑南国际新兴产业园区拥有雄厚的产业基础,重点发展电子信息、生物医药、高端装备和电子商务服务产业,规划设有浑南电子商务产业园、生物医药产业园、半导体装备产业园、同方科技园、蓝英自动化装备产业园、汇博装备产业园、日本产业园、易迅科技园和毅都冷链物流园等专业园区。位于园区内的沈阳综合保税区具有"境内关外"功能,是沈阳的高新技术产品出口基地和综合保税物流基地,为企业进出口产品提供快速便捷的通关服务。

3. 浑南新区电子商务发展中的机遇、挑战和成就

(1) 浑南电子商务产业园发展中存在的机遇

"十二五"期间，国家高度重视电子商务在调结构、转方式、扩内需、稳外需中的重要作用，把电子商务作为现代流通体系的重要组成部分，将其提到战略高度并大力发展。为了在新时期探索和促进我国电子商务健康、快速发展的新模式、新机制，国家发展改革委、商务部等有关部委陆续开展了电子商务示范城市、示范基地创建及示范企业评选等活动。随着国家电子商务发展"十二五"规划及相关政策的陆续出台，电子商务进入了一个规范、健康、快速、协同发展的新时期，这为浑南新区发展电子商务产业发展带来良好契机。

浑南电子商务产业园被商务部批准创建"国家电子商务示范基地"之后，浑南新区提出以浑南电子商务产业园为核心建设"国家电子商务示范基地"，落实浑南新区"十二五"发展规划纲要提出的"促进经济发展模式创新，大力发展电子商务，特别是通过进一步发展第三方电子商务平台，不断创新电子商务模式和服务内容，加强电子商务信息、供应链、交易、支付等管理平台和信用自律体系的建设"这一规划目标，充分发挥新区高科技产业聚集、区位交通人才优势突出、政策资源集中等优势，抓住国家支持电子商务又好又快发展的有利时机，结合浑南建设沈阳经济区城市新中心、高新技术产业集聚区、科学发展示范区的发展需求，通过建设"国家电子商务示范基地"进一步聚合电子商务资源，优化电子商务布局，全面提升浑南新区电子商务的发展水平。

(2) 发展中迎来的挑战

东北地区电子商务的发展速度和发展水平要落后于其他地区，在电子商务人才、企业聚集、产业链配套、市场规模等方面处于相对劣势，但这同时也意味着电子商务的发展在东北有巨大潜力。哈尔滨市和长春市-吉林市正在积极创建国家电子商务示范城市，沈阳作为东北地区最大的中心城市也亟须大力发展电子商务，将自身打造为城市经济新的增长点。为了改变新区以及沈阳市电子商务产业基础薄弱的现状，解决新区电商专业人才匮乏、企业融资困难、专项政策缺乏等制约因素，浑南电子商务产业园在规划之初就应坚持高起点、高标准，务实创新，突出自身的特色资源与产业需求，与周边区域形成错位发展、互补竞争的发展格局，逐步形成产业园独特的竞争优势。

(3) 浑南电子商务产业园的主要成就

① 建立了高度协调的管理体制和工作机制。

在推进共建机制上，建立了省区市联动的工作机制。在示范基地管理体制上，园区建立了国家电子商务示范基地建设领导小组、电子商务产业促进办公室和浑南电子商务公司和辽宁省电子商务协会之间统筹协调、分工协作的工作格局。推进实施《电子商务产业发展专项资金管理办法》，落实电子商务优惠政策，从税收、平台建设、工商注册和电子商务应用等方面鼓励和扶持电子商务产业的发展。

② 完善基地功能布局，构建产业创新发展载体。

围绕"一个中心，三个基地"的总体定位，将引进国内知名电商企业和培育本土电商企业相结合，构建完整的电子商务产业链，规划建设了"辽宁电商创业梦工厂"电商创业孵化基地、电子商务总部办公基地、仓储及物流配送基地，设立首期1 000万元的创业投资引导基金，采取用"持股孵化"的方式，营造电商创新创业的良好环境，带动辽沈地区传统商贸流通业、装备制造业等产业与电子商务的融合发展。

课堂讨论："持股孵化"这种方式有什么特点？会给电商带来哪些好处？

③ 促进电子商务应用,加速产业转型升级。

基地以装备制造、商贸流通、特色农副产品 3 个领域为突破口,促进电子商务在传统行业和优势产业的应用。在商贸流通领域,推动建设了北方煤炭交易市场、辽宁炉料交易市场、盈盛贵金属交易市场等大宗商品电子商务交易平台。在装备制造和特色农副产品领域,正在推进与阿里巴巴、京东、敦煌网等知名电商平台的合作,建设"辽宁产业带",重点打造辽宁制造馆和"东北货"辽宁特产馆,通过企商合作,探索出一条促进辽宁优势产业转型升级的有效方式和途径,形成独具特色的辽宁电子商务产业集群,同时,发展社区电商,促进电子商务惠及民生。联想控股旗下中国最大的线下支付公司拉卡拉投资建设了辽宁省第一家社区便民金融营业厅,打造"15 分钟便民生活圈"。

④ 聚焦具有牵动力的重大项目,助推产业快速集聚。

基地通过引进京东商城、苏宁易购、阿里巴巴、普洛斯、安博、嘉民、华强等知名电子商务平台企业、物流地产商和电子商务服务企业的落户,带动省内商业城、特种机床城、辽宁出版集团等传统企业线上业务在基地发展,初步形成了电商平台型、物流配送型、技术服务型、公共服务型企业链条,构建了以电商总部企业为核心,以物流配送和服务型企业为支撑的产业体系。

⑤ 建设电子商务特色楼宇,搭建公共服务平台。

基地投入 3 000 余万元完成了占地 2.8 万平方米的电子商务大厦的改造,已有辽宁易玛(阿里巴巴东北渠道运营商)、辽宁龙讯、迈克集团设备时代网、辽宁出版集团无限穿越新媒体、商业城网上商城、华联、飞毛腿、雄洲食品、中国富库、机床城在线等企业入驻。规划建设一站式政务服务平台、电商创业孵化平台、云计算公共技术平台、电商投融资平台、老工业基地转型服务平台、电商可信交易公共服务平台六大平台,满足了辽宁省电子商务类企业发展的需求。

4. 浑南电子商务产业园未来的发展前景

作为辽宁省唯一一家电子商务产业示范基地,促进电子商务与辽宁省装备制造业等传统优势产业融合发展,助推老工业基地转型升级,探索出一条具有辽宁特色的电子商务产业发展之路,是浑南电子商务产业园区今后的发展方向。

课堂讨论:结合案例谈谈浑南电子商务产业的发展前景。

(1) 总体计划

产业园将借助于创建"国家电子商务示范基地"这一重大契机,以完善电子商务发展环境为主要任务,以建设"一个中心、三个基地、六大平台"为工作重点,通过大力发展电子商务及其服务业,培育发展一批在国内具有较强影响力和较高知名度的电子商务企业,打造沈阳电商品牌,构建高效协同的电子商务产业链和生态系统,形成发达的电子商务产业集群。浑南电子商务产业园已成为发展环境成熟、资源配置合理、产业集聚度高、科技创新能力强,具备区域辐射力和全国影响力的国家级电子商务示范园区,是辽宁乃至东北地区的网络经济枢纽。

"一个中心"指东北地区电子商务区域运营及服务中心。

"三个基地"指东北地区电子商务总部基地、区域物流配送基地、电商创业孵化基地。

"六大平台"指产业园为入驻企业和周边地区实体企业提供全方位电商服务的一站式政务服务平台、电商孵化器平台、电商云计算公共技术平台、电商投融资平台、老工业基地转型服务平台、电商可信交易公共服务平台。

（2）具体目标

完善电子商务产业基础环境，建立和健全电子商务政策体系，出台具备竞争力的电子商务促进措施；形成全面的电子商务人才引进、培养与培训的人才保障环境；形成支持企业投资与创新孵化的创新服务环境；形成区域领先的电子商务基础设施环境；形成完备的电子支付、安全认证、信用保障及物流配送等电子商务支撑体系。

电子商务企业聚集。产业园将引进10家有全国影响力的电子商务企业全国总部或区域总部，吸引100家电子商务及配套服务企业入驻，培育10家具备全国影响力的本地电子商务服务企业。电子交易总额突破1 000亿元，电子商务服务产业收入超过50亿元，预计带动劳动就业人数10 000人。

电子商务园区的环境和氛围营造成功。产业园以"OFFICE PARK"理念，追求公园般视觉效果的"商务公园"氛围，构建亲水生态、低密度、花园式高端商务办公集聚区，倡导田园工作生活模式，建设环境功能复合的电子商务园区，塑造"电商文化"和"创业精神"，打造"电商总部聚集区"和"电商创业梦工厂"。

电子商务物流服务体系形成。园区立足沈阳，服务东三省，打造以公路枢纽为基础，以铁路、空港物流为补充，以区域配送为特色，以第三方物流集聚和物流资源整合为核心，以物流科技应用为支撑的国家级电子商务物流示范园区；建成东北地区电子商务干线物流的中转枢纽和节点工程，成为全国大型电商东北区一级仓储物流基地，服务范围覆盖辽宁省，辐射整个东北地区；建成区域分拨配送中心，成为沈阳经济区的第三方落地配送和共同配送中心。

电子商务示范效应显现。园区形成具备全国影响力的"沈阳电商基地"品牌，建成国内领先的电子商务总部经济和电子商务物流集聚区，打造成为集电子商务、采购结算、数据中心、物流配送等服务为一体的东北地区电子商务运营服务中心。产业园在电子商务总部经济、仓储物流、创业孵化、公共服务、人才培育等领域，成为真正发挥示范效应的"国家电子商务示范基地"。

课堂讨论：创建该园区的意义和价值在哪？

课后思考题

1. 你的家乡是否有电子商务产业园？
2. 你所知道的国家电子商务示范基地有哪些？
3. 辽宁省构建国家电子商务示范基地的优势在于哪些方面？
4. 省市构建国家电子商务示范基地的意义与价值在哪？

案例来源

李洪心，东北财经大学，2016年中国电子商务案例高峰论坛暨全国百佳电子商务案例精选，中国义乌。

参考文献

傅淞岩.沈阳浑南国家电子商务示范基地：打造辽宁"互联网＋双创"先导区[EB/OL].(2016-08-26)[2019-05-07]. http://liaoning.nen.com.cn/system/2016/08/26/019320542.shtml.

19.2 总部电商经济——天津滨海高新技术产业开发区电子商务产业园

案例标签：天津滨海高新技术产业开发区；电子商务；产业园
案例网站：www.tht.gov.cn
案例导读：

随着电子商务产业的不断发展，园区化发展正成为天津市电子商务发展的新模式。天津跻身国家电子商务示范城市行列，天津滨海高新技术产业开发区被认定为国家电子商务示范基地。天津滨海高新技术产业开发区电子商务产业园旨在为电子商务企业提供技术、资金等软硬件服务支持，为电子商务企业的入住和发展提供良好的环境。

本案例从项目简介、建设目标等方面来对项目做出大致的介绍，为其他地区建设、发展电子商务基地提供案例分析。

19.2.1 项目简介

天津滨海高新技术产业开发区于1988年经天津市委、市政府批准建立，1991年被国务院批准为首批国家级高新技术产业开发区。天津滨海高新技术产业开发区有着得天独厚的地理优势和环境优势。"十二五"期间，天津滨海高新技术产业开发区规划发展现代服务业、航空航天、新能源、生物医药、高端IT制造五大特色产业。其中现代服务业中包括了金融服务、总部经济及电子商务发展。

天津滨海高新技术产业开发区电子商务产业园，将以第三方电子支付、总部结算等总部型电子商务企业为发展方向，同时与科技金融中心的一站式服务相结合，为电商提供融资、担保、租赁的一站式服务，而电商技术平台、云服务中心、呼叫中心、商务中心以及营运中心为电商提供了"拎包入住"的条件。2012年5月，天津滨海高新技术产业开发区的成立，连同全国其他33个电子商务示范基地的建立，标志着国家培育电子商务企业聚集发展的区域载体已经形成。

该项目坐落于天津滨海高新技术产业开发区环外软件园和服务外包基地，旨在建设天津特产全网整合营销平台、跨境电子商务平台、IDC技术服务平台和人才培训平台，从而带动传统企业转型升级，推进中小企业跨境贸易，为天津电子商务发展创造良好的发展环境，吸引大型电子商务企业和服务企业入驻。

课堂讨论：传统企业的转型升级存在哪些机遇和挑战？

19.2.2 项目建设目标

1. 项目建设原则

天津滨海高新技术产业开发区将围绕电子商务产业发展的重点领域，按照政府推动与企业主导相结合、营造环境与推广应用相结合、电子商务与传统经济相结合、重点推进与协调发展相结合的原则，以电子商务企业共性需求为导向，以提升产业竞争力、拓展城市发展空间为核心，全面建设电子商务企业公共信息服务平台。

项目规划建设"两个体系、三项服务、四个平台"，即公共技术体系、人才培养体系，公共技术支撑服务、人才培养服务、市场拓展服务,跨境电子商务平台、天津特产全网整合营销平台、IDC技术服务平台、人才培训平台。

2. 项目发展前景

就目前发展情况来看,大多数电子商务企业都是以实体经济为基础的,并且其中绝大部分为中小型甚至是初创型企业,仅少数代表性企业规模较大。多数电子商务企业经营规模小、高新技术含量高,为轻资产、重技术类的企业,因此它们对成本控制和员工素质的要求也就比较高,并且许多电子商务企业有数据中心和信息服务系统的需求。此外,实体经济企业涉足电子商务,对于系统建设、运营模式等方面均了解较少,急需行业内专业机构提供专业的服务平台并对电子商务人才进行专业的培训指导。天津滨海高新技术产业开发区将为电子商务企业提供公共的数据处理和存储服务平台,大大降低企业的运营成本,保证电子商务企业在保持个性化经营特色的同时将共性基础设施需求的投入降到最低,将有力推进电子商务示范基地的建设,吸引众多中小型电子商务企业聚集,以及电子商务产业链各环节的企业前来落户,并为企业提供配套服务。

2014年,该项目拟引入行业内大型商务企业15家,培育和孵化电子商务团队20个。

该项目建设完成后,通过天津全网整合平台能够帮助传统企业转型升级;跨境电子商务平台能帮助中小企业解决电子口岸、海关、结汇、报税等问题,促进中小企业发展,提高园区对外出口贸易额;IDC技术服务平台的建立,能够大大降低企业电子商务的投入成本,帮助企业提高服务水平和服务素质,进一步提升经营收入。示范基地可以通过该项目吸引产业企业聚集,扩大电子商务示范基地的品牌影响力,提升整个行业的服务水平,同时,在天津滨海高新技术产业开发区现有"软件学院"的基础上,加强与高校和企业的产学研合作,为大专院校学生开设电子商务专业定向培训课程,为企业定制培训方案,为电子商务企业提供更多专业化的人才。

3. 项目盈利模式

天津滨海高新技术产业开发区电子商务产业园的经济效益主要来源于4个方面。

(1)为电商企业提供云存储环境以及虚拟桌面应用,并从中收取一定费用。

(2)为创业初期的创业团队提供具有电子商务基础环境的创业空间,并收取房屋出租费用。

(3)为天津电商企业提供设备和公共技术服务,并收取使用费。

(4)通过与大学和企业联合培养电子商务人才获取培训费等。

课堂讨论:该项目的盈利模式有哪些?有什么特点?

4. 项目建设方案

项目建设的架构见图19-2。

(1)天津特产全网整合营销平台

天津在电子商务领域的确滞后,主要基于两点原因:一是经验少、人才短缺、导向不明等因素造成的天津特色产品企业进行网络销售的尝试太少;二是已经尝试网络销售的本地特色商家成本太高,没有获得平台资源的支持,在电销尝试中屡屡受挫。

以上两个原因造成了天津特色产品电子商务发展的瓶颈。天津在电子商务领域的滞后局面得到了市政府及相关主管部门的重视,并且在市一级战略规划中将电子商务发展纳入了重要位置,无论从项目扶持力度、政策优先、政府多角度配合上,都体现了政府做强做大电子商务的决心和力度。天津具有一大批适合做电商的商家需要进行触网的尝试,例如,狗不理速冻食品、桂发祥麻花、芦台春酒、王朝葡萄酒、红星玫瑰露、果仁张等,这些企业为以后的天津特产整合营销提供了大量的招商群体。另外,天津作为华北地区最大的进口食品集散地,拥有巨大的潜力。

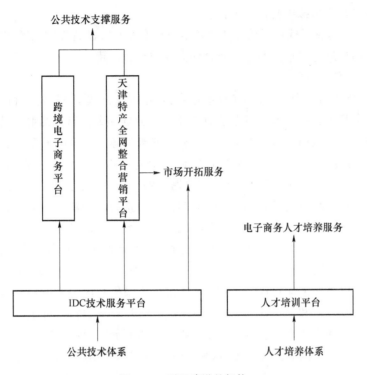

图 19-2 项目建设的架构

该平台初步以淘宝为载体,借用淘宝的超高人气,做出了一个具有天津特色的平台,名为淘宝天津特色馆,联络天津的知名特色传统企业,帮助企业转型升级,使其在电子商务时代发展出自己的特色。当平台发展运营到一定程度,累积企业逐渐扩大的时候,将推进全网运营模式,拓宽企业的电商发展道路。

(2) IDC 技术服务平台

IDC(Internet Data Center)是基于 Internet 网络,为集中式收集、存储、处理和发送数据的设备提供运行维护的设施基地。IDC 提供的主要业务包括域名注册、查询主机托管(如机位、机架和机房出租)、资源出租(如虚拟主机业务、数据存储服务)、系统维护(如系统陪追、数据备份、故障排除)、管理服务(如带宽管理、流量分析、负载均衡、入侵检测、系统漏洞诊断),以及其他支撑、运行服务等。

在技术上,DIC 技术服务平台主要引进云计算数据中心,充分利用云计算在安全、便利和数据共享方面不可比拟的优势来为园区服务,同时在云平台基础上开发虚拟桌面应用。当前的企业内有多种不同类型的用户,从使用笔记本和移动设备的远程工作者到使用苛刻的高端应用的超级用户,再到执行相对可预测的标准流程的任务型工作者。一成不变的通用桌面虚拟化方法无法满足这些用户的不同需求。IT 部门面临的大挑战是,如何正确地为每种用户交付适当类型的桌面视图和应用,同时解决成本、安全性和管理简便性等首要问题。

根据企业需求的不同,打造多种交付模式。

① 服务器的虚拟桌面。在这种模式下,操作系统、应用和数据都存在于数据中心的服务器上。

② 客户端虚拟桌面。这种模式可实现全面的 PC 式体验,同时降低对额外服务器投资的需求。IT 部门可以在数据中心完成创建、管理并更新,然后以分流的形式交付以便在本地执行,或者作为客户端侧虚拟机交付到设备上。

③ 按需应用。这种模式可以将应用管理成本降低 50%,提高应用和数据的安全性,加快应用交付,帮助用户从任何地点通过任何设备向客户交付应用。

(3) 跨境电子商务平台

作为北方的传统贸易中心,天津在政策环境、人才储备、金融环境、物流和产品供应链等方面基础雄厚,适合品牌企业开展跨境电子商务业务。为推动天津特色品牌企业通过跨境电子商务方式扩大出口,并吸引中国北方地区品牌企业来天津建立跨境电子商务运营中心,园区将以天津市电子商务龙头企业需求为突破口,整合跨境电子商务流程,搭建跨境电子商务平台,实现与电子口岸、海关等资源的对接,探索解决跨境快速通关、规范结汇、退税等问题。

为发挥天津自由贸易试验区制度创新的综合优势,推动滨海新区产业转型升级,滨海新区将在天津港保税区、空港经济区和东疆保税港区 3 个区域建设跨境电子商务产业园区,并以园区为依托从电商平台、经营主体、仓储物流、快递配送、售后服务等环节入手,打造完整的跨境电子商务生态链和产业链。滨海新区跨境电子商务产业园区将依托空港和海港的优势,在海关特殊监管区域,以天津港保税区、空港经济区和东疆保税港区为开展"保税进口"业务的载体,通过设立"查验中心"和"保税仓库"来发展"保税进口"业务,同时,引导跨境电子商务企业、第三方平台、物流快递企业入驻。新区以航空物流区为开展"一般进口"业务的载体,借助天津机场的优势,大力发展航空直邮等业务,依托 CBD 高端配套环境、金融创新服务的优势及天津市创新创业特区政策的优势,以中心商务区为载体,重点引导跨境电商总部、运营、支付、结算等业态聚集发展。滨海新区跨境电子商务产业园区,还将重点发展产业园区的内配套服务产业,完善仓储物流、网络技术支持、报关报检、融资服务、法律和知识产权咨询等综合服务,降低企业经营成本,提高运营效率。以物流通关、公共信息服务、金融增值服务三位一体的服务体系为核心竞争力,实现跨境电子商务与先进制造业、现代服务业的融合发展,将其打造成带动京津冀,辐射"三北",面向东北亚的中国北方跨境电子商务发展高地。

19.2.3 项目总结及评价

总体上来讲,天津滨海高新技术产业开发区将电子商务发展放在了十分重要的位置,致力于打造"天津滨海高新技术产业开发区电子商务产业基地"。该项目结合天津滨海高新技术产业开发区的实际情况,确定以第三方电子支付、总部结算等总部型电子商务企业为发展方向,以快速消费品和流通领域领军企业的电子商务为带动。

项目主要分为 4 个组成部分。

(1) 天津特产全网整合平台能够推动传统企业转型升级,让具有天津特色的名优产品通过电子商务平台,走向全国各地甚至全世界。

(2) 名优产品跨境电子商务平台帮助中小企业走出国门,实现了跨境电子商务,推动了经济发展。

(3) IDC 技术服务平台建设与一站式电子商务服务中心解决企业在电商运营中遇到的困难,为天津市电商企业服务,做到一站式服务、系统化管理,实现真正的"拎包入住"。

(4) 人才培训平台给企业输送紧缺的电子商务专业人才,为企业发展夯实基础。

课后思考题

1. 你的家乡是否有电子商务产业园？
2. 你所知道的国家电子商务示范基地有哪些？
3. 天津构建国家电子商务示范基地的优势有哪些？
4. 如何看待同一省市构建多个国家电子商务示范基地？

案例来源

于宝琴,天津财经大学,2016年中国电子商务案例高峰论坛暨全国百佳电子商务案例精选,中国义乌。

参考文献

李泽亚.天津滨海新区将建跨境电子商务产业园区[EB/OL].(2016-03-09)[2019-07-23].http://news.enorth.com.cn/system/2016/03/08/030850904.shtml.

第20章 "互联网+"服务类

20.1 "电视+网购"——湖南快乐淘宝文化传播公司

案例标签:快乐淘宝;嗨淘网;盈利模式

案例网站:www.hitao.com

案例导读:

2009年12月29日,阿里巴巴集团旗下亚洲最大网络零售商圈淘宝网与湖南广电旗下国内领先的传媒娱乐机构湖南卫视,在长沙达成战略合作,开创了传统电视与电子商务跨媒体合作的先河。双方宣布共同组建跨媒体合资公司"湖南快乐淘宝文化传播有限公司"(以下简称"快乐淘宝")。合资公司将整合湖南卫视和淘宝网双方的资源优势,专门筹备一档电视节目,同时在淘宝网上设立专门的潮流购物频道及外部独立网站,打造与网购有关的电视节目及影视剧,打通网络与电视的平台终端,创建电子商务结合电视传媒的全新商业模式。

湖南卫视和淘宝网联合打造的快乐淘宝为我们打开了"电视+网购"模式的大门。本节以湖南快乐淘宝文化传播公司的电子商务为例,分析了快乐淘宝的定位、运营模式、盈利模式,以及其旗下嗨淘网的运作,提出了主要的运营问题及解决建议。

20.1.1 快乐淘宝这种电子商务结合电视传媒的全新商业模式仍需不断融合

快乐淘宝的股东一方是精耕内容的电视媒体,一方是擅长运营的网络公司,二者想通过电视和互联网的有效整合,在一个跨媒体平台里完成产品的电视营销及后端销售。双方合作的驱动力,一方面源自湖南卫视对传媒集团收入来源多元化的渴望和进入新媒体领域的踊跃;另一方面,则是淘宝对成功孵化出"跨媒体"购物平台的迫切愿望。

2010年12月,Hitao网站(嗨淘网)正式上线。它成功利用湖南卫视与淘宝网的品牌资源优势、社会资源优势、巨大流量优势,全力进军B2C业务,以正牌、真品的承诺,打造"品质妆扮馆",主打服装、护肤品、保健品,兼及设计师定制及自有品牌等品类,主力目标顾客定位于18~35岁的年轻女性消费群,为中国消费者提供时尚装扮领域的解决方案。

尽管初期取得一定成果令人兴奋,但是双方的磨合也颇为耗时,毕竟从互联网到电视,论行业的特性、企业的文化,都颇为不同。对于已然将开放的平台视为战略方向的淘宝,"自营"似乎是个禁忌词。在淘宝的管理层看来,如果淘宝一边自营商品,一边为其他卖家提供平台服务,多少都会影响淘宝与卖家间的共存关系。淘宝首席战略官曾鸣认为,自营的定位越精准,就能做得越好,但一旦进行精准定位,就不可能做得太广。这意味着做得再好也有一个上限。

因此，一直以来，淘宝的一大原则就是"不碰商品"。

眼下，嗨淘网的内容仍然跟着电视节目亦步亦趋，"节目需要什么，由网站来提供"，这在朱德强眼中并不合理。他曾对媒体表示，节目应该为网站服务，理想的状态应该是从网站的需求出发，推动节目的制作。

毕竟，电视追求的是收视率，而电子商务追求的是交易成功率。做电视与做互联网，做娱乐与做网购，有着截然不同的"基因"，因此，一套节目能否让双方形成互动，除了协调播出内容外，快乐淘宝需要思考的是，双方的渠道是否能互补，是否能及时地互动？换言之，电视与互联网的融合能否做到"1＋1＞2"？

课堂讨论：你觉得电视与互联网的融合能否做到"1＋1＞2"？请结合案例做出分析。

除此之外，从收视人群上看，尽管湖南卫视与淘宝的受众群总体年龄段很相似，但晚上7点半到晚上9点的收视人群的平均年龄仍大于淘宝购物者的平均年龄。据统计，这个时间段收看湖南卫视的大多是中年人，而这一人群恰恰是电子商务中的非主流人群。

尽管电视与网购的受众群存在差异，但用淘宝CFO张勇的话说，淘宝进行的所有跨界合作无非围绕两条主线：一是让平台覆盖更多过去接触不到的人群；二是让使用这个平台的人们获得更好的体验。从这一点看，淘宝与湖南卫视的"磨合"与"试错"在意料之中。关键是，在经历初期的磨合后，快乐淘宝需要找到更加合适的内容与更为平稳的运营模式。

20.1.2 探索创新电子商务结合电视传媒的全新商业模式

本项目正是在这种电子商务集合电视媒体的全新商业模式下，通过对"快乐淘宝"这一家由淘宝网和湖南卫视共同成立的"电视＋网购"公司的思考，其推出综艺秒杀购物电视节目，并首次将CTOC独立网站与电视媒体资源整合，探索网购与电视媒体深度结合的新商业模式，湖南卫视和淘宝网联合打造的"快乐淘宝"为我们打开了"电视＋网购"模式的大门。下文分析了"快乐淘宝"的定位、运营模式、盈利模式，以及旗下嗨淘网的运作，并提出了主要的运营问题及解决建议。具体的商业模式如下。

1. 嗨淘网平台的优势

嗨淘网是快乐淘宝旗下的C2B2C电子商务网站。因为融合了湖南卫视和淘宝网两大创始股东的优质资源，嗨淘网在开辟"淘宝精选街"频道的同时，全力自营B2C业务，以正牌、正品、正货的承诺，主打海外特色商品，主推"国际名品""服装鞋包""美容化妆品""流行配饰""家居生活用品""食品"等品类，为中国消费者提供时尚生活方式的一站式解决方案。其优势体现在服务上，如图20-1所示。

嗨淘网服务承诺	
商品	正品保障 假一赔五
配送	开箱验货 满意签收
支付	货到付款 随您所愿
	正规发票 阳光渠道
售后	7天无理由退换货
	7日内退款

图20-1 嗨淘网的服务承诺

2. 嗨淘网的支付方式

嗨淘网的付款方式主要包括：支付宝账户余额支付、储蓄卡支付、信用卡支付、找人代付、货到付款、支付宝卡通支付、快捷支付。

3. 嗨淘网的会员登录方式

嗨淘网采用多种登录方式，灵活方便，如图20-2所示。

图20-2 嗨淘网的登录方式

4. 嗨淘网网站架构

嗨淘网网站整体架构简单优雅，若用户有不清楚的地方，在"帮助中心"基本上都可以找到相应的答案，但也正是因为网站地图太简单，有些疑问不能一点就知。例如，网站的支付方式，一般来说，网站关于支付方式的选择都会直接显示在网站最下方，而在嗨淘网中，只能先单击"帮助中心"，再细心查找，才能找到具体的支付方式。

课堂讨论：嗨淘网的网站架构存在哪些问题？

"快乐淘宝"定位于时尚产业，旨在为消费者提供美丽与时尚生活方式的一站式解决方案，目前拥有电子商务与电视节目两大业务板块。电子商务板块以嗨淘网网站（www.hitao.com），以及"嗨淘美妆""嗨淘星妆扮"两大无线端App为主力，主营化妆品垂直B2C与达人导购相结合的社会化电商业务，网站的定位也从原先的综合类电商收窄至女性装扮时尚类电商，目标顾客主要定位于18～35岁的年轻女性消费群。电视节目板块包括由快乐淘宝投资制作并在湖南卫视播出的时尚类脱口秀栏目——《越淘越开心》，以及2014年即将登陆湖南卫视等卫星频道的时尚类季播节目。

5. 发展目标

快乐淘宝公司的发展目标：成为全球最大的大众时尚产业领军企业。

快乐淘宝公司旗下嗨淘网的发展目标：成为全球最大的大众时尚电商平台。

6. 企业文化

嗨淘网的价值观：舍我其谁，拥抱"六脉神剑"（客户第一、团队合作、拥抱变化、诚信、激情、敬业）；以人为本，认为员工是最大的财富；追求平等、开放、包容。

7. 运营模式

快乐淘宝目前主打名为"嗨淘网"的独立网站以及电视节目《越淘越开心》，此外还有部分在淘宝网中的嗨淘专区，以及新浪、腾讯、搜狐、网易等官方微博和百度贴吧发起的活动。在湖南卫视与淘宝网的构想中，快乐淘宝是一个能结合电视媒体与互联网优势的全新平台。在这个平台上，电视节目的收视率与网站的点击量能互相带动，从而拉动网购和广告的双双增长，开创了一种"电视＋网购＋手机"的新模式。

8. 盈利模式

嗨淘网以盈利为目标,旨在成为一个在货源把控、财务指标上都稳健的电商。要实现这一目标,途径之一就是扶持毛利率更高的服装品类。淘宝一万亿的交易额中超30%的比例来自服饰。未来一两年嗨淘即使只拿到其中的1%,也有30亿的交易规模。

嗨淘网盈利的途径之二,是推出自有品牌的化妆品。这与竞争对手乐蜂网的选择一致,乐蜂网一直在力推创始人李静的自有品牌"静佳",并且已占到整体销售额的40%。进口高端大牌的毛利率往往只有几个点,进口大众品牌则在十多个点左右,只有自有品牌才能拥有较高的毛利率。

嗨淘网盈利的途径之三是提升规模。2013年,孙振坤将嗨淘网的销售额目标定为5亿元。聚美优品2011年对外公开的销售额是10亿元,而乐蜂网2012年的销售目标是20～30亿元。

20.1.3 运营发展中出现的问题

快乐淘宝通过搭建跨媒体互动营销平台,将互联网、电视等多种媒体资源结合在一起,整合出更加丰富、更具有前瞻性的产业链。双方充分发挥不同媒体的渠道价值,共同促成商品销售的最大化,但作为一种创新的模式,它也存在一些不足之处。

1. 诉求差异产生合作困扰

确立合作时,双方都将注意力放在了合作后产生的有利点上,忽视了可能存在的问题,而不同的诉求目标,导致电视节目和网站的运营出现了一些问题。例如,《越淘越开心》的定位是电视网络购物综艺节目,最初几期节目就是在这一定位下开展环节的设置的,不仅将综艺节目娱乐元素融入主题,还将网购的乐趣引入其中,尤其是紧张刺激的秒杀环节,为湖南卫视带来了大批观众,很多人抱着尝试的态度赢取了大奖,但由于经验不足和技术的局限,节目采取录播的形式,导致其观赏性和受众的参与性均有所下降。

2. 技术局限,制约了合作深度

要实现跨媒体合作,必须建立在一定的数字和网络技术基础上。湖南卫视与淘宝网的此次合作,正是基于数字网络技术的,快乐淘宝在电视网络购物的构想中,想要实现"电视＋网络＋手机"全覆盖的终端应用,但经营现状却仅仅实现了电视与网络的覆盖,在手机应用领域仍然存在着一定的技术局限性,而且短期内难以实现技术的飞跃。

3. 合作效果有待检验

湖南卫视与淘宝网的合作,被看作是我国传统广电系统与电子商务的创新合作:一方面,合资公司依托双方优势资源迅速发展,开创了中国电视网络购物的新篇章;另一方面,我们也应该看到,我国目前的广电系统并没有完全成为市场的主角,很多时候还会受到政策和市场的制约,相比之下,电子商务已经发展多年,也适应了各种市场规则的变化,因此,它们之间的合作会出现不可避免的摩擦。例如,与节目同时上线的嗨淘网,尽管被寄予了厚望,并分享了湖南卫视和淘宝网的优质资源,但对嗨淘网来说,要迅速成长仍然面临着不小的挑战。因为淘宝网的优势是服务小卖家,平台自身并不涉足供应链,而转型自营之后的嗨淘网要面对更加强大的外部竞争对手,其所需的后台、技术和流程都需要重新设计,虽然在此基础上,电视能为嗨淘网进行一定的品牌传播和流量导入,淘宝网也能为嗨淘网带来相当程度的会员,但嗨淘网首先要让消费者熟知,进而才能使自己变得强大。

课堂讨论:对于嗨淘网存在的一些问题,你有什么好的建议?

课后思考题

1. 快乐淘宝的案例给了你什么启示?
2. 嗨淘网为什么由最初的综合类定位转向女性装扮时尚类平台?
3. 如何提高嗨淘网的知名度,你还有哪些电商营销方法?

案例来源

孙细明,武汉工程大学,2016年中国电子商务案例高峰论坛暨全国百佳电子商务案例精选,中国义乌。

20.2 用移动互联网思维做现代餐饮——百度烤肉的美食分享

案例标签:百度烤肉;微信营销;朋友圈;砍价活动

案例导读:

2005年,以纸上烤肉为主要特色的百度烤肉在沈阳诞生。短短4年间,本着"做小不做大,做精不做俗"的经营理念,百度烤肉已迅速将经营范围扩大至全国25个省,发展加盟连锁店360余家。2006年,百度烤肉与国内知名连锁策划公司建立战略合作,进一步完善、规范连锁加盟体系,建立健全的全国物流配送系统,并打造出一支高效务实的加盟连锁发展团队。2007—2008年,百度烤肉根据加盟发展的需要,先后成立了四川分公司和贵州分公司。2009年,百度烤肉正式入驻深圳开设直营店,并将沈阳亿百度餐饮管理有限公司总部移师深圳,正式更名为深圳亿百度餐饮管理有限公司。同年,沈阳百度烤肉总店也升级为全国首家吧文化烤肉餐厅——原始烤肉。

随着我国逐渐步入5G时代,移动互联网和移动终端设备在人们生活、学习和工作中扮演着越来越重要的角色。微信作为后QQ时代的主流移动社交平台,以其全球用户突破十亿的庞大数量和其卓越的互动性和快捷性,被众多商家视为未来开展营销推广活动的主战场和必争之地。朋友圈功能所形成的以个人为单位构建的具有一定特色的人际网络成为商家点对点有效营销的重要渠道。本文以包头百度烤肉店微信朋友圈砍价活动为例,来分析餐饮行业微信营销的应用与效果。

20.2.1 顾客数量发展到瓶颈期

2015年11月,包头百度烤肉店的负责人和全体员工又一次面临一年一度的销售黄金期,如何在多年积累的顾客数量上突破瓶颈,在餐饮行业竞争激烈的环境下保证同比增长率,这是多年来困扰着经营者的问题。即便加入了一些团购网,也并未达到预期的效果,而且加入团购网的一系列成本也成为困扰商家的难题,最关键的是团购网只面向消费客户,不能产生互动连锁反应,因此,对消费者来说,促销活动信息的获取也是被动的。这种方式,从某种意义上说,与传统的促销模式没有什么不同,效果上的差别也不大。眼看着平安夜、圣诞节、元旦等大型节日接踵而至,难道只能这样被动地祈祷今年食客们会对烤肉类的餐饮更加感兴趣吗?经营者们连连开会商讨办法。

课堂讨论：传统的促销模式有哪些局限性？

偶然的机会，随着微信朋友圈中好友购买商品请求帮助砍价的现象出现，经营者便开始构想餐饮是否也可以像其他商品一样做一个类似的促销活动。随后，利用已注册使用的微信公众账号，在现有的粉丝群内开展促销活动"百度烤肉砍一刀"。参与活动的粉丝发动微信好友帮自己"砍一刀"，每位微信好友将随机砍下 5 元以下不等的价格，直至将 100 元面值的代金券砍到 1 元为止，发起人就可以用 1 元换取价值 100 元的烤肉代金券。这一活动，第一天就吸引了大约 1 000 人关注并参加活动，其中大约 100 人得到了代金券。很快，在第一周，无论是商家公众号的粉丝数量，还是参与活动的消费者数量都是以往其他类型营销活动人数的几倍以上。这让商家意识到了微信平台营销活动的力量。

包头百度烤肉的"百度烤肉砍一刀"活动，为餐饮行业通过微信平台组织策划营销活动提供了借鉴。从这个案例中我们可以发现，商家欲达到营销和促销活动的理想效果，就必须注意以下几方面。

(1) 用心经营自己的公众号，创造"粉丝大家庭"

截至 2015 年年底，全球微信总用户已经突破 6.5 亿人，每月活跃用户数已达到 5.49 亿，用户覆盖 200 多个国家，使用超过 20 种语言，使用微信支付的用户数达到 4 亿左右。各种品牌的公众账号总数已经超过 800 万，在这种激烈竞争的大环境下，商家如何做好粉丝黏度，是运营好公众号的关键。只有更有趣，更有吸引力的资讯和活动才能吸引粉丝的关注度，才能为微信营销活动奠定良好的基础。

(2) 充分发挥微信朋友圈分享和传递信息的功能

在生活和工作中，大家都潜移默化地形成了这样一种习惯，遇到新奇好玩的事情总爱通过朋友圈与伙伴分享，同时与朋友们就信息产生互动。在庞大的用户群体中，每天都有无数的用户在不停地刷新朋友圈，阅读信息，参与自己感兴趣的活动。例如"包头百度烤肉砍一刀"，A 参与发起砍价活动，首先 A 砍掉一部分价格，同时 A 是第一个传播活动信息的人；接着 A 的朋友 B 参与帮助 A 砍价的活动，帮助 A 对原价进行第二次砍价，同时 B 有 50% 的概率选择在自己的朋友圈开展这项活动成为像 A 一样的活动发起人，利用自己的朋友圈和人际网为自己砍价。如此我们计算一下，每次砍价金额为 1 到 5 元不等，假设 A 以最快速度拿到代金券，则假设每次砍价金额为最大值 5 元，那么在他拿到代金券时，可以将活动信息传递给 19 个人。假设 A 以最慢速度拿到代金券，则每次砍价金额为 1 元，那么 A 除了自己以外需要 99 人的帮助才能得到代金券，也就是说将信息传递给了 99 个人。由此可见，一个人参与活动，就能够产生 19~99 次的信息传递，不仅如此，在这 19~99 人当中每一个人都有 50% 的概率成为另外一个扩散原点，再次进行如 A 一般的砍价活动，并再次产生 19~99 次活动信息的扩散和传递，因此，这类微信砍价营销活动是具有较高的传播性，扩散信息具有一定的价值性，再次传播的概率高，短时间内活动信息的有效传播率高。

(3) 结合节日的特殊属性，充分挖掘微信的功能

微信在众多种类的移动社交平台中，功能是十分强大的。在一些节日，结合节日的特殊属性，如妇女节、儿童节、母亲节等，发挥微信平台的功能，将一些应用进行组合，产生一些具有创新思维的产品或者活动。将传递的信息赋予一定的价值属性，另外融入某种情感来激发传播，使信息在由一个个朋友圈交叉组成的人际社交网络中形成最有效的扩散，从而达到最佳的营销推广效果。

课堂讨论：结合案例分析，"百度烤肉砍一刀"活动给餐饮行业提供了哪些借鉴？

20.2.2 结束语

利用微信社交平台进行营销活动是移动互联网经济时代的一种创新。随着其用户量的大幅度增长、功能的不断完善,以及与其他更多的平台的对接互联,微信作为新的营销推广平台得到了越来越多商家的认可。微信的一些特性也成就了它作为未来主要的移动互联网营销推广渠道之一的优势。借助微信平台开展产品营销推广已经开始成为一种趋势。

课堂讨论: 你觉得利用微信社交平台进行营销活动是否成为一种趋势?

课后思考题

1. 诸如此类的微信朋友圈砍价活动,对比传统的商家促销活动有哪些优势,又有哪些局限性?
2. 利用扩散原理解释此类营销活动的效果预测。
3. 分析朋友圈砍价活动的优缺点,并提出可以改进的方法。

案例来源

左匡天,内蒙古科技大学,2016年中国电子商务案例高峰论坛暨全国百佳电子商务案例精选,中国义乌。

参考文献

[1] 黄伟芳.微信营销与运营实操手册[M].北京:北京大学出版社.2014.
[2] 卢安文,刘进,敖永春.信息服务业产品扩散机制与管理模式[M].北京:人民邮电出版社,2014.
[3] 高功步.从微信到微团购:微信营销体验与分析[J].互联网天地,2014(3):73-74.

20.3 全国首家互联网医——乌镇互联网医院

案例标签:互联网医院;乌镇;电子处方
案例网站:eap.wu.gov.cn
案例导读:

2015年国家进一步深化医疗卫生体制改革,推进构建布局合理、分工协作的医疗服务体系和分级诊疗就医格局。借助"互联网+"的战略机遇,推动医疗领域改革,在先后颁布的《关于积极推进"互联网+"行动指导意见》与《关于推进分级诊疗制度建设指导意见》中明确指出:发展基于互联网的医疗卫生服务,充分发挥互联网、大数据等信息技术手段在分级诊疗中的作用,明确积极探索互联网延伸医嘱、电子处方等网络医疗健康服务应用。乌镇作为世界互联网大会的永久会址,建立了乌镇互联网经济创新发展综合试验区,在第二次世界互联网大会上推出了乌镇互联网医院,赢得了世人瞩目。

20.3.1 面对电商,桐乡市政府和微医成立乌镇互联网医院

2015年12月7日成立的乌镇互联网医院是桐乡市政府和微医集团为积极响应党中央和

国务院大力倡导"互联网＋"医疗改革精神,在乌镇互联网创新发展试验区创建的"全国互联网分级诊疗创新平台",致力于通过互联网信息技术连接全国医院、医生和患者,优化医疗资源配置,提升医疗服务体系效率,打造中国最具技术优势的互联网分级诊疗平台,助力健康中国梦的实现。

课堂讨论:除了"互联网＋医疗",你还能列举出其他"互联网＋"的应用吗?

乌镇互联网医院的起步依托桐乡市第三人民医院为医疗服务主体,主要为桐乡市当地居民提供线上问诊、健康管理等服务,同时依托微医集团为线上医疗资源连接主体,整合国内优质医疗卫生资源,已经与27个省份的1 900多个重点医院建立信息系统的深度连接,三甲医院接入率达70%,汇聚了20万名医生资源,旨在为全国居民提供医患间的在线诊疗,为基层医生提供医医间的远程会诊指导。乌镇互联网医院在运营三个多月来,取得了不错的成果,单日门诊与网上问诊量总和突破万人次,相当于一家大型综合性三甲医院的日诊量,并成为第一个实现电子病历共享的互联网医疗平台,第一个在线医嘱和电子处方的互联网医疗平台。

乌镇互联网医院为加快探索发展的节奏与浙一互联网医院达成战略合作,共建互联网医院建设标准。其中包括探索制定市场准入与运营标准、质量评价与监管体系、医疗数据安全、药物配送、医疗费用支付等方面的法律法规,同时推进分级诊疗、优质资源下沉、抵制"号贩子"等领域的深化改革进程。微医集团还推出了"乌镇互联网医院＋药店"合作计划,将在全国建立100万个乌镇互联网医院的接诊点,全国90万家基层医疗机构、46万家零售药店、10万家社区卫生服务中心都可升级为乌镇互联网医院的线下"虚拟诊所"。

20.3.2 乌镇互联网医院的创新与突破

1. 探索医师多点执业模式

当前,我国有关医疗卫生法律规定医师一般只能注册一个执业地点,且在规定的执业范围内开展诊疗活动。这在一定时期保证了较稳定的执业秩序,但医师隶属医院单位的特征,使得医师长期只能在固定的医疗机构执业。为了更合理地配置医疗卫生资源,稳步推动医务人员的合理流动,促进不同医疗机构之间人才的纵向和横向交流,国家相继出台多个法律文件来研究和探索注册医师多点执业,但是受制于现行的事业单位人事管理制度、执业医师法的规定以及公立医院本身的管理制度,医师多点执业的探索实践遇到很大阻碍,实际医师多点执业的情况并没有得到较大突破。乌镇互联网医院,开启"互联网＋"医疗的全新模式,连接全国1 900多家重点医院的20多万名医生提供网上问诊服务,这也是医师多点执业的一种创新探索实践。据乌镇互联网医院首任院长张群华介绍,乌镇互联网医院的医生全部是来自各地医院主治医生以上职称的在职医生,他们先以多点执业或自由执业的方式到乌镇互联网医院注册,并到桐乡市卫计委进行注册备案,就可以提供网上医疗服务。医师在不触及医院现行人事管理制度的情况下,绕开影响医师多点执业的阻碍因素,特许在互联网医院注册,从而可以为全国居民开展医疗服务,提升了医疗资源的配置效率。

2. 探索在线医嘱与电子处方

限于医疗领域的特殊性,互联网医疗就目前的发展来看,绝大多数都只围绕着医疗的外围服务,而并没有触及医疗核心的诊疗服务,医师在没有详细了解患者具体状况的前提下,只能够做出一定程度上的初步判断并给出一些诊疗建议,不能够实现在线诊疗和处方权利,这给互联网医疗发展带来了不小的阻力,也是互联网医疗服务发展最大的困难。处方是经注册的医师在诊疗活动中为患者开具的,由取得药学专业技术职务资格的药学技术人员审核、调配、核对,并作为患者用药凭证的医疗文书。互联网医院医生只有取得了在线医嘱和电子处方的权利,才能实现整个诊疗过程,并为患者提供医疗卫生服务。乌镇互联网医院,依托现实医院的优质医师资源,通过微医互联网技术平台,共享患者的电子病历,探索实践在线医嘱与电子处方,实现在线诊疗全过程。患者只要登录乌镇互联网医院官网或者手机 App,就可以在家中通过网络视频与医生进行在线的问诊活动,医生再通过共享患者的电子病历,为患者提供进一步的诊疗方案,同时可以开具处方并完成配药。整个过程降低了就医成本,提升了就医效率,缓解了医患矛盾,同时也开创了在线诊疗、电子病历共享、电子处方等医疗改革的新尝试。

3. 助推分级诊疗

为解决优质医疗资源过度集中、分布失衡、结构不合理的问题,国家大力探索推进分级诊疗制度,来促进医疗资源的合理利用,减轻医保支付负担,降低群众就医费用。2015 年国家进一步深化医疗卫生体制改革,推进构建布局合理、分工协作的医疗服务体系和分级诊疗就医格局。乌镇互联网医院建成网络就诊平台,使更多的优质医师下沉,患者可以根据自己的具体病情及网上医院对医师的介绍来选择就诊医师,缓解三甲医院的门诊负担。通过建立与共享患者的电子病历、构建患者的健康档案,增强基层医疗机构提供居民健康服务的能力,同时提供医医间的远程会诊平台,对我国医疗资源整合有着深远的影响。重点医院医生间对疑难杂症进行交流探讨,助推全国范围内医联体的构建。综合医院与基层卫生机构进行对接指导,推进分级诊疗体系的实现。

课堂讨论:助推分级诊疗和传统的诊疗方式相比,有哪些特色?

20.3.3 乌镇互联网医院的待完善之处

1. 完善医保支付

当前,互联网医院最亟待解决的问题是医保支付问题。据网上调查了解,大多数居民比较欢迎互联网医院带来的便利服务,但网络支付的使用率并不高,其原因在于医保不能够实时结算,只有自费患者才会使用。对于网络问诊和网络购药,患者最关心的问题是能否走医保,但当前的答案还是否定的。我们从乌镇互联网医院提供的就诊流程示意图中可以发现,它当前只支持部分线下药品自提过程中的医保报销,而网上的挂号、就诊、配药过程都不能实现医保结算。许多城市和医药电商都在积极探索网上医保支付,但由于政策限制、医保联网结算的管理、技术支撑和资金投入等原因,最终未能很好地实现并进行推广。乌镇互联网医院想要实现医保结算,还需要在技术上下功夫,实现与全国各地医保系统的对接,同时限于医保的特殊性,国家还得完善配套的互联网医保支付监管系统,防止医保资金的流失与套现,这样才能推进互联网医院医保支付的实现。

2. 制定相应的法律规范

互联网医疗行为是在互联网上进行的医疗服务,对其监督管理不仅需要严谨的法律法规、设置相关的监管部门,还要制定医疗服务质量控制标准,提供安全的网络技术支持。我国现有的法律法规并没有具体规定互联网医疗服务行为,没有监管网上服务质量,这必将制约互联网医院的发展进程。

课堂讨论:规范互联网治疗服务,除了要监督部门制定相应的法律规范,其他方应该怎么做?

乌镇互联网医院作为刚刚探索发展起来的新型医疗模式,与打车软件、网上订餐等互联网服务一样需要国家出台相应的法律政策加以规范和指导,建立相应的准入与监管标准,这样才能更好地服务居民,提供更加安全、优质、便利、高效、廉价的医疗服务。

课后思考题

1. 结合当前医改形势,分析互联网医院对医疗服务市场的影响及其发展趋势。
2. 探讨乌镇互联网医院的创新之处。
3. 乌镇互联网医院在发展中需要完善的地方有哪些?
4. 探讨互联网医院亟待需要的配套政策支持与监管。

案例来源

马蔚姝,天津中医药大学,2016年中国电子商务案例高峰论坛暨全国百佳电子商务案例精选,中国义乌。

参考文献

[1] 谢宇,杨顺心,陈瑶,等.我国医师多点执业研究综述[J].中国卫生政策研究,2014,7(1):8-13.
[2] 胡善联.医师多点执业的政策障碍与可行路径[J].中国卫生政策研究,2014,1(7):5-7.
[3] 徐书贤.当互联网遇上医疗[J].中国医院院长,2015,3:54-59.
[4] 孙冰.马云如何布局"互联网医院"[J].中国经济周刊,2016,3(7):74-75.
[5] 邹玉敏.医保网上支付仍待市场检验[J].21世纪药店,2015,9(7):1-2.
[6] 王安其,郑雪倩.互联网医疗行为的讨论与分析[J].中国医院,2015,19(10):51-53.